权威·前沿·原创

皮书系列为
"十二五""十三五""十四五"时期国家重点出版物出版专项规划项目

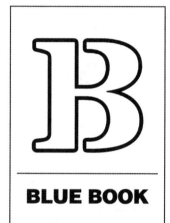

BLUE BOOK

智 库 成 果 出 版 与 传 播 平 台

湖北蓝皮书
BLUE BOOK OF HUBEI

湖北经济发展报告

（2025）

ANNUAL REPORT ON THE ECONOMIC DEVELOPMENT
OF HUBEI (2025)

主　编／徐艳国　黄学龙
副主编／叶学平　倪　艳

社会科学文献出版社
SOCIAL SCIENCES ACADEMIC PRESS (CHINA)

图书在版编目（CIP）数据

湖北经济发展报告.2025／徐艳国，黄学龙主编.
北京：社会科学文献出版社，2025.7.--（湖北蓝皮书
）.--ISBN 978-7-5228-5542-4

Ⅰ.F127.63

中国国家版本馆CIP数据核字第2025KB5059号

湖北蓝皮书

湖北经济发展报告（2025）

主　　编／徐艳国　黄学龙
副 主 编／叶学平　倪　艳

出 版 人／冀祥德
责任编辑／吴云苓
责任印制／岳　阳

出　　版／社会科学文献出版社·皮书分社（010）59367127
　　　　　　地址：北京市北三环中路甲29号院华龙大厦　邮编：100029
　　　　　　网址：www.ssap.com.cn
发　　行／社会科学文献出版社（010）59367028
印　　装／天津千鹤文化传播有限公司

规　　格／开本：787mm×1092mm　1/16
　　　　　　印张：18.5　字数：275千字
版　　次／2025年7月第1版　2025年7月第1次印刷
书　　号／ISBN 978-7-5228-5542-4
定　　价／138.00元

读者服务电话：4008918866

主编简介

徐艳国　法学博士，清华大学马克思主义学院博士后，湖北省社会科学院党组书记、副院长，湖北省中国特色社会主义理论体系研究中心省社会科学院分中心主任、湖北发展战略研究院院长、湖北省社会科学院全面深化改革研究中心主任。曾任教育部社会科学司副司长，湖北省教育厅副厅长，鄂州市委副书记、政法委书记，黄冈市委副书记、政法委书记等。主要从事思想政治教育理论与政策、教育改革发展、平安法治建设、"三农"问题等研究。代表作有《思想政治教育政策环境论》《中华人民共和国学校思想政治理论课重要文献选编》《建党 90 年来高校德育发展的历史轨迹》《加强和改进新形势下高校思想政治工作十谈》等著作。在《学习时报》《清华大学学报》《中国高等教育》等发表论文多篇。

黄学龙　文学硕士，湖北省社会科学院党组副书记、院长，湖北发展战略研究院院长、湖北省社会科学院长江中游城市群研究中心主任、湖北省社会科学院生态文明研究中心主任。曾任湖北省精神文明建设指导委员会办公室主任、湖北省委宣传部副部长。主要从事党的创新理论宣传与习近平文化思想研究。主持湖北省社会科学基金重点项目习近平文化思想研究专项"坚持党的文化领导权，加强党对宣传思想文化工作全面领导研究"等课题，发表论文《新中国成立以来中国共产党文化建设的话语演进》等。

叶学平 经济学博士，英国剑桥大学访问学者、博士后，湖北省社会科学院经济研究所所长、研究员，湖北省社会科学院全面深化改革研究中心执行主任。入选湖北省宣传文化系统"七个一百"（哲学社会科学）人才，兼任湖北省政策研究会理事，湖北省房地产经济学会会长，湖北省商务厅、湖北省发展改革委、湖北省退役军人事务厅等省直部门特聘专家，湖北省社会主义学院统一战线智库专家，民革湖北省委会参政议政智库特聘专家。从事宏观经济、民营经济、产业经济、房地产金融、第三方评估等研究。主持或参与撰写咨询建议近百篇，其中 60 余篇得到中央、省委省政府领导的肯定性批示或上报中办、国办、全国政协或被省委省政府内刊采用。参与国家社科基金项目，主持省社科基金重点项目、一般项目，省人民政府智力成果重大招标课题及各类委托课题 60 余项。出版专著 4 部，参与编著 6 部，发表学术论文 60 余篇。获得湖北省优秀调研奖三等奖 2 项、湖北省发展研究奖二等奖 2 项、全省商务（招商）领域调研一等奖 1 项。

倪　艳 管理学博士，湖北省社会科学院经济研究所副所长、副研究员，主要从事经济发展、政策评价、创新创业等领域的研究。主持省社科、省软科学、省领导圈批课题等项目 10 余项，独著 1 部，合著 1 部，参著 8 部；发表论文 60 余篇。多篇咨询建议被中央领导、省主要领导批示，多篇被省级决策咨询内刊采用并报中办、国办；获湖北省优秀调研成果奖一等奖、三等奖，湖北省发展研究奖二等奖各 1 项。

前　言

2024 年湖北经济在复杂多变的国内外形势下，成功实现了经济总量跨越 6 万亿元的重大突破，《湖北经济发展报告（2025）》正是在这样的背景下应运而生，旨在全面、系统、深入地剖析 2024 年湖北经济发展的态势、特征、问题与挑战，并对未来发展进行展望与思考，为政府决策、企业投资、学术研究以及社会各界了解湖北经济提供有价值的参考。

《湖北经济发展报告（2025）》分为总报告、宏观经济篇、产业经济篇、区域经济篇、民营经济篇、改革开放篇和调研篇等部分，从不同角度对 2024 年湖北经济发展进行了全面、深入的分析与研究，其中包括一年来由湖北省社会科学院经济研究所科研人员承担的部分专题研究报告和研究成果，使本报告更具战略性和研究性。本书在院党组的坚强领导下，由湖北省社会科学院科研处策划，由经济研究所所长叶学平研究员负责提纲设计和内容编审，经济研究所副所长倪艳副研究员对书稿进行了统稿。全书由经济研究所全体科研人员共同编撰完成，经济研究所研究生也参与了部分报告的资料收集和撰写工作。

我们衷心希望本书能够为关心湖北经济发展的各界人士提供有益的参考，为推动湖北经济持续健康发展、加快建成中部地区崛起重要战略支点贡献一份力量。同时，也期待社会各界对本书提出宝贵的意见和建议，以便我们不断完善内容，提高研究水平，更好地服务于湖北经济社会发展实践。

本书力求系统深入、翔实完整地展示一年来湖北经济运行发展的全景，但由于作者的能力有限，时间也比较仓促，呈现出来的报告难免存在有待完善的地方，有些数据没有更新到全年，有些结论和观点可能不一定准确，恳请广大读者批评指正！

对为本书提供材料和数据支持的省委、省政府相关部门表示衷心的感谢！特别感谢院科研处在本书编写过程中给予的大力支持！感谢社会科学文献出版社的编辑老师们，他们对本书的顺利出版付出了辛勤劳动！对在本书写作和出版过程中给予各种关注和支持的所有领导、朋友一并表示最诚挚的谢意！

编撰者

于武汉东湖之滨

2025 年 2 月

摘　要

2024 年湖北省经济呈现稳中有进态势，新能源汽车、生物医药等战略性新兴产业增长明显，同时也面临内需增长动能匮乏、外向型经济转型遭遇阻碍、产业结构转型升级有压力和区域发展不平衡等问题。武汉都市圈引领作用凸显，襄阳、宜昌等省域副中心城市增长动能有待进一步释放；民营经济贡献率超过 60%，但受外部环境波动和内部治理能力制约，企业抗风险能力仍需加强。

宏观经济层面，2024 年湖北省 GDP 突破 6 万亿元，增速达 5.8%，在科创、基础设施建设等领域取得显著成效，投资、消费、出口三大动力协同发力，投资结构优化，消费市场平稳增长。然而，产业转型升级任务仍然较为艰巨，有效需求不足，企业经营面临成本上升、融资困难等问题。展望 2025 年，湖北将锚定经济大省发展目标，扩大内需，加快发展新质生产力，深化改革开放，推动经济高质量发展。

产业经济层面，2024 年，湖北省主要农产品产量稳步提升，农产品价格保持动态平衡，巩固拓展脱贫攻坚成果同乡村振兴有效衔接同步发力，为推进农业农村现代化奠定了良好基础；湖北省工业经济在稳中求进的同时，科技创新能力和产业竞争力也得到进一步提升。新旧动能转换加速，规上工业企业利润增速领跑全国，市场活力持续释放，提升了市场信心；湖北省服务业以高质量发展为主线，以产业转型和消费升级为导向，坚持生产性与生活性服务业并重，行业发展迅速，结构不断优化，新兴业态发展势头强劲。

区域经济层面，武汉都市圈经济发展平稳，武汉新城建设全面加速，交

通一体化快速推进，产业同链成效显著。襄阳都市圈经济运行稳中提质，产城融合加速成形，交通网络扩能升级，产业结构创新突破，消费市场活力迸发，中部科创高地快速崛起。宜荆荆都市圈经济总量跃升实现新突破，区域协同发展联盟加快构筑，交通一体化加速都市圈同城化，数字化转型构建产城智联新生态，现代产业集群打造增长新引擎。

民营经济层面，通过分析湖北民营经济的显性特征发现，民营经济已成为湖北经济增长的核心引擎。2024 年以来，湖北省民营经济稳中有进，也面临融资分化、国际贸易压力、区域创新不平衡及成果转化效率不足等问题。需通过深化金融普惠、强化创新生态、推进区域协同、精准政策支持及提升国际竞争力等措施，进一步释放发展动能。

改革开放部分，通过总结湖北省全面深化改革的成果与经验，分析当前的问题和挑战，建议通过推动传统产业升级与新兴产业培育、完善科技成果转化服务体系、加强区域产业协同与基础设施建设、深化生态环境精准治理、补齐民生短板、破除体制机制改革阻力等措施，进一步提升湖北改革效能；基于对湖北省对外开放现状的分析，提出促进国际物流与贸易的发展、深化制度型开放、优化区域合作机制、加强市场化改革、加速对外通道的建设以及拓宽人才引进渠道等政策建议。

调研篇部分，通过对湖北省属国有企业数字化转型情况的调研，发现湖北省属国有企业数字化转型取得一定成效，但是还存在一些亟待解决的问题，下一步可以从加强数字基础设施建设、加强协调协同能力、加强组织和要素保障等方面加强数字化转型；湖北省加快推进城镇和产业集中高质量发展，确保各项工作一体化推进，提高基层干部站位和认知，鼓励县域共建产业集群，以共同缔造理念推进城市更新，促进城乡要素自由流动；通过对湖北省高质量发展跨境电商具备的优势条件及困难和挑战的分析，建议强化顶层设计、引进培育跨境电商龙头企业、借助全球数字平台、创新跨境电商监管模式、构建职业化人才培养体系。

关键词： 宏观经济　产业经济　区域经济　民营经济　湖北

Abstract

In 2024, the economy of Hubei Province will show a trend of "steady progress", with significant growth in strategic emerging industries such as new energy vehicles, optical core screens, and biopharmaceuticals. However, at the same time, it also faces problems such as a lack of domestic demand growth momentum, obstacles to the transformation of an outward oriented economy, pressure for industrial structure transformation and upgrading, and regional development imbalance. The leading role of the Wuhan urban agglomeration is prominent, and the growth momentum of provincial sub center cities such as Xiangyang and Yichang needs to be further released. The contribution rate of the private economy exceeds 60%, but due to external environmental fluctuations and internal governance capacity constraints, the ability of enterprises to resist risks still needs to be strengthened.

At the macroeconomic section, the GDP of Hubei Province in 2024 exceed 6 trillion yuan, with a growth rate of 5.8%. Significant achievements are made in areas such as science and technology innovation and infrastructure construction. The three major driving forces of investment, consumption, and import and export work together, and the investment structure is optimized, resulting in stable growth of the consumer market. However, the task of industrial transformation and upgrading is still quite arduous, with insufficient effective demand, and enterprises facing problems such as rising costs and financing difficulties. Looking ahead to 2025, Hubei will anchor its development goals as a major economic province, expand domestic demand, accelerate the development of new quality productive forces, deepen reform and opening up, and promote high-quality economic development.

At the level of industrial economy, in 2024, the output of major agricultural products in Hubei Province will steadily increase, and the prices of agricultural products will maintain dynamic balance. Efforts will be made to consolidate and expand the achievements of poverty alleviation and effectively connect with rural revitalization, laying a good foundation for promoting agricultural and rural modernization; While Hubei Province's industrial economy is steadily advancing, its scientific and technological innovation capabilities and industrial competitiveness have also been further enhanced. The conversion of old and new driving forces is accelerating, and the profit growth rate of industrial enterprises above designated size leads the country. The market vitality continues to be released, which enhances market confidence; The service industry in Hubei Province takes high-quality development as the main line, industrial transformation and consumption upgrading as the guidance, adheres to the equal emphasis on productive and life oriented service industries, develops rapidly, continuously optimizes its structure, and has a strong momentum of emerging business forms.

At the regional economic level, the economic development of the Wuhan metropolitan area is stable, the construction of the Wuhan New City is accelerating comprehensively, the integration of transportation is rapidly advancing, and the effect of industry linkage is significant. The economic operation of Xiangyang metropolitan area is steadily improving, the integration of industry and city is accelerating, the transportation network is expanding and upgrading, the industrial structure is innovating and breaking through, the vitality of the consumer market is bursting, and the central scientific and technological innovation highland is rapidly rising. The total economic output of the Yijingjing metropolitan area has achieved new breakthroughs, regional coordinated development is accelerating, transportation integration is accelerating the urbanization of the metropolitan area, digital transformation is building a new ecology of industrial city intelligent connection, and modern industrial clusters are creating new growth engines.

At the level of private economy, through analyzing the explicit characteristics of Hubei's private economy, it is found that since 2024, the private economy in Hubei Province has shown a stable and progressive trend, but still faces problems such as financing differentiation, international trade pressure, regional innovation imbalance, and insufficient efficiency in transforming achievements. The private economy has become the core engine of Hubei's economic growth, but further development momentum needs to be released through measures such as deepening financial inclusiveness, strengthening innovation ecology, promoting regional coordination, precise policy support, and enhancing international competitiveness.

In the section on reform and opening up, by summarizing the achievements and experiences of Hubei Province's comprehensive deepening of reform, analyzing the current problems and challenges, it is suggested to further enhance the efficiency of Hubei's reform by promoting the upgrading of traditional industries and the cultivation of emerging industries, improving the service system for the transformation of scientific and technological achievements, strengthening regional industrial coordination and infrastructure construction, deepening precise governance of the ecological environment, filling the gaps in people's livelihoods, and eliminating obstacles to institutional and mechanism reform; Based on the analysis of the current situation of Hubei Province's opening up to the outside world, policy recommendations are proposed to promote the development of international logistics and trade, deepen institutional opening up, optimize regional cooperation mechanisms, strengthen market-oriented reforms, accelerate the construction of external channels, and broaden talent introduction channels.

In the research section, through the investigation of the digital transformation situation of state-owned enterprises in Hubei Province, it was found that the digital transformation of state-owned enterprises in Hubei Province has achieved certain results, but there are still some urgent problems that need to be solved. The next step can be to strengthen digital transformation from the aspects of strengthening digital infrastructure construction, enhancing coordination and coordination capabilities, and strengthening organizational and element guarantees; Hubei Province is accelerating the high-quality development of urban and industrial concentration, ensuring the integration of various work, improving the position and awareness of grassroots cadres, encouraging county-level joint construction of industrial clusters, promoting urban renewal with the concept of co-creation, and promoting the free flow of urban and rural factors; By analyzing the advantages,

difficulties, and challenges of high-quality development of cross-border e-commerce in Hubei Province, it is recommended to strengthen top-level design, attract and cultivate leading cross-border e-commerce enterprises, leverage global digital platforms, innovate cross-border e-commerce regulatory models, and build a professional talent training system.

Keywords: Macro-Economy; Industrial Economy; Regional Economy; Private Economy; Hubei

目 录 ⬦

VII 调研篇

皮书数据库阅读**使用指南**

CONTENTS ↘

I   General Report

II   Macroeconomic Chapter

III   Industrial Economy Chapter

Ⅳ   Regional Economy Chapter

Ⅴ   Private Economy Chapter

Ⅵ Reform and Opening–Up Chapter

Ⅶ Research Chapter

总报告

B.1

2024年湖北经济发展报告

叶学平　邓沛琦　秦孟文*

摘　要： 本报告以湖北省2024年经济发展为研究对象，聚焦湖北省2024年宏观经济运行、重点产业布局、区域协调发展及市场主体活力等核心领域，综合运用统计数据分析、典型案例调研和横向区域比较等方法，系统评估湖北省2024年经济社会发展现状、成就与挑战。研究发现，2024年湖北省经济呈现"稳中有进"态势，新能源汽车、生物医药等战略性新兴产业增长明显，同时也面临内需增长动能匮乏、外向型经济转型遭遇阻碍、产业结构转型升级有压力和区域发展不平衡等问题。在区域经济层面，武汉都市圈引领作用凸显，襄阳、宜昌等省域副中心城市增长动能有待进一步释放；在企业发展层面，民营经济贡献率超过60%，但受外部环境波动和内部治

---

* 叶学平，经济学博士，英国剑桥大学访问学者、博士后，湖北省社会科学院经济研究所所长、研究员，全面深化改革研究中心执行主任，主要研究领域为宏观经济、产业经济、房地产金融、第三方评估等；邓沛琦，经济学博士、社会政策学博士，湖北省社会科学院经济研究所助理研究员，主要研究领域为宏观政策、民营经济和社会保障；秦孟文，湖北省社会科学院经济研究所。

理能力制约，企业抗风险能力仍需加强。对此，本报告在扩大内需、创新驱动、深化改革、城乡融合、文化创新、绿色低碳、保障民生等七个方面提出了对策建议。

关键词： 产业升级　区域协同　营商环境　湖北

一　2024年湖北经济发展概况

2024年11月，习近平总书记考察湖北，为湖北省的发展确立了全新的定位，并赋予了更为崇高且深远的期望与要求。这极大地激发了六千一百万荆楚儿女的热情与动力，他们深受激励，动力澎湃。在这一年中，湖北面临前所未有的挑战，外部压力持续增大，内部发展亦遭遇诸多困难，整体形势复杂严峻。在习近平新时代中国特色社会主义思想的引领下，全省上下紧密团结，在中共湖北省委的坚强领导下，展现出坚定的信念和无畏的勇气，攻坚克难、奋勇作为，圆满达成了省十四届人大二次会议所确立的各项目标任务。这一成就标志着湖北在高质量发展和现代化建设的道路上踏出了全新且坚实的步伐。

（一）2024年湖北经济发展重点[①]

1.聚焦经济稳定增长，筑牢发展根基

湖北省将经济稳增长作为首要任务，通过稳预期、强信心、增动能等措施，全力推动经济回升向好。在项目投资、消费市场、外贸新动能等方

---

① 如无特别说明，该部分引用数据均来自《湖北省政府工作报告》（湖北省人民政府网，https：//www.hubei.gov.cn/zwgk/hbyw/hbywqb/202501/t20250124_5517992.shtml），以及湖北省统计局2025年1月23日在湖北省人民政府网发布的《2024年湖北经济运行情况》（https：//www.hubei.gov.cn/zhuanti/2024zt/hbjjsj2024/jujiao/202501/t20250123 _ 5515611.shtml）。

面均取得了显著成效。一是项目建设量质齐升，牢固经济增长支撑。大力推进重大项目攻坚突破年活动，实现集中开工与调度常态化，多个重大基础设施项目和产业项目建成投产，沿江高铁宜昌至涪陵段、燕矶长江大桥、蒲圻电厂三期等 3296 个重大基础设施项目加快推进，东风本田新能源、邦普时代、亿纬动力超级工厂等 2957 个重大产业项目建成投产，82 个预增产值过 10 亿元的重大增长点稳定发力。二是激发消费市场活力，扩大内需促进增长。深入实施消费保稳提质、潜能挖掘、供给优化、环境提升四大工程，举办促消费活动 5000 余场，发放以旧换新补贴 66.7 亿元、拉动消费 785 亿元，网上零售额增长 19%，有效拉动内需。着力促进文旅消费，全省接待游客数增长 12.8%、旅游收入增长 15.2%。三是培育外贸新动能，优化贸易结构布局。着力稳主体、扩增量、拓市场，外贸实绩企业数量达到 9570 家，同比增长 8.6%，开放型经济提量提质兼顾，跨境电商进出口总额增长高达 180%，其中高技术高附加值产品如新能源汽车、集成电路等，出口增长 18.1%，占全部出口比重一半以上，湖北智造加速走向世界。

2. 聚焦科技创新，塑造发展新优势

湖北省担当科技自立自强使命，构建以"用"为导向的科技创新体系，推动科技创新与产业创新深度融合。一是创新力量持续壮大，构建多元科技矩阵。加快建设具有全国影响力的科技创新中心，新增国家"5G+工业互联网"融合应用试点、国家知识产权保护示范区等一批创新平台，科技力量矩阵加速形成。二是创新供给稳步增强，推动科技成果转化。推进重大科技项目攻关，8 英寸硅光集成晶圆、超高速混合光子集成芯片、铌稀土综合利用等取得重大突破；全省技术合同成交额达到 5500 亿元，连续 4 年每年跨越一个千亿台阶（见图 1），科技成果就地转化率提高到 67%。三是创新生态加速优化，营造良好创新环境。一体推进教育改革发展、科技创新和人才培养，省属、市属高校在创建全国重点实验室中均取得历史性突破，获批建设国家卓越工程师学院、国家学科交叉中心，围绕做强主导产业建设 28 个现代产业学院，面向前沿领域新设 106 个专业，与未来产业相关的新兴学科

加快布局。强化科技金融支持,扩大高新技术企业贷款规模,高新技术企业、科技型中小企业贷款增速居全国前列。

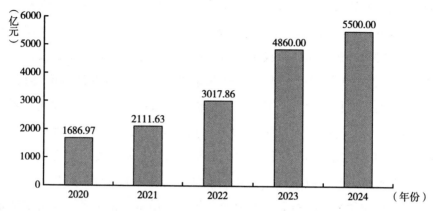

图1　2020~2024年湖北省技术合同成交额

资料来源:湖北省统计局。

3. 聚焦产业转型升级,厚植发展新势能

湖北省瞄准高端化、智能化、绿色化方向,统筹传统产业转型升级、新兴产业培育壮大、未来产业前瞻布局。一是产业转型成效斐然,传统产业焕新发展。全力打好汽车、钢铁、化工三大产业转型攻坚战,新能源汽车产量突破50万辆、增长29.3%,优特钢占比超过50%,精细化工占比达到40%。扎实推进工业领域技术改造和设备更新行动,技改投资增长10.2%,武汉入选全国首批制造业新型技术改造试点城市。二是新兴产业能级跃升,特色产业创新发展。大力发展新兴特色产业,软件业务收入占中部地区的比重超过一半,世界前沿的三维五轴激光加工机床实现量产,7纳米高性能自动驾驶芯片填补国内技术领域空白,自主研发半导体激光切割设备首次实现完全国产。三是未来产业布局加速,前沿领域孕育新质生产力。聚焦6G、量子科技等未来产业重点领域,深入实施颠覆性技术策源、应用场景牵引等六大行动,全球首款续航超千公里氢燃料电池重型卡车已步入试产阶段;与此同时,我国首个完全自主国产的高通道脑机接口也进入临床测试阶段。

4. 聚焦改革创新，激发强劲动力活力

湖北省统筹推进深层次改革和高水平开放，着力畅通经济循环，增强高质量发展内生动力。一是重点领域改革纵深推进，激发体制机制活力。强化投资项目绩效综合评价改革，全省"三库"项目达到7.7万个、总投资42.7万亿元，项目结算率、决算率和通过率均提高20个百分点以上；搭建科创、金融等四大功能类平台和汽车、医药等8个产业类平台，带动17万多家企业融通发展；推进城市治理数字化转型，湖北省《城市数字公共基础设施统一识别代码编码规则》成为国家行业标准。二是营商环境持续优化，增强企业发展助力。降低经营主体成本1000亿元以上，"鄂融通"平台支持138万家中小微企业便捷融资。良好营商环境助力企业提质扩容，新增上市企业13家，14家企业上榜中国民营企业500强，"四上"单位突破7万家。三是对外开放迈向更高水平，拓展国际合作空间。成功举办60余场国际性全国性活动；全年招商引资签约亿元以上项目6956个、总金额4.6万亿元；在全国率先搭建国际贸易数字化平台，湖北自贸区28项制度创新成果在全国推广。

5. 聚焦区域协调发展，推动城乡共融

湖北省大力推进城乡融合发展、区域互融互通，区域协调纵深推进，加快形成多极支撑、城乡共建的均衡发展格局。一是三大都市圈协同共进，提升区域协调发展效能。加快建设武汉新城、襄阳东津城市新中心、宜昌东部产业新区等重点区域，推进沿江高铁武汉至宜昌段、呼南高铁襄阳至荆门段、"武鄂黄黄"快速道路系统等重大项目，提升区域发展协调性。二是县域发展活力迸发，培育县域经济增长新动能。咸安机电制造、京山智能轻工装备等5个集群入选国家级中小企业特色产业集群，天门、潜江、松滋等15个县市入选全国县域商业"领跑县"，县域经济发展势头良好。三是乡村振兴扎实推进，筑牢农业农村现代化基础。加强农业农村现代化建设，新增国家级农业龙头企业16家，总数达到98家；提升农村基础设施和公共服务水平，新改建农村公路10714公里，健全农村生活垃圾收运处理体系，全面覆盖全省农村，卫生厕所普及率超过90%，逐步夯实农村现代化发展的基

础；大力推进巩固拓展脱贫攻坚成果同乡村振兴有效衔接工作，在这一进程中，7.8万户家庭共计22.9万人成功实现了稳定消除返贫致贫风险的目标，湖北省在国家考核评估中连续8年获得"好"的等次。

6.聚焦民生福祉，提升人民生活品质

湖北省坚定不移地贯彻落实以人民为中心的发展思想，强化"普惠性、基础性、兜底性民生建设"，不断致力于满足人民群众对美好生活的向往。一是民生福祉持续改善，织密民生保障幸福网。打好促进高质量充分就业"组合拳"，发放稳岗返还资金17.7亿元，新增创业担保贷款360亿元；持续推进企业职工基本养老保险全国统筹和基本医疗、工伤、失业保险省级统筹；加强"一老一小"保障，实施特殊困难老年人家庭适老化改造2.6万户。二是生态环境持续向好，绘就美丽湖北新画卷。共抓长江大保护，深入推进环境治理，提升生态环境质量，造林增绿331.5万亩，国控断面水质优良比例达到95.8%，长江干流、丹江口水库水质保持在Ⅱ类以上，洪湖水质提升到Ⅳ类。三是文体事业蓬勃发展，奏响文化体育繁荣曲。提升公共文化服务效能，荆楚大遗址传承发展工程圆满完成，屈家岭遗址入选"全国十大考古新发现"，世界华人炎帝故里寻根节、世界武当太极大会、武汉网球公开赛等活动精彩纷呈，湖北省健儿在巴黎奥运会上勇夺4金1银1铜，创新时代以来最好成绩。

（二）2024年湖北经济发展成就

1.转型升级：强劲动能激发新动力

在当前经济形势下，湖北省以强劲的动能推动转型升级，取得了显著成效。突破性科技成果不断涌现，如存储芯片、心肌旋切、北斗通导遥一体化等技术和产品世界领先，组织研发劳动者、神农、天问等多款人形机器人，湖北省获得国家科技奖励19项，总量居全国第二，李德仁院士获国家最高科学技术奖。

现代化产业体系加速构建，"51020"现代产业集群持续壮大，千亿级产业达到19个。其中，光电子信息、汽车制造、大健康三大产业已迈向万亿级规模；高技术制造业增加值实现了22.7%的增长、对工业增长贡献率达到35.1%，数字经济增加值占比超过50%、中部领先；武汉东湖、襄阳、宜昌3家高新区进入全国50强，高新技术企业达到3万家、科技型中小企业达到4.5万家，连续4年增长率超20%。创新创造成为荆楚大地最强劲的旋律。

2. 综合优势：系统提升催生新动能

湖北省在综合优势提升方面成效显著。枢纽能级明显提升，新增鄂州花湖机场、宜昌三峡机场两个国际机场，武汉港集装箱吞吐量居长江中上游港口首位，荆荆高铁建成运营，实现湖北省"市市通高铁"的目标。

发展后劲加速蓄积，新建续建亿元以上项目1.57万个、总投资10.8万亿元，"四新"类产业项目占比超过60%，创历史新高。多极支撑更加强劲，武汉在副省级城市中增速领先，襄阳、宜昌经济总量突破6000亿元，稳居中部非省会城市前列，孝感、黄冈跨越3000亿元规模台阶，8个全国百强县普遍位次前移。龙头引领、梯次发展格局加速形成，高质量发展基础更加坚实。

3. 改革开放：全面释放经济新活力

湖北省通过一系列改革措施，释放了新的经济活力。全面推开大财政体系建设，盘活国有"三资"3708亿元，带动一般公共预算收入增长6.6%，位居全国前列。

国企功能性改革成效显现，省属企业营收增长26.2%，居全国前列，省联投、省交投等6家地方国企进入中国企业500强。市场活力得到有效激发，经营主体连续4年每年新增百万户以上，社会融资规模连续4年每年跨万亿台阶。高水平开放扎实推进，鄂州花湖机场开通国际国内货线91条，货邮吞吐量达到128万吨，居全国第五，全省进出口总额突破7000亿元，增速在中部地区领先。

4. 优化服务：提升群众获得感新高度

湖北省致力于增进民生福祉，让人民群众更有获得感。10大类52项民生实事全部超额完成。城镇新增就业连续4年超过90万人，吸引高校毕业

生就业创业连续 3 年超过 40 万人，就业形势总体稳定，城乡居民收入稳步增长。

公共服务扩面提质，80%的中小学被纳入教联体，86%的县建成三级医院，城市 12 分钟急救圈、农村 30 分钟医疗圈初步形成，农村实现寄递物流、充电桩、5G 网络、四好农村路"四个全覆盖"，发展成果更好转化为人民群众的美好生活。

二 2024年湖北主要经济指标完成情况①

2024 年，湖北省在受到更大外部压力、面临更多内部困难的严峻复杂的经济形势下，以经济稳中向好、量质并进的良好态势，向高质量发展和现代化建设迈出新的坚实步伐。

（一）宏观经济：总量平稳增长，民生指标稳健

经济增长韧性凸显。2024 年全省地区生产总值达到了 60012.97 亿元，增速 5.8%，高于全国平均水平，经济总量持续扩大（见图 2）。从产业角度来看，第一产业实现增加值 5462.18 亿元，增长率为 3.1%；第二产业实现增加值 21573.76 亿元，增长率为 6.4%；第三产业实现增加值 32977.03 亿元，增长率为 5.9%，经济运行呈现"总量稳增、结构向优、动能转换"的特征。价格水平总体稳定。居民消费价格指数同比上涨 0.4%，核心 CPI（扣除食品和能源）上涨 0.6%；工业生产者出厂价格指数同比下降 2.5%，购进价格指数下降 4.4%，工业品价格下行压力仍存。实现就业、收入双提升。城镇新增就业 93.49 万人，调查失业率平均值 5.3%，同比下降 0.1 个

---

① 这个部分的数据均来自湖北省统计局：《2024 年湖北经济运行情况》，2025 年 1 月 22 日，https：//tjj. hubei. gov. cn/zfxxgk _ GK2020/zc _ GK2020/gfxwj _ GK2020/202501/t20250126 _ 5520884. shtml，以及湖北省统计局：《湖北省 2024 年国民经济和社会发展统计公报》，2025 年 3 月 24 日，https：//tjj. hubei. gov. cn/tjsj/tjgb/ndtjgb/qstjgb/202503/t20250321_5585085. shtml。

百分点；全体居民人均可支配收入 36947 元，增长率为 5.1%，其中城镇居民 46987 元、增长率 4.4%，农村居民 22580 元、增长率 6.0%，城乡收入比缩小至 2.08，较上年缩小 0.03。

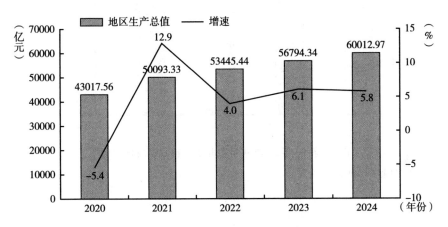

图 2　2020 年至 2024 年湖北省地区生产总值和增速

资料来源：湖北省统计局。

（二）产业经济：结构升级加速，新动能引领增长

农业基础稳固。农林牧渔业增加值 5891.14 亿元（见图 3），与上年相比，实现了 3.6% 的增长，粮食总产量 2785.34 万吨，增长 0.3%，夏粮、早稻、秋粮均实现小幅增长；蔬菜、园林水果、禽蛋产量分别提升 2.7%、3.4%、16.3%，生猪出栏 4431.43 万头，下降 0.2%，水产品产量 546.43 万吨，增长 4.5%，农业现代化水平稳步提高。

工业量质齐升。规模以上工业增加值增长 7.70%（见图 4），其中，制造业贡献突出，较上年增长了 7.9%，采矿业、电热气水生产和供应业分别增长 5.3%、6.0%。高技术制造业增加值大幅增长 22.7%，增速快于规上工业 15 个百分点，智能手机、电子元件、锂离子电池等产品产量分别实现了 66.5%、52.8% 和 50.5% 的高速增长，新质生产力得以加速培育。企业效益持续改善，规模以上工业企业实现利润 2787.89 亿元，增长 25.9%。

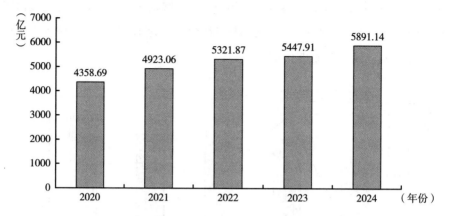

图3　2020年至2024年湖北省农林牧渔业增加值

资料来源：湖北省统计局。

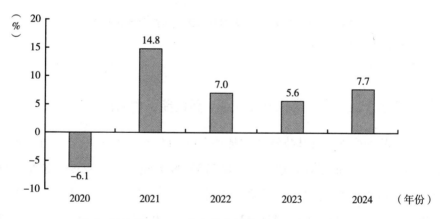

图4　2020年至2024年湖北省规模以上工业增加值增速

资料来源：湖北省统计局。

服务业稳步增长。服务业增加值增长5.9%，2024年1~11月，多式联运、装卸仓储、互联网服务等现代服务业引领，分别增长66.4%、31.5%和16.1%；金融服务实体经济能力增强，截至2024年12月末，金融机构本外币存贷款余额分别达94021.76亿元、87113.01亿元，增长7.9%、7.1%。

（三）区域经济：武汉都市圈引领作用明显，三大都市圈协同共进

2024年，武汉都市圈引领作用凸显，襄阳都市圈、宜荆荆都市圈增长动能有待进一步释放（见图5）。以武鄂黄黄为核心的武汉都市圈经济发展平稳，武汉新城建设全面加速，交通一体化快速推进，产业同链成效明显。襄阳都市圈经济运行稳中提质，产城融合加速成形，交通网络扩能升级，产业结构实现创新突破，消费市场活力迸发，中部科创高地快速崛起。宜荆荆都市圈经济总量跃升实现新突破，区域协同发展联盟加快构筑，交通一体化加速都市圈同城化，数字化转型构建产城智联新生态，现代产业集群打造增长新引擎。

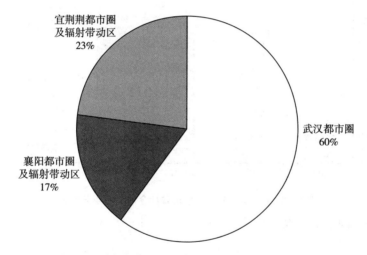

图5　三大都市圈及其辐射带动区地区生产总值占比示意

资料来源：根据各市、州、林区人民政府网站地区生产总值计算。

（四）改革开放：改革成效显著，对内对外开放继续深化

全面深化改革成效显著。在经济体制改革方面，完善统筹机制、推进国资国企改革、构建了供应链平台。在科技创新体制改革方面，创新体制机制，创新平台建设，加强关键技术攻关，加快科技与产业融合，发展创新主体与人才。在生态环境领域改革方面，显著改善大气和水环境质量，创新突

破污染防治技术，"无废城市"建设成效初显。社会民生领域改革方面，就业创业成果显著，教育资源均衡发展，医疗服务水平提升，住房保障持续加强，养老服务体系日益完善，城市环境持续优化。

内需潜力释放。社会消费品零售总额25276.70亿元（见图6），较上年增长5.1%，智能绿色商品消费快速增长——新能源汽车、智能手机、计算机等零售额增速显著，分别增长42.0%、24.1%、37.3%；限额以上网络商品零售额增长24.2%，拉动限额以上商品零售额增长4.5个百分点，消费升级趋势明显。

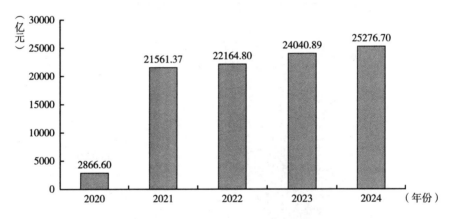

图6　2020年至2024年湖北省社会消费品零售总额

资料来源：湖北省统计局。

外贸提质增效。全年进出口总额7058.4亿元，较上一年度增长9.6%，其中出口4863.0亿元，同比增长12.4%；进口2195.4亿元，同比增长3.7%（见图7）。对共建"一带一路"国家进出口额同比增长13.1%，占进出口总额的53.3%；机电产品出口额同比增长18.1%，占出口总额的53.7%，贸易结构持续向高端化、多元化升级。

总体而言，2024年全省经济运行稳中向好、量质并进，但外部环境变化带来的不利影响加深，国内有效需求不足。湖北省需持续推动产业升级、扩大内需、深化改革，巩固高质量发展态势。

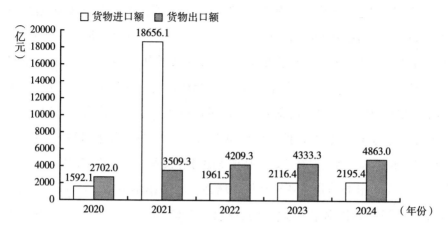

图7 2020年至2024年湖北省货物进出口额

资料来源：湖北省统计局。

三 2024年湖北省经济整体运行特点

湖北省2024年在风云际会的国内外经济环境中实现了经济质和量的协同发展。凭借产业结构优化、创新生态构建、区域协调联动、开放能级跃升、绿色低碳转型、民生福祉增进六大战略支点，湖北省加速实现从"中部大省"向"战略高地"的跨越转型。在经济体量稳步扩大的同时，湖北省通过推进现代化产业体系建设，促进城乡融合和区域协调发展等举措，以教育科技人才"三位一体"赋能高质量发展，当之无愧成为全国经济大局的中流砥柱。纵观全年，湖北经济发展与"创新、协调、绿色、开放、共享"新发展理念耦合，对应呈现五大特点。

（一）创新驱动发展战略深化，新兴动能引领增长

2024年，湖北省荣获国家科学技术奖励19项，总量居全国第二；高新技术企业达到3万家、科技型中小企业达到4.5万家；技术合同成交额达到5500亿元，居全国第三。高技术制造业对规上工业增加值增长贡献率达35.1%。

高技术制造业占比持续提高。2024年，全省高技术制造业增加值比上年增长22.7%，增速领先全部工业企业15个百分点；占规上工业比重达14.8%，比上年提高2个百分点。万亿级新兴产业集群支撑作用显著，"光芯屏端网"产业集群2024年前八个月产业营收接近6000亿元；新能源汽车产量达50.7万辆，增长29.3%。电子信息类产品产量保持快速增长，汽车用锂离子动力电池、智能手机、电子元件、集成电路圆片产量分别增长150%、66.5%、52.8%、18.3%。高技术制造业、高技术服务业投资分别增长15.4%、20.5%。

科学研究和技术服务业拉动作用增强，驱动作用突出。1~11月，全省规上科学研究和技术服务业实现营业收入1566.40亿元，同比增长10.3%，拉动规上服务业营业收入增长1.4%。其中，研究和试验、工程技术和试验业营业收入分别增长23.2%和40.8%。

（二）区域协同纵深推进，发展格局更趋均衡

共同富裕政策多元投入成效日显，城乡区域协调更优，地区收入差距、城乡收入差距同步缩小。2024年，地区收入差距有所下降，收入最高的市城乡居民人均可支配收入比与收入最低市差值较上年缩小0.02。全省城乡居民人均可支配收入比连续8年呈下降态势。

龙头引领、梯次发展格局加速形成。武汉GDP超过2.1万亿元，宜昌、襄阳突破6000亿元，孝感、荆州、黄冈超过3000亿元。襄阳—宜昌双核驱动显现。两副中心对全省经济增长贡献率超过20%。大冶、枣阳等7个县市入围全国百强县，神农架林区生态旅游收入增长10.4%。[①]

（三）绿色转型成效显著，生态经济蓬勃发展

碳交易市场活跃度提升，湖北碳市场累计成交额突破100亿元，占全国

---

① 《神农架：2024年接待游客人次和旅游收入增长10.0%、10.4%》，《湖北日报》2025年1月14日。

试点市场总成交量的 40% 以上。① 林业碳汇项目开发量同比增长 200%。

绿色建筑占比创新高，城镇新建绿色建筑比例达 92%，武汉长江中心等超高层建筑获 LEED 铂金认证。

流域水质综合治理成果斐然，长江干流、丹江口水库水质保持在 II 类以上。清洁能源装机占比达到六成，规上工业能耗强度持续下降，生产生活方式加快向绿色转型。

（四）开放型经济提质升级，外贸新业态蓬勃发展

2024 年，湖北进出口规模首次登上 7000 亿元台阶，增速位居中部第一。鄂州花湖机场国内国际航空货线增至 91 条，货邮吞吐量达到 128 万吨，跃居全国第 5 位。中欧班列（武汉）连续 2 年开行突破千列。

出口产品高新含量稳步提高，手机、汽车、集成电路、锂离子蓄电池等产品出口额分别增长 34.4%、19.5%、52.8%、133.8%。科技发展推动进出口结构调整，半导体制造设备国产化率持续提升，进口值显著下降。

（五）民生福祉持续改善，共享发展成果

经济发展带动就业形势稳中向好，城镇新增就业人数超额完成年度目标任务，城镇调查失业率比上年有所下降。财政支出中民生支出占比达到 79.9%，比上年提高 0.4 个百分点。10 大类 52 项民生实事全部完成，全省民生需求调查结果显示，人民群众对民生实事的满意度达到 96.3%，高校毕业生留鄂就业率提升。

内需市场逐步复苏。湖北全省坚持从消费政策出发，针对不同消费场景推出促销补贴活动，推出一系列扩大内需、促进消费的政策，既激发老百姓的消费热情，也给老百姓带来实实在在的消费便利。全年发放"以旧换新"补贴超过 60 亿元，惠及超 700 万名消费者。全体居民人均服务性消费支出

---

① 湖北碳排放交易中心：《交易规模全国第一！湖北碳市场履约率连续 10 年保持 100%》，2025 年 2 月 24 日。

1.3 万元，同比增长 6.3%，增速快于居民人均消费支出 3.4 个百分点。其中，教育文化娱乐、交通通信等支出增长动能强劲，均实现两位数增长。

整体来看，2024 年湖北省作为长江经济带的中流砥柱，经济持续稳定发展向好，随着长江经济带、中部崛起等的纵深推进，以及"51020"现代产业集群的全面成形，湖北省有望在高质量发展新征程中书写更辉煌的篇章，贡献更多"湖北智慧"和"湖北力量"。

四　2024年湖北省经济发展的短板和挑战

2024 年是"十四五"规划承上启下的关键节点，湖北省作为长江经济带的中流砥柱以及重要经济增长极，经济持续稳定发展，成果显著。根据湖北省统计局发布的经济运行数据，2024 年全省 GDP 增速为 5.8%，虽高于全国平均水平（5.0%），但较 2023 年同期回落 0.2 个百分点；需求侧的消费、投资、出口增速均呈现放缓趋势。纵观全年，湖北省经济发展面临的主要挑战来自内需不足、对外开放瓶颈，以及民营经济创新活力不足等三个方面。

（一）内需增长动能不足，市场蕴含潜力巨大

居民消费能力存在一定制约。2024 年，湖北城镇居民人均可支配收入实际增速略低于 GDP 增速，农村居民人均可支配收入增速虽然高于城镇，但绝对值仅为城镇居民的 48%。收入分配差距导致消费分层明显，全省社会消费品零售总额中，高端消费增速远大于基础消费品。

房地产投资运行依旧不畅。2024 年，全省房地产开发投资比上年下降 5.9%，降幅比年初收窄 3.5 个百分点[1]，逐步回稳；房地产开发民间投资下降 11.6%；新建商品房销售面积比上年增长 0.5%，由负转正，15 个市州实现销售面积增长。

---

[1] 《2024 年湖北经济运行情况解读》，湖北省统计局网站，2025 年 1 月 22 日。

（二）对外开放承受多重压力，外向型经济转型遭遇阻碍

外贸结构性问题凸显。2024年进出口总额7058.4亿元，同比增长9.6%，手机、汽车、集成电路、锂离子蓄电池等产品出口额分别增长34.4%、19.5%、52.8%、133.8%。机电产品出口占比53.7%，比上年提升2.6个百分点，低于全国平均水平6个百分点，部分显示出口产业升级滞后。

国际物流通道瓶颈显现。2024年中欧班列（武汉）开行量增长15%，而单箱运输成本较重庆高18%，返程空载率达43%。天河机场国际货运吞吐量增速（8.7%）低于郑州新郑机场（15.2%），枢纽地位面临挑战。

（三）中小企业经营压力加大，创新活力待激发

企业成本压力持续攀升。调查显示，2024年制造业中小企业综合成本上涨12.3%，其中用工成本上涨18%、物流成本上涨15%。

研发创新转化能力较弱。2024年规上工业企业研发投入强度1.8%，低于全国2.4%的平均水平。全社会研发投入较上年增长12.2%，研发投入强度较上年提高0.19个百分点，而技术合同成交额增速反降至9.7%，科技研发成果实际落地成效仍有进步空间。[①]

整体而言，2024年湖北经济发展面临的主要挑战集中于宏观上的内外经济循环不畅，内需市场存在"有潜力、缺动力"的结构性矛盾，开放型经济面临"量增质不优"的转型压力，投资结构显现"传统强、新兴弱"的路径依赖，中小企业遭遇"成本高、转型难"的双重压力。展望未来，进入高质量发展的新阶段，要保证湖北省经济持续健康增长这些挑战无法回避。一方面，推进收入分配改革，激活消费基础盘，扩大内需，释放消费潜

---

① 《湖北：奋力打造具有全国影响力的科技创新高地》，湖北省发展和改革委员会网站，2025年1月6日。

力；另一方面，依托自贸区建设升级重塑开放新优势，聚焦"51020"现代产业集群优化投资结构，构建梯度化中小企业支持体系。成功解决这些问题，湖北省必然能在高质量发展新征程中书写更辉煌的篇章。

五 2025年湖北经济发展展望

2025年是全面贯彻党的二十届三中全会精神的开局之年，是决胜"十四五"、谋划"十五五"的关键之年。纵观当今国内外现状，世界百年未有之大变局不断演化推进，国际环境变乱交织，国内宏观供给需求结构、社会主要矛盾、区域要素条件、经济增长内在逻辑都发生了深刻变化，但总体上机遇大于挑战，有利条件强于不利因素。湖北省发展进入整体提升的关键时期，基础稳固、优势众多、韧性强、后劲足，持续向好、长期向好的态势未变。湖北省要精准研判形势、应对挑战，保持战略定力、增强发展信心，以创新的思维、用改革的办法、靠务实的作风，沿着习近平总书记指引的方向，推动全省经济高质量发展。

经济社会发展的主要预期目标是：经济增长6%左右；城镇调查失业率5.5%左右，城镇新增就业70万人以上；居民消费价格涨幅2%左右；居民收入增长与经济增长同步；粮食产量继续保持500亿斤以上；单位地区生产总值能耗完成"十四五"国家考核目标。为实现上述目标，湖北省2025年应重点抓好以下七个方面。

（一）扩大内需——筑牢经济稳增长基石

坚持供给需求结构协调，消费投资相互促进，以内需增长作为带动经济增长、促进国内循环的发力点。一要精准施策扩大有效投资。开展投资提质年活动，充分发挥政府投资对社会投资的示范引领作用，确保全年实施投资额在亿元以上项目达到1.6万个，实现投资增长约7%。其中，推进5500个工业转型升级重大项目建设，年度投资7200亿元以上；加快3100个基础设施重大项目建设，年度投资5400亿元以上；建立房地产稳定发展新格局，大力推进 1600 个城市更新项目和 600 个医教康育服务项目的建设工作，年度投资数额要达到 8000 亿元以上。二要多措并举促进消费。实施提振消费专项行动，稳住大宗消费，培育新消费增长点，社会消费品零售总额增长 7% 左右；发展首发经济、冰雪经济、银发经济，推进新型消费服务产品的研发，包括数智诊疗、家用机器人、新一代低空飞行器等，培育多元化消费模式，争创武汉国际消费中心城市，加快建设襄阳、宜昌区域性消费中心城市。三要主动作为抢抓政策机遇。把握"两重""两新"政策的关键窗口期，落实细化前期基础准备工作，把握国家政策扶持方向，为湖北争取更多政策红利，保证更多重大项目落地。

（二）创新驱动——培育壮大新质生产力

坚持以科技创新为切入点，培养高素质跨专业全面型科教人才，带动建立创新驱动的现代化产业体系，实现更加注重质量效益与更好发挥先发优势的"智慧增长"。一是打造科技创新高地。实施创新驱动发展战略，从创新政策、创新平台、创新氛围和创新服务四个方面发力，优化创新生态，打造全球高端人才重要集聚地、世界原始创新重要策源地、现代产业创新引领地、全国创新生态示范地；打造光谷科创大走廊等创新空间，做强汉江国家实验室等科创平台，推进科研攻关，促进成果转化，推动规上工业企业研发全覆盖，技术合同成交额突破 6000 亿元。二是汇聚高层次创新人才。实施"十百千万"行动，用 3~5 年时间，培养引进 10 名战略科学家、100 名科技领军人才、1000 名高水平工程师、10000 名优秀青年科技人才，以人才助力湖北发展。三是构建现代化产业体系。坚持传统产业提升、新兴产业培育、未来产业探索"三措并举"，促进"五链融合"，打好汽车、钢铁、化工产业转型"三大战役"，壮大新兴产业，发展未来产业，推动支柱产业突破万亿级规模，推动"51020"现代产业集群全面升级。盯紧抓实工业新增长点，规上工业增加值增长 7.5% 左右。推动实体经济和数字经济深度融合。实施"五新工程"，推进企业数智化转型，新建多种类型工厂，发展数字经济，打造全国数实融合发展示范区。

（三）深化改革——拓展高质量发展新空间

聚焦重点领域改革，营造一流营商环境，增强发展内生动力。一是深化重点领域改革。以经济体制改革作为牵引，推动新型收入分配机制改革，将创造知识价值纳入收入分配标准；推动高质量市场化改革，将优化要素有效配置作为核心，充分激发潜在创新活力、维护公平竞争；引导企业创新，深化国有"三资"管理改革；深化金融领域改革，做好科技金融、绿色金融、普惠金融、养老金融、数字金融"五篇大文章"，将金融作为实体经济的助推器和强心剂，充分激发实体产业活力，推动实体经济发展；深化国资国企改革，力争新增2~3家地方国企进入中国企业500强；深化供应链体系改革与建设，提升科创、金融、物流、国际贸易四大功能类供应链平台能级；深化营商环境改革与建设，健全促进民营经济发展的常态服务、政策沟通等机制，促进国企民企、内资外资、大中小企业融通发展；统筹推进教育科技人才"三位一体"改革，赋能高质量发展，提高创新体系效益效能。二是打造内陆开放新高地。发挥湖北作为陆海空三条丝绸之路交会点的综合优势，以准入前国民待遇加负面清单管理制度为基本点、制度型开放为特征，推动高水平多层次经济开放，更好融入国内国际双循环；建设国家物流枢纽经济区，实施湖北自贸区提升战略，推进内外贸一体化，稳定外资，打造"投资中国·优选湖北"品牌。

（四）城乡融合——促进区域城乡共同繁荣

创新省内协调发展机制，推动城乡融合、区域协调与共同富裕的"包容增长"。一是推进都市圈联动发展。提升三大都市圈能级和功能，做大做强优势产业集群，打造引领湖北、支撑中部、辐射全国、融入世界的重要增长极。二是推进新型城镇化。顺应人口回流和产业转移趋势，推进以县城为重要载体的新型城镇化，优化公共服务供给，建立城市更新机制；实施强县工程，壮大40个省级县域特色产业集群，支持103个国家级省级开发区集约集聚发展。三是推进乡村全面振兴。守住国家粮食安全和不发生规模性返贫致贫"两条底线",筑牢"三根支柱",用好"两大动力",推动农业增效益、农村增活力、农民增收入;加强耕地保护,建设高标准农田300万亩,支持55个产粮大县提升粮食生产能力;巩固拓展脱贫攻坚成果;做强10大重点农业产业链,办好湖北农业博览会;学习"千万工程"经验,建设宜居宜业和美乡村;深入实施农业科技"五五"工程,切实增强乡村全面振兴内生动力。

(五)文化创新——建设文化强省、旅游强省

发挥湖北省历史文化底蕴深厚、红色资源丰富、名山大川多的优势,推动荆楚文化创造性转化、创新性发展,打造世界知名文化旅游目的地。一是加强文化遗产保护传承利用。实施荆楚文脉赓续工程,建好长江国家文化公园(湖北段)、长江博物馆等标志性项目,加快"万里茶道"、铜绿山古铜矿遗址申遗,支持黄石、孝感、恩施申报国家历史文化名城,建设长征国家文化公园(湖北段)。二是促进文化体育事业繁荣发展。弘扬大别山精神、抗洪精神、抗疫精神,擦亮"文学鄂军""书香荆楚"等特色品牌;建设公共文化新空间,打造"15分钟公共文化服务圈";完善全民健身赛事体系,申办第十六届全国运动会。三是培育万亿级文旅支柱产业。加大文旅产业投资、挖掘文旅消费潜力、提升文旅服务供给;打造10条精品旅游线路和100家精品旅游景区,建设一批国际旅游目的地和特色旅游目的地,创建一批荆楚文旅名县、湖北旅游名镇;拓展文旅融合新空间,推动文旅全产业链发展;打造"知音湖北"文旅品牌,办好中国文化旅游产业博览会、长江文化艺术季等重大节会,传播荆楚文化。

(六)绿色低碳——绘就美丽湖北新画卷

坚持"绿水青山就是金山银山",推动绿色增长,建设人与自然和谐共生的美丽湖北。一是推进绿色低碳转型。促进产业生态化、生态产业化,推进能耗双控向碳排放双控转变,实施10大绿色转型工程,打造10条循环经

济产业链，支持襄阳、十堰建设全国碳达峰试点城市，支持黄石、鄂州、仙桃等创建无废城市，构建新型能源体系，建设全国碳市场中心和碳金融中心。二是打好污染防治攻坚战。清单化推进问题整改，实施空气质量改善行动计划，加强水环境风险防控和黑臭水体专项整治，推动空气质量稳定达标、水环境质量不断改善、土壤环境质量持续好转。三是推进流域综合治理。修复长江生态环境，实施长江高水平保护十大提质增效行动，推进长江十年禁渔，建设"荆楚安澜"现代水网，开展丹江口水库、洪湖、梁子湖、斧头湖等湖库水环境治理。

（七）保障民生——增强人民群众获得感

坚持保基本、守底线、补短板，不断提高公共服务质效。一是推进高质量充分就业。强化就业优先导向，实施"才聚荆楚""技兴荆楚"工程，加强产业技术工人队伍建设，支持高校毕业生、脱贫人口等重点群体就业，开展欠薪整治专项行动，加强劳动者权益保护，促进就业增收。二是鼓励支持各类创业。面向全省高校师生，专业性针对性地推进扶持科技创新创业；面向全省外出务工经商人员，鼓励返乡创业。三是完善多层次社会保障体系。提高医保、低保标准，推动基本养老保险、工伤保险、失业保险扩面提质，推进渐进式延迟法定退休年龄改革。四是实施积极应对人口老龄化国家战略。健全社会保障、养老服务和健康支撑三大体系，实施养老基本公共服务强化、优质供给市场扩容、健康产业加快培育三大工程；完善生育支持政策体系和激励机制；办好人民满意的教育，动态调整优化基础教育布局；重构职业教育供给体系和能力；完善高等教育院校布局与学科设置动态优化调整机制，加大一流高校和一流学科建设支持力度。五是开展全民健康行动。完善卫生健康服务体系，开展"323"攻坚行动，加强重特大疾病帮扶救助，加强儿科和精神卫生服务，扩大职工医疗互助保障覆盖面；支持同济医院创建国家医学中心，推进黄冈国家中医药传承创新发展试验区建设，大力发展高端医疗装备、生物制药、现代康养等产业，加强食品药品全链条质量安全监管。

　　展望 2025 年，湖北经济发展前景广阔、充满希望。尽管前方仍可能存在诸多挑战，但凭借过去积累的坚实基础、宝贵经验以及全省上下团结奋进的强大力量，湖北定能在复杂多变的形势下找准发展机遇。随着创新驱动发展战略的持续深入推进，湖北的产业升级将取得新突破，新兴产业蓬勃发展，传统产业焕发出新的生机与活力；在扩大内需方面，消费市场的潜力将进一步释放，有效投资将持续精准发力；在营商环境优化上，服务效能将大幅提升，吸引更多优质企业和项目落地生根。相信在习近平新时代中国特色社会主义思想的指引下，在全省人民的共同努力下，2025 年的湖北经济必将实现更高质量的发展，向着现代化建设的目标迈出更加坚实有力的步伐，在中部地区乃至全国经济发展中发挥更为重要的作用。

参考文献

湖北省人民政府：《2024 年湖北省政府工作报告》，2025 年 1 月 24 日。

湖北省统计局：《2024 年湖北经济运行情况》，2025 年 1 月 23 日。

《神农架：2024 年接待游客人次和旅游收入增长 10.0%、10.4%》，《湖北日报》2025 年 1 月 14 日。

湖北碳排放交易中心：《交易规模全国第一！湖北碳市场履约率连续 10 年保持 100%》，2025 年 2 月 24 日。

《2024 年湖北经济运行情况解读》，湖北省统计局官网，2025 年 1 月 22 日。

《湖北：奋力打造具有全国影响力的科技创新高地》，湖北省发展和改革委员会网站，2025 年 1 月 6 日。

宏观经济篇

B.2
2024年湖北宏观经济发展报告

夏 梁 匡绪辉 柯益东*

摘 要: 2024年，湖北省在复杂多变国际环境下，经济运行稳中向好，GDP突破6万亿元，增速达5.8%。国际环境方面，外需疲弱与贸易摩擦并存，而"一带一路"倡议和新兴市场投资为湖北带来新机遇。国内环境方面，稳增长政策精准发力，推动内需提振和新质生产力发展。湖北省在科创、基础设施建设等领域取得显著成效，投资、消费、出口三大动力协同发力，投资结构优化，消费市场平稳增长，进出口总额突破7000亿元。然而，产业转型升级任务仍然较为艰巨，有效需求不足，企业经营面临成本上升、融资困难等问题。展望2025年，湖北将锚定经济大省发展目标，扩大内需，加快新质生产力发展，深化改革开放，推动经济高质量发展。

关键词: 稳增长 新质生产力 高质量发展 湖北

* 夏梁，经济学博士，湖北省社会科学院经济研究所副所长、副研究员，主要研究方向为宏观经济、经济体制改革等；匡绪辉，湖北省社会科学院经济研究所研究员，主要研究方向为财政学、宏观经济学、地方经济；柯益东，湖北省社会科学院经济研究所。

一　2024年湖北宏观经济发展环境

（一）国际环境

1.外需疲弱困境、贸易摩擦与保护主义并存

湖北省 2024 年发展面临的外需疲弱困境和贸易摩擦与保护主义挑战相互交织，构成了复杂的外部经济环境。全球经济增长放缓导致外需不足，出口导向型企业受到显著冲击，外贸出口总量和增量双双下降，企业订单减少，利润空间被压缩，部分企业甚至面临生存压力。与此同时，贸易摩擦与保护主义抬头进一步加剧了外部环境的不确定性，全球供应链的不稳定性也对湖北省的外贸企业造成了深远影响，部分企业不得不重新调整市场策略，寻找新的增长点。

2.高质量共建"一带一路"，加快打造内陆开放高地

湖北省牢牢把握在构建新发展格局中的使命任务，打造国内大循环重要节点和国内国际双循环重要枢纽，加快建成中部地区崛起的重要战略支点，为高质量共建"一带一路"作出更大贡献。充分发挥花湖国际机场、中欧班列、长江黄金水道等开放大通道作用，系统提升开放枢纽功能，深化湖北自贸试验区建设，办好中国—北欧经贸合作论坛、汉交会等系列活动，加快打造内陆开放高地，切实推动共建"一带一路"高质量发展。

3.加大对新兴市场投资，为湖北融入新市场提供新机遇

近年来，中国对外出口更加侧重于新兴市场，2024 年中国对东盟、俄罗斯、非洲等新兴市场的出口份额分别较 2017 年上升了 4.1 个、1.3 个、0.8 个百分点。① 在外需疲弱时新兴市场为中国贸易投资提供了新的机遇，湖北省也积极抓住这一趋势。数据显示，2024 年中国与新兴市场的贸易合作更加深入，东南亚、非洲及中东等新兴市场逐渐成为中国企业主要的

---

① 根据海关总署 2017 年、2024 年数据计算得出。

"出海"目的地。湖北作为中国重要的经济区域之一,其外贸结构也在持续优化,超七成外贸增量来自共建"一带一路"国家。① 中国对新兴市场的投资力度不断加大,推动了与这些国家的产业合作与贸易往来,为湖北企业拓展海外市场提供了更广阔的空间。

(二)国内环境

1. 存量和增量政策精准发力,刺激内需、提振市场主体信心

"两重"建设、"两新"工作是2024年宏观政策发力的重要着力点,提振居民消费、扩大有效投资、加快绿色转型的综合效应持续显现。2024年第四季度,消费品"以旧换新"政策加力显效,居民换购热情得到激发。在大规模设备更新政策支持下,2024年我国设备工器具购置投资同比增长15.7%,增速比上年增长9.1个百分点,贡献67.6%的投资增长。② 同时经济循环逐步改善,政策效果逐步从需求端向生产端传导。2024年第四季度我国规模以上工业产能利用率达76.2%,较第三季度提高1.1个百分点,③12月规模以上工业企业产销率升至98.7%的高位水平。经济运行好转进而带动企业、居民、政府收入逐步改善,增强了市场活力和信心。存量和增量政策的精准发力,为湖北省经济发展注入了强大动力,显著提振了市场主体信心并促进了经济的持续向好。

2. 新质生产力稳步发展,推动传统产业升级、新兴产业发展,持续为高质量发展注入新动能

2024年中国继续加大研发投入力度,全社会研究与试验发展经费投入达到3.6万亿元,投入强度达2.68%,较上年提高0.1个百分点,接近经

---

① 《湖北超七成外贸增量来自共建"一带一路"国家》,《湖北日报》2025年3月21日。
② 《去年我国经济总量首次超130万亿元,同比增长5% 经济社会发展主要目标任务顺利完成》,《经济日报》2025年1月18日。
③ 《2024年四季度全国规模以上工业产能利用率为76.2% 比三季度上升1.1个百分点》,央广网,2025年1月17日。

济合作与发展组织国家 2.7% 的平均水平。[①] 为推进传统产业升级，不断加快推进工业领域技术革新与设备升级，2024 年制造业技改投资比上年增长 8.0%，快于全部投资增速 4.8%。[②] 同时以航空航天、电子通信为代表的高技术产业快速增长，制造业向产业链价值链中高端迈进。2024 年规模以上高技术制造业增加值比上年增长 8.9%，占规模以上工业增加值比重较上年提高 0.6 个百分点。[③] 随着数字要素、数字技术、数字生态的不断发展完善，数字经济已为各行业注入新动能，助力新质生产力发展。新质生产力的稳步发展为湖北省传统产业升级和新兴产业发展注入了强大动力。

3. 继续全面深化改革开放，不断激发湖北省发展动力潜力

2024 年，党的二十届三中全会召开，擘画了进一步全面深化改革的宏伟蓝图，部署了 300 多项重要改革举措，针对制约经济社会发展的深层次矛盾靶向施治，增强了全社会的发展信心，持续激发经济社会发展的内生动力、创新活力。2024 年以经济体制改革为牵引的各领域改革全面展开，不断建设完善全国统一大市场，制定完善包括产权保护制度、市场准入制度、公平竞争制度、社会信用制度在内的统一的市场基础制度，稳固国内大循环主体地位。同时，我国积极融入国际循环，拓展贸易新增长点，支持海外仓建设和跨境电商出口，出口占国际市场份额稳中有升。市场布局多元并进，对外贸易圈、朋友圈不断扩大，已成为全球 150 多个国家和地区的主要贸易伙伴，与 30 个国家和地区签署 23 个自贸协定，自贸伙伴遍及五大洲，持续向世界释放"把开放的大门越开越大"的满满诚意。继续全面深化改革开放，激发湖北省不断发展的动力潜力。

① 《数说中国 | 2024 年我国研究与试验发展经费投入突破 3.6 万亿元》，新华社，2025 年 1 月 23 日。
② 《去年我国经济总量首次超 130 万亿元，同比增长 5%　经济社会发展主要目标任务顺利完成》，《经济日报》2025 年 1 月 18 日。
③ 《连续 15 年规模全球第一！2024 年中国制造"成绩单"请收下》，新华社，2025 年 1 月 21 日。

二 2024年湖北宏观经济发展政策重点

2024年是实现"十四五"规划目标任务的关键一年，湖北省政府工作报告提出了2024年的目标任务。在科创方面，集中力量突破高端AI芯片、智能数控机床、高端医疗装备等"卡脖子"技术，前瞻谋划生物合成、空天技术等千亿级规模的科创"核爆点"，构筑创新赛道的"卡位"优势。[①]在扩大有效需求方面，布局集成电路、汽车核心零部件、工业母机等战略性产业基地，粮食、煤炭、原油等战略性物资储备基地，国家算力枢纽节点、荆汉运河等战略性基础设施，努力在新一轮区域发展中抢占先机。同时，加快建设武汉新城、襄阳东津中央商务区、宜荆荆世界级磷化工产业集群等10大标志性工程，打造武鄂黄黄快速通道、宜昌融入西部陆海新通道、鄂州花湖机场多式联运体系等10大功能性工程，增强都市圈核心竞争力和辐射带动力。[②] 2024年，经济社会发展的主要预期目标是：地区生产总值增长6%；城镇新增就业70万人以上，城镇调查失业率5.5%左右；居民消费价格涨幅3%左右；居民收入增长和经济增长同步；粮食产量500亿斤以上；单位GDP能耗降低2.5%左右。[③]

（一）经济运行稳中向好

2024年湖北省实现生产总值60012.97亿元，按不变价格计算，比上年增长5.8%，提前一年完成"十四五"规划总量目标——突破60000亿元。从产业上看，第一产业增加值5462.18亿元，较上年增长3.1%（以不变价格计算）；第二产业增加值21573.76亿元，增长6.4%；第三产业增加值

① 《两会解读｜2024湖北准备干这些大事》，《湖北日报》2024年1月31日。
② 《政府工作报告》，《湖北日报》2024年3月13日。
③ 《政府工作报告——2024年1月30日在湖北省第十四届人民代表大会第二次会议上》，《湖北日报》2024年2月8日。

32977.03亿元，增长5.9%。[①] 近年来，湖北省经济顶住多重压力，走出了一条昂扬向上的发展曲线。2024年全省进一步聚势突破，竞进势头不断增强，经济总量突破6万亿元，经济增速也领先全国，主要经济指标在经济大省和中部地区均处于前列。

（二）经济发展新动能强劲

2024年11月习近平总书记在湖北考察时更是指出，"湖北科教人才优势突出、科技创新能力较强，要在推进科技创新和产业创新上开拓进取。主动融入全国创新链，努力打造具有全国影响力的科技创新高地，更好发挥科技创新策源功能。"[②] 2024年湖北省荣获国家科学技术奖励19项，居全国第二；技术合同成交额达到5500亿元，居全国第三；高新技术企业达到3万家、科技型中小企业达到4.5万家。高技术制造业对规上工业增加值增长贡献率达35.1%。清洁能源装机占比达到67.8%，规上工业能耗强度持续下降，生产生活方式加快向绿色转型。

（三）对外开放水平更上一层楼

2024年，湖北扎实推进高水平开放，全省进出口总额突破7000亿元，增速中部领先。全省外贸实绩企业达9500家、增长8.6%，跨境电商进出口增长180%。湖北省正聚力构建大枢纽，鄂州花湖国际机场的国内国际货线增至91条，货邮吞吐量达到128万吨，中欧班列（武汉）连续两年开行突破千。2024年，通过举办中国—北欧经贸合作论坛、华创会、汉交会等60余场国际性全国性活动，湖北全年招商引资签约亿元以上项目6956个、总金额4.6万亿元。2024年，全省新能源汽车、集成电路等高技术高附加值产品出口增长19.4%，占全部出口比重过半，湖北智造正走向世界。

---

① 《2024年湖北经济数据出炉　首次突破6万亿》，人民网，2025年1月24日。
② 《习近平在湖北考察时强调鼓足干劲奋发进取　久久为功善作善成　奋力谱写中国式现代化湖北篇章》，新华网，2024年11月6日。

三 2024年湖北经济增长动力分析

（一）投资

1. 投资总额

2024年，湖北省各地认真贯彻落实省委、省政府各项决策部署，聚焦国家重大战略实施和重点领域安全能力建设加快推进重大项目建设，积极争取超长期特别国债和政府专项债的发行使用，统筹有效使用各类政府投资资金，持续推进大规模设备更新和消费品以旧换新，积极扩大有效投资，持续推进房地产市场止跌回稳。全省固定资产投资比上年增长6.5%，分别快于全国和中部地区平均水平3.3个和1.5个百分点。

2024年湖北省级重点项目共604个，其中包括十堰至西安高铁等393个续建项目，沿江高铁武汉至合肥黄冈段等211个新建项目，计划总投资34869亿元，年度计划投资4494亿元，省级重点项目投资一般不低于5亿元（基础设施项目不低于10亿元），主要分为重大产业发展、重大基础设施、生态文明建设、社会民生保障四大类。百亿级以上的省级项目对湖北省的经济发展牵引力十足。从规模看，纳入2024年省级重点百亿级以上项目有83个，其中500亿级以上的超级项目有9个。这些项目的建设对拉动湖北省投资具有关键支撑作用。

2024年湖北新设外资企业650家，实际使用外资19.2亿美元，规模居中部第一。

2024年湖北省固定资产投资增速虽然在4月降至4.8%，但全年整体呈现稳步上升的态势，从年初的5.9%增至年末的6.5%（见图1）。固定资产投资的增长为湖北省经济提供了稳定支撑，促进了经济的持续增长。这一增速不仅为湖北省经济注入了活力，而且与工业生产增势相吻合。同时，高新技术和新兴行业相关投资依旧保持明显的增长，这种投资结构的优化不仅能够帮助湖北省产业转型，也能提高湖北省的国内国际竞争力。固定资产投资的平稳增长和投资结构的大幅改善有助于平衡经济结构，增强经济的内在抵抗力，适应和应对外部经济环境的变化和挑战。

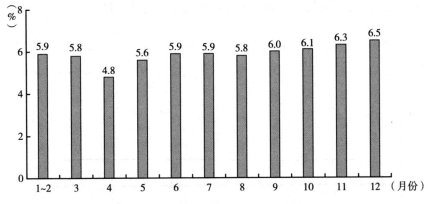

图1 2024年湖北省固定资产投资增速

资料来源：湖北省统计局。

2. 投资结构

（1）分产业看

2024年，湖北省第一产业投资增长2.8%，第二产业增长14.7%，第三产业增长2.1%。其中，第二产业2024年全年增速为正，说明湖北省加大第二产业投资力度，第三产业整体投资水平稳步提升，而第一产业投资波动明显（见图2）。

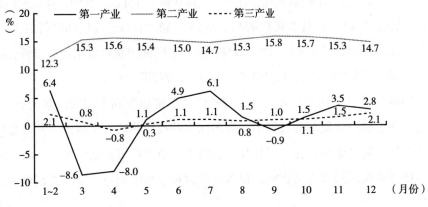

图2 2024年湖北省各产业投资增速

资料来源：湖北省统计局。

（2）分领域看

2024 年以制造业、住宿和餐饮业、批发和零售业为代表的重点行业全年投资基本保持正增长，房地产业存在负增长情况（见图3）。

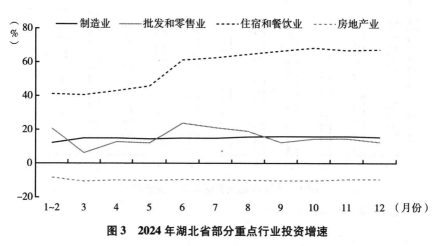

图 3　2024 年湖北省部分重点行业投资增速

资料来源：湖北省统计局。

分领域来看，制造业投资比上年增长 15.4%，其中，装备制造业投资增长 12.5%，消费品制造业投资增长 26.5%。全省基础设施投资比上年增长 9.8%，快于全国 5.4 个百分点，拉动全部投资增长 2.2 个百分点。高技术产业投资比上年增长 16.7%，占全部投资的比重比上年提高 0.8 个百分点。其中，高技术制造业投资增长 15.4%，高技术服务业增长 20.5%。湖北省重点发展的医药制造业，航空、航天器及设备制造业，电子器件制造业，智能消费设备制造业投资分别增长 20.0%、77.7%、21.1%、103.5%，工业技改投资增长 10.2%。[①]

2024 年湖北省房地产业出现负增长的情况可能受到多方面因素的影响。首先，在全球经济复苏的过程中，许多地方的投资热情有所减退，尤其是房地产领域。贸易摩擦也在一定程度上削弱了房地产投资的活跃度。其次，由于市场环境及调控政策的影响，很多开发商对未来市场持观望态度，市场信

---

① 《GDP 同比增长 5.8%，首破 6 万亿元，湖北经济稳中向好量质并进》，《长江日报》2025 年 1 月 22 日。

心不足也使投资减少。不少开发商在选择项目时趋于谨慎，倾向于将资源投入风险较低的领域而非房地产。

3.投资特征

（1）固定资产投资增速保持高水准

2024年湖北省固定资产投资同比增长6.5%，高出全国3.2%的增速，这表明湖北省在优化投资结构，加强重点、关键行业投资方面取得显著成效，为湖北省经济的稳中向好提供了坚实基础。2024年全国与湖北省固定资产投资增速如图4所示。

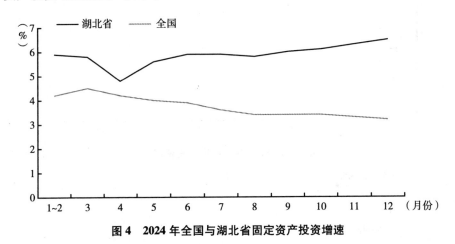

图4 2024年全国与湖北省固定资产投资增速

资料来源：湖北省统计局。

（2）投资领域多元化

2024年湖北省聚焦国家重大战略实施和重点领域安全能力建设，加快推进重大项目建设，如十堰至西安高铁等393个续建项目，沿江高铁武汉至合肥黄冈段等211个新建项目，涵盖了重大产业发展、重大基础设施、生态文明建设、社会民生保障等多个领域，体现了湖北省在不同领域的投资布局和战略规划，有助于提升区域的整体发展水平和综合竞争力。高新技术和新兴行业相关投资依旧保持显著增长，如高技术产业投资、智能消费设备制造业投资等，显示出湖北省在新兴产业领域的投资热情较高，积极培育和发展新兴产业，推动经济转型升级，适应和应对外部经济环境的变化和挑战。

（3）民间投资稳定运行

2024年，全省民间投资比上年增长5.5%（见图5），高于全国平均水平5.6个百分点，其中，制造业民间投资增长15.7%，房地产开发民间投资下降11.6%，降幅比上半年收窄2.5个百分点。全年民间投资增速呈现稳中向好趋势。

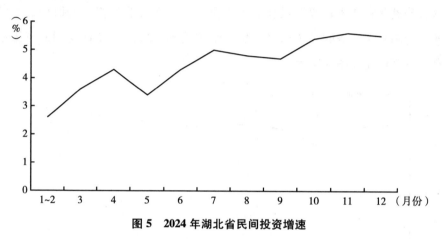

图5　2024年湖北省民间投资增速

资料来源：湖北省统计局。

（二）消费

在一系列扩内需促消费政策下，湖北省消费市场总体平稳增长，居民消费需求持续释放。

"以旧换新"政策推动家电零售较快增长。2024年，全省限上家用电器和音像器材类零售额比上年增长28.6%。其中，能效等级为1级和2级的家电、智能家用电器和音像器材分别增长7.6%、15.4%。"3C数码消费券"拉动电子产品零售快速增长。限上计算机及其配套产品、智能手机零售额分别增长37.3%、24.1%。①

---

① 《扩内需促消费政策发力显效　2024年，湖北限上网络商品零售额增长24.2%》，《湖北日报》2025年1月26日。

健康养生消费市场规模扩大。2024年，全省限上中西药品类零售额比上年增长9.7%。其中，限上中草药及中成药类零售额增长11.4%。文化娱乐消费需求持续释放。限上文化办公用品类、照相器材类零售额分别增长11.2%、36.1%。1~11月，全省文化体育和娱乐业规模以上服务业企业营业收入同比增长12.1%。

1. 消费总体情况

2024年，湖北省社会消费品零售总额25276.70亿元，同比增长5.1%，高于全国1.6个百分点,[①] 消费市场正逐步恢复并呈现增长趋势。从行业看，限额以上批发业、零售业、住宿业、餐饮业销售额（营业额）分别增长5.8%、8.1%、4.5%、10.0%。粮油食品、针纺品类等基本生活用品零售额的增长体现了居民基本生活需求的保障，计算机及其配套产品、新能源汽车、智能家用电器等产品零售额的增长则反映了居民对生活质量提高的需求。

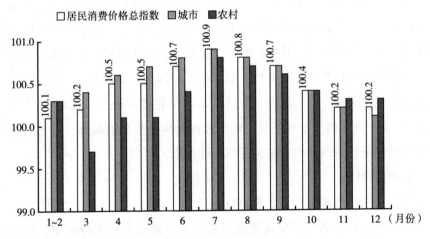

图6　2024年湖北省居民消费价格指数

资料来源：湖北省统计局。

---

① 《扩内需促消费政策发力显效　2024年，湖北限上网络商品零售额增长24.2%》，《湖北日报》2025年1月26日。

2024年湖北省物价虽有波幅，但基本稳定，总体上呈现先上升后下降的趋势（见图6），全年全省居民消费价格指数（CPI）比上年上涨0.4%，涨幅比全国高0.2个百分点，并列全国第7位；在中部六省中排名第4位，指数比江西、安徽、湖南分别低0.1个百分点，比河南、山西分别高0.1个、0.3个百分点。

2. 消费结构

2024年湖北省居民生活消费支出中粮油食品类、家用电器和音像器材类、文化办公用品类增幅均超过10%，各类消费增长不等。全省限额以上单位通过线上实现的商品零售额同比增长24.2%，增幅较上半年提升8.6个百分点。其中，限额以上计算机及其配套产品、新能源汽车、智能家用电器和音像器材、智能手机零售额分别增长37.3%、42.0%、15.4%和24.1%。[①] 汽车等交通工具、移动电话机和智能手表等通信工具支出均实现两位数增长。

从居民消费内部结构看，食品烟酒等刚性消费有所下滑，居民家庭中教育文娱、医疗保健、交通通信等享受型、发展型消费需求加快释放。全年全体居民人均服务性消费支出13367元，同比增长6.3%，增速快于居民人均消费支出3.4个百分点。其中，教育文化娱乐、交通通信等支出增长动能强劲，均实现两位数增长。服务性消费承接了新流量，撬动消费扩量升级。全省人均服务性消费支出占居民生活消费支出比重47.9%，同比提高1.5个百分点。[②] 服务性消费的增长不仅反映了居民的生活质量的提高，也进一步说明了消费市场的活跃度和居民消费信心的增强。

3. 消费特征

（1）消费市场整体增长态势良好

2024年，湖北省经济呈现稳健回升态势，就业形势保持稳定，居民收入稳步增长，为消费市场的持续向好提供了有力支撑。城乡居民人均生活消费支出分别增长3.1%和1.9%，城乡消费同步增长，居民消费需求稳步释

---

① 《GDP同比增长5.8% 经济稳中向好量质并进 湖北地区生产总值首破6万亿元》，《长江日报》2025年1月23日。

② 《2024年湖北经济运行情况新闻发布会》，湖北省统计局网站，2025年1月22日。

放。消费环境持续优化，市场物价较为稳定，居民消费价格指数（CPI）同比上涨 0.4%，扣除食品和能源的核心 CPI 同比上涨 0.6%，总体运行在温和区间。[①]

（2）消费结构优化升级

服务性消费承接了新流量，撬动消费扩量升级。[②] 新型消费加速上"新"，多元场景涌动向"新"，业态模式持续焕"新"，高质量供给引领、创造出更多新需求。居民旅游、出行和娱乐需求增加，带动居民消费价格中电影及演出票、旅行社收费、景点门票、交通工具租赁费和火车票价分别上涨 4.9%、3.6%、1.4%、1.3% 和 1.1%。

（3）政策助力消费市场繁荣

2024 年湖北省坚持"政策+活动+场景"三轮驱动，推出一系列促消费"组合拳"刺激消费需求。第一，"以旧换新"政策。湖北省实施了大规模设备更新和消费品"以旧换新"行动，重点推动汽车"换能"、家电"换智"和家装厨卫"焕新"，旨在促进绿色智能家电更新消费，对个人消费者交售旧家电并购买新家电给予补贴，同时开展家电行业强制性国家标准专项检查，培育家电售后服务领跑企业。第二，消费券发放。湖北省发放了"惠购湖北"3C 数码产品消费券，涵盖手机、数码相机、智能手表等 6 类 3C 数码产品。消费券通过互联网平台以电子消费券的形式发放，消费者可以在指定平台领取和使用。线上券可通过京东、唯品会领取，线下券可通过支付宝领取，消费券优惠方式为 15% 的消费立减，单笔优惠金额不超过 1500 元。

（三）进出口

1. 总体情况

2024 年湖北省进出口总额 7058.4 亿元，比上年增长 9.6%，高于全国

---

① 《湖北年报解读②｜经济规模首次入列"6 万亿俱乐部"，提前达成"十四五"目标》，21 经济网，2025 年 1 月 23 日。

② 《湖北年报解读②｜经济规模首次入列"6 万亿俱乐部"，提前达成"十四五"目标》，21 经济网，2025 年 1 月 23 日。

4.6 个百分点。其中，出口 4863.0 亿元，增长 12.4%；进口 2195.4 亿元，增长 3.7%。① 2024 年湖北省进出口月度总值及增幅如图 7 所示。民营企业进出口增长 10.3%，占进出口总额的比重为 69.1%，比上年提高 0.4 个百分点。对共建"一带一路"国家进出口增长 13.1%，占进出口总额的比重为 53.3%，比上年提高 1.7 个百分点。机电产品出口增长 18.1%，占出口额的比重为 53.7%，比上年提高 2.6 个百分点。②

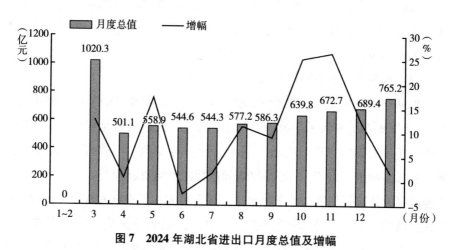

图7　2024年湖北省进出口月度总值及增幅

资料来源：湖北省统计局。

2. 进出口结构

（1）外贸市场结构。2024 年湖北省前三大贸易伙伴依次为美国、马来西亚、中国香港，对上述贸易伙伴进出口分别为 692.2 亿元、493.6 亿元和 348.6 亿元，其中对美国、马来西亚进出口增长 12.1%、127.7%（见图 8）。同年，湖北省超七成外贸增量来自共建"一带一路"国家，对其进出口 3760 亿元，增长 13.1%，占湖北省进出口总额的 53.3%，比重提升了 1.7

① 《再创历史新高　增速中部第一　湖北外贸突破 7000 亿元》，《湖北日报》2025 年 1 月 21 日。
② 《再创历史新高　增速中部第一　湖北外贸突破 7000 亿元》，《湖北日报》2025 年 1 月 21 日。

个百分点。2024 年，东盟连续第 4 年居湖北省第一大贸易伙伴地位，对其进出口突破 1500 亿元，增长 38.7%。此外，对美、欧、日、英、中国香港五大传统市场进出口合计增长 1.1%，占 32.6%。

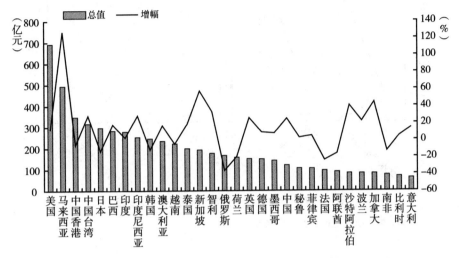

图 8　2024 年湖北省对部分国家（地区）进出口商品总值及增幅

资料来源：中华人民共和国武汉海关。

（2）外贸主体结构。湖北省外贸企业数量首破 9500 家。2024 年，湖北省有进出口记录的外贸企业数量增长 8.6%。其中，民营企业数量占比超九成，进出口值占比近七成，达到 4874.0 亿元，对同期湖北省进出口增长的贡献率达 73.9%。同期，国有企业进出口 1190.6 亿元，增长 7%；外商投资企业进出口 991.1 亿元，增长 9.3%。

（3）出口商品结构。2024 年，湖北省机电产品出口增长 18.1%，占同期湖北省出口总值的比重较 2023 年提升 2.6 个百分点，达 53.7%。具体来看，手机、集成电路等优势出口产品增速均超过 30%，对出口拉动作用更为强劲。同期，含汽车、汽配在内的汽车产业成长为近 400 亿元出口新支柱，平板显示模组、锂电池与百亿元出口规模更加接近。同期，劳动密集型产品出口 787.2 亿元，增长 1.7%，占 16.2%。2024 湖北省出口主要商品总值及增幅如图 9 所示。

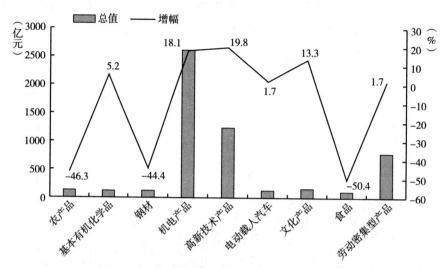

图9 2024年湖北省主要出口商品总值及增幅

资料来源：中华人民共和国武汉海关。

3.进出口特征

（1）进出口规模再登新台阶。2024年湖北省进出口规模首破7000亿元，增速位居中部第一。2024年，湖北省进出口规模再创历史新高，尤其是四季度进出口突破2100亿元。全年进出口增速高于全国4.6个百分点，其中，出口、进口增速分别高于全国5.3个、1.4个百分点。

（2）增量主要来自新兴市场。2024年，湖北省超七成外贸增量来自共建"一带一路"国家，对其进出口3760亿元，增长13.1%，占湖北省外贸值的53.3%，比重提升了1.7个百分点。2024年，东盟连续第4年位居湖北省第一大贸易伙伴地位，湖北省对其进出口突破1500亿元，增长38.7%。此外，对五大传统市场进出口合计增长1.1%，占比为32.6%。

（3）区域发展优势明显。市州外贸发展各具亮点。2024年，全省17个市州中有12个市州进出口呈现正增长。其中，武汉市"龙头"地位巩固，进出口增长11.8%，占湖北省进出口比重回升至57.1%。黄石市依托电子产业和金属冶炼"新旧"协力发展，外贸规模首次突破600亿元，连续8

年居全省第二。鄂州以花湖国际机场物流枢纽建设为契机，全年进出口增速跃居省内各市州首位。

四 宏观经济运行存在的问题

（一）产业转型升级任务艰巨

湖北省作为重工业和农业大省，传统产业如钢铁、水泥、汽车等占比较大，这些产业多为资源密集型和劳动密集型，附加值较低，抗市场风险能力较弱。虽然近些年来，湖北省不断推进传统行业转型并取得了重要进展，新兴产业发展迅速，但规模和占比仍相对较小，对经济增长的支撑作用还不够强。传统产业在转型升级时面临技术瓶颈、资金短缺等问题，而新兴产业的发展也受到人才短缺、创新生态不完善等因素的制约。

（二）有效需求不足

2024年国内经济面临需求不足的问题，湖北省也未能幸免。湖北采取了一系列促消费措施，如"以旧换新"等活动，消费市场虽然总体稳定，但消费潜力的释放仍面临一些制约因素，如居民消费信心有待进一步提升、消费环境有待优化等。投资方面，高技术产业投资增长较快，传统制造业投资增长乏力，部分领域投资意愿不足。民间投资在经济中的占比仍然较低，部分企业对市场前景存在担忧，投资积极性不高。特别是在房地产市场持续调整的背景下，民间投资的增长面临较大挑战。

（三）企业经营困难

民间投资整体向上，部分企业面临经营压力。2024年部分企业生产经营困难，风险隐患较多。一方面，受外部环境影响，原材料价格波动、用工成本上升、融资成本较高等增加了企业的生产成本；另一方面，市场需求不足导致产品价格下降，企业利润空间受到挤压，部分中小企业面临较大的生存压力。

企业融资难题依然存在。尽管湖北省金融系统加大了对实体经济的支持力度，部分中小企业由于缺乏抵押物、信用评级较低等，仍然面临融资难、融资贵的问题，这限制了企业的扩大再生产和创新发展。

五　2025年宏观经济运行政策展望

（一）锚定经济大省目标，科学规划经济发展

2025年是"十四五"规划的收官之年，也是湖北加快建成中部地区崛起重要战略支点的关键之年。湖北将继续锚定经济大省目标，经济增长预期目标设定为6%左右。这一目标综合考虑了促就业、惠民生、稳预期、防风险以及"十四五"规划收官等多方面需求，与湖北经济潜在增长率相匹配，体现了湖北在中部地区和全国经济大省中的担当。[①]

（二）全方位扩大内需，激发经济增长动力

扩大内需是2025年湖北经济发展的重中之重，湖北将通过精准发力扩大有效投资和千方百计提振消费，推动经济持续回升向好。内需是拉动增长的主动力和稳定锚。从人均收入、社会消费品零售总额等方面数据来看，湖北在内需上拥有巨大潜力。2025年湖北计划实施1.6万个亿元以上项目，精准发力扩大有效投资；大力实施消费提振专项行动，千方百计促进消费；积极主动抢抓政策机遇，争取更多重大项目和政策红利落地湖北。

（三）加快新质生产力发展，构建现代化产业体系

2025年湖北省将坚持以科技创新引领产业创新、带动全面创新，实现更多依靠创新驱动、更加注重质量效益、更好发挥先发优势的"智慧增

---

① 《政府工作报告——2025年1月16日在湖北省第十四届人民代表大会第三次会议上》，长江云新闻，2025年1月24日。

长"。湖北省将加快打造具有全国影响力的科技创新高地。大力实施创新驱动发展战略，从创新政策、创新平台、创新氛围和创新服务四个方面统筹发力，切实优化创新生态，为集聚更多海内外创新人才与创投资本、为推进科技创新与产业创新深度融合发展提供根本保障，全力打造全球高端人才重要集聚地、世界原始创新重要策源地、现代产业创新引领地、全国创新生态示范地。[①]

（四）深化改革开放，拓展高质量发展空间

2025年湖北省将聚焦重点领域和关键环节攻坚，营造市场化法治化国际化一流营商环境，不断增强发展内生动力。纵深推进重点领域改革。注重发挥经济体制改革牵引作用，大力推动以增加知识价值为导向的新型收入分配改革和以要素配置为核心的高质量市场化改革，更加有力有效地激发创新活力、维护公平竞争。[②] 鼓励并支持各类企业积极开展产品技术、商业模式和经营管理创新，加快提升国内外市场供给的质量与效率。

---

① 《政府工作报告——2025年1月16日在湖北省第十四届人民代表大会第三次会议上》，长江云新闻，2025年1月24日。
② 《政府工作报告——2025年1月16日在湖北省第十四届人民代表大会第三次会议上》，长江云新闻，2025年1月24日。

产业经济篇

B.3
2024年湖北农业经济发展报告

陈 志 屈志斌 蒋昊翔*

摘 要： 2024年，湖北省农业农村基础工作取得较好成效，主要农产品产量稳步提升，农产品价格保持动态平衡，巩固拓展脱贫攻坚成果同乡村振兴有效衔接同步发力，与主要农业大省相比，具有相对发展优势，为推进农业农村现代化奠定了良好基础。

关键词： 农业农村现代化 城乡融合 乡村振兴

一 农业农村总体发展状况

2024年，湖北省坚持以习近平新时代中国特色社会主义思想为指导，

---

* 陈志，湖北省社会科学院经济研究所副研究员，管理学博士、应用经济学博士后，主要研究领域为农村发展与农业经济；屈志斌，湖北省社会科学院经济研究所；蒋昊翔，湖北省社会科学院经济研究所。

深入学习贯彻党的二十大和二十届二中、三中全会精神，认真落实党中央、国务院的战略部署，实现了农业农村工作运行总体平稳、稳中有进、结构优化、质态向好的发展态势。这一年，全省农业农村工作围绕"两个确保、三个提升、两个强化"布局，全力稳面积、提单产，聚力全产业链和品牌建设，提升乡村产业发展水平，强化科技和改革双轮驱动，以重点农业产业链发展为抓手，强化农产品稳产保供，推动农业高质量发展，全面推进乡村振兴。在外部压力日益加剧和严峻形势内部调整的情况下，全省农业农村工作仍然交出了难中求成、进中向好的高质量发展答卷。

（一）农业农村基础工作

1.基础设施建设稳步推进

2024年，湖北省通过系统性规划与创新实践，构建了"耕地保护—农田提质—设施升级—科技赋能"的全链条农业农村基础设施体系，为粮食安全、乡村振兴和农业高质量发展提供了坚实支撑。全年完成165万亩高标准农田建设任务，重点实施田块整治、灌溉排水系统优化、田间道路升级及土壤改良工程，新建亩均投入约2400元，改造提升亩均投入1952元，显著提高了农田综合生产能力，全省落实耕地地力保护补贴政策，投入89.47亿元中央财政资金，覆盖耕地面积6925.25万亩，化肥减量增效项目覆盖15个"三新"集成推进县，推广测土配方施肥技术覆盖率超90%，大豆根瘤菌接种示范面积达80万亩，[①] 实现节本增效。农村道路建设方面，新建和改建县道、乡道及村道里程大幅增加，重点治理拥堵和危险路段，交通流量和通行能力提升30%以上，交通事故率同比下降15%。电力与通信设施方面，全面完成农网改造升级，推广太阳能等分布式能源，实现智慧农业应用覆盖，农村电商和远程医疗教育服务进一步普及。供水设施建设方面同样成绩亮眼，2024年底，全省高效实施了79个提标升级补短板项目，让1186

---

① 《2024年耕地建设与利用资金实施方案》，湖北省农业农村厅网站，https：//nyt. hubei. gov. cn/ zfxxgk/fdzdgknr ＿ GK2020/czzj ＿ GK2020/czzxzj ＿ GK2020/202412/t20241230 ＿ 5483244. shtml，2024 年 12 月 30 日。

万农村人口的饮水质量得到显著提升，农村自来水普及率达到97.4%，规模化供水人口占比高达84.6%，① 实现城乡供水一体化进程稳步推进。全省通过"耕地保护夯根基、设施升级强筋骨、科技赋能增活力"的系统实践，将基础设施"硬支撑"转化为农业高质量发展的"软实力"。在守护"粮仓命脉"中，高标准农田与耕地治理的"双向发力"不仅筑牢了粮食安全底线，更以生态化、集约化模式重塑了现代农业的底色；在疏通"城乡血脉"过程中，智慧交通、清洁能源与数字乡村的深度融合，打破了资源要素流动的壁垒，推动城乡从"二元分割"迈向"价值共生"。尤为关键的是，科技创新与产业链的深度耦合，让潜江龙虾、洪湖莲藕等"土特产"蝶变为国际品牌，生动诠释了"绿水青山就是金山银山"的转化路径。站在新起点，湖北省正以基础设施的"迭代效应"催生农业新质生产力，其探索为长江经济带绿色发展提供了实践样本，更以"荆楚范式"为中国式农业农村现代化注入强劲动能。

2. 巩固拓展脱贫攻坚成果与推进乡村振兴战略同步发力

2024初，湖北省一号文件对全省"三农"工作进行了系统部署：锚定建设农业强省目标，聚焦推进乡村全面振兴主题，着力推进乡村全面振兴。2024年，湖北省以"千万工程"为引领，以"强县工程"为抓手，巩固拓展脱贫攻坚成果，全面推进乡村振兴战略，取得了一系列突破性进展，形成了具有湖北特色的"三农"发展新格局。

在"千万工程"建设方面，湖北省以人居环境整治为切入点，全域推进美丽乡村建设。截至2024年累计改建卫生厕所825万户，累计完成10965个行政村生活污水治理，② 生活垃圾收运处置体系实现行政村全覆盖。同时，通过"四在农家和美乡村"建设，打造了一批生态宜居、产业兴旺的

---

① 《〔中国水利报〕建成215座万吨级农村供水工程，农村规模化供水人口占比达84.6% 湖北农村供水建设与管理成效显著》，湖北省水利厅网站，https://slt.hubei.gov.cn/fbjd/mtgz/202501/t20250123_55 16348.shtml，2025年1月23日。

② 《湖北省农业农村厅2024年工作总结》，湖北省农业农村厅网站，https://nyt.hubei.gov.cn/zfxxgk/fdzdgknr_GK2020/ghxx_GK2020/ndjhyzj_GK2020/202503/t20250304_5561933.shtml，2025年1月21日。

示范村，形成"生态美"与"产业兴"的良性循环。在"强县工程"方面，湖北省以县域经济为支撑，推动城乡融合发展。通过实施农业产业化"链长制"，带动县域特色产业集群发展。2024 年，全省农产品加工业产值突破 1.5 万亿元，同比增长 8.5%，县域经济对全省 GDP 贡献率超过 60%，全省农村居民人均可支配收入增长 7.2%，形成"产城融合、以产促城"的发展模式，城乡收入差距进一步缩小。在"三农"工作方面，湖北省坚持粮食安全与农民增收并重。全年粮食总产量达 557.06 亿斤，创近 6 年新高，耕地轮作休耕项目推广 211 万亩，为粮食稳产增产提供了坚实保障。同时，通过产业奖补到户、就业帮扶等政策，带动 413 万农民增收，脱贫人口人均纯收入增长 12.5%，[①] 牢牢守住了不发生规模性返贫的底线。

总体而言，2024 年，湖北省以"千万工程"塑形、以"强县工程"赋能、以"三农"工作固本，实现了脱贫攻坚成果巩固拓展与乡村振兴的双赢，形成了城乡融合、产业升级、生态宜居的协同发展格局，为中部地区农业农村现代化提供了"湖北方案"。

3. 农业科技投入和金融支持力度逐步加大

2024 年，湖北省在农业科技投入和农村金融支持方面均取得显著进步，通过政策引导与创新实践，形成了科技赋能、金融活水的协同发展格局，为农业农村现代化提供了强劲动能。在农业科技投入方面，湖北省持续强化财政支持，重点突破种业"卡脖子"难题和补齐农机装备短板。例如，省财政厅实施种业振兴行动，每年统筹 1.2 亿元支持良种繁育基地建设，建成国家级农作物良种基地 13 个、畜禽核心育种场 17 个，推动"华西牛""硒都黑猪"等新品种打破国际垄断，水稻新品种"E 两优 2300"实现亩产 903.4 公斤，棉花全程机械化示范基地亩产 300.6 公斤。同时，农机购置补贴政策落地见效，全年完成补贴机具 9 万台（套），重点推广智能化农机装备，如北斗导航施肥播种机节种 8%、增产

---

① 《2025 年湖北省政府工作报告（全文）》，湖北省经济和信息厅网站，https：//jxt. hubei. gov. cn/bmdt/rdjj/202501/t20250124_5519234. shtml，2025 年 1 月 24 日。

10%，丘陵果园机械化设备降低劳动投入50%以上。科技成果转化方面，省农科院与49个县市、14家龙头企业合作，推动"纸变钱"成果转化，累计支持十大农业产业链科技攻关1.2亿元。[①] 在农村金融支撑领域，湖北省以金融科技赋能乡村振兴示范工程为抓手，筛选23项创新应用，如"基于AI的小额信用贷款""大数据农业担保信贷"等，推动涉农信贷数智化转型。金融机构创新产品服务，农行湖北省分行发放493亿元"惠农e贷"，支持新型农业经营主体发展；众邦银行推出"农链贷"，基于小龙虾产业链交易数据发放贷款，解决商户融资难题，并通过助农直播带货实现销售额近300万元。此外，湖北省组建"湖北农村商业联合银行"，保留县级法人地位，强化普惠金融能力，全年涉农贷款余额增速超10.8%，脱贫地区贷款余额达13.2万亿元，有效防范规模性返贫风险。神农架盘龙村在中国银行帮扶下，发展蜂蜜、香菇等特色产业，人均年收入突破1万元，村集体收入超60万元，[②] 成为金融助力乡村振兴的典型案例。

湖北省以农业科技与农村金融为"双引擎"，为农业农村现代化注入了强劲动能。科技与金融的深度融合，不仅破解了农业生产的效率瓶颈，更激发了乡村振兴的内生动力。这一实践，既是农业现代化的生动注脚，更是城乡融合发展的创新典范，为全面推进乡村振兴书写了浓墨重彩的篇章。

4. 特色农产品品牌建设成效显著

2024年，湖北省特色农产品品牌在整合全产业链、科技赋能和政策利好的多维驱动下，形成了"品牌矩阵完善、市场竞争力跃升、产业链价值凸显"的发展格局。湖北省农产品品牌体系不断扩容提质，全省有效期内"两品一标"农产品达3309个，85个涉农县市均形成1~2个主推区域品

---

① 《近3年投资近15亿元支持农业科技创新 一批优秀科研成果落地转化》，湖北省财政厅网站，https://czt.hubei.gov.cn/bmdt/dtyw/202412/t20241203_5435010.shtml，2024年12月1日。

② 《湖北金融机构为乡村全面振兴赋能》，新浪财经，https://finance.sina.com.cn/jjxw/2024-08-28/doc-incmczxu3794708.shtml，2024年8月28日。

牌，新认证品牌 560 个，品牌总数居全国前列。潜江龙虾、仙桃黄鳝、洪湖莲藕等 11 个品牌入选农业农村部农业品牌精品培育计划，其中仙桃黄鳝品牌价值突破 226.71 亿元，养殖面积占全国 47.8%，稳居全国首位。通过严格质量监管，农产品抽检合格率达 98.75%，①绿色食品企业年检全覆盖，品牌公信力显著提升。科技创新与供应链双轮驱动，品牌塑造和销售路径高速推进，依托洪山实验室等平台，突破种业关键技术，培育"江汉大米" 6 大主导品种、"无肌间刺武昌鱼"等创新产品，科技贡献率超 65%，2024 年湖北农业博览会吸引 1563 家企业参展，通过数字乡村展区、直播带货等新业态，推动"江城百臻"等区域品牌销售额突破百亿元。市场拓展与文化赋能并进，实现品牌服务与产品"双输出"，赤壁青砖茶、蕲春蕲艾等 6 个品牌入选全国"一带一路"地理标志推广清单，通过"千城万店"行动和海外推广，品牌国际影响力显著提升。同时，挖掘农耕文化内涵，举办荆楚美食节、品牌文创活动，打造沉浸式消费场景，激发品牌长效发展动能。

湖北省以特色农产品品牌建设为"金钥匙"，开启了农业价值跃升与乡村振兴深度融合的新篇章。全省通过"科技育种强内核、文化叙事塑灵魂、全链整合提价值"的立体化实践，让农产品跳出传统产销逻辑，蜕变为承载生态智慧、文化基因与经济势能的价值载体，更以"荆楚智慧"重构了农业现代化的价值坐标系，为乡村振兴提供了从"产品溢价"到"文明对话"的新思路。

5. 农产品产业链逐步补强

2024 年，湖北省以农业产业链建设为核心抓手，通过政策引领、科技赋能、品牌塑造和全链整合，推动农产品产业链向高端化、集群化、数字化方向迈进，取得显著成效，形成了"链群协同、价值跃升、辐射带动"的现代农业发展格局。

产业链集群化发展迅速，湖北省聚焦小龙虾、黄鳝、茶叶、香菇等十大

---

① 中国农业品牌研究中心：《湖北省积极推进农业品牌建设》，http：//www. brand. zju. edu. cn/2024/1219/c57338a3005141/page. htm，2024 年 12 月 19 日。

重点产业链，实施"一链一策"精准培育。农产品龙头企业在产业集群中发挥的示范引领作用突出，例如，潜江龙虾产业链综合产值突破 750 亿元，[①] 带动全省 16 个县市形成跨区域协同效应。仙桃黄鳝养殖面积占全国47.8%，品牌价值达 226.71 亿元，稳居全国首位；随州香菇品牌价值 176.28 亿元，蝉联全国食用菌品牌榜首。龙头企业与政策驱动效果明显，湖北省农业农村厅公布的 2024 年农业产业化省级重点龙头企业认定结果显示，全省新增省级重点龙头企业 102 家，总数达到 1336 家。省财政每年统筹 10 亿元（专项资金 5 亿元+贴息 5 亿元）支持产业链建设，出台"虾十条""鳝七条"等专项政策，推动产业链向精深加工延伸，农产品产业附加值提升显著。供应链建设打通"田间到餐桌"流通链路，建成小龙虾、香菇、茶叶等省级供应链平台，农村寄递物流村级网点全覆盖，通过湖北农博会等平台，吸引签约项目总金额 436.1 亿元，推动"江城百臻"等品牌销售额破百亿元。

湖北省以农业产业链为纽带，书写了从"传统耕作"向"全链增值"的现代化跃迁史诗，全产业链整合的"湖北智慧"打通了从田间到全球的价值链结，构建起"品牌出海、资本下乡"的双向通道，谱写了农业强省建设的时代强音，为中国式农业农村现代化提供了从"单点突破"到"系统重构"的鲜活实践。

（二）农业生产情况[②]

1. 粮食播种面积及产量

湖北省 2024 年粮食生产保持稳中有进态势，全年总产量达 557.07 亿斤（2785.34 万吨），较 2023 年增长 0.3%，连续两年站上 550 亿斤台阶，连续12 年稳定在 500 亿斤以上，并创近 6 年新高。这一成绩得益于播种面积的稳定和单产水平的提升，2024 年湖北省全省粮食播种面积达 4722.6 千公顷

① 《潜江虾稻产业综合年产值超 750 亿元 小龙虾"长出"一条全产业链》，《人民日报》2024 年 8 月 12 日。
② 《2024 年湖北经济运行情况》，湖北省统计局网站，http://tjj.hubei.gov.cn/tjsj/tjfx/qstjfx/2025 01/t20250122_5514992.shtml，2025 年 1 月 22 日。

（约 7083.9 万亩），其中夏粮播种面积为 1312.4 千公顷（1968.6 万亩），比 2023 年增加 11.3 千公顷（16.95 万亩），同比增长 0.9%；总产量 98.11 亿 斤（490.5 万吨），比上年增加 1.9 万吨（0.38 亿斤），增幅达 0.4%，创近 8 年新高，早稻和秋粮也保持增收态势，早稻产量 78.01 万吨，增长 0.3%；秋粮产量 2216.80 万吨，增长 0.3%。从单产看，全省全年粮食单位面积产量为 5897.9 公斤/公顷（约 393 公斤/亩），略低于全国平均水平 5921.1 公斤/公顷，其中夏粮单产 3737.7 公斤/公顷，虽大幅低于全国平均水平（5628 公斤/公顷），但通过科技应用和灾害应对措施，仍实现稳产。例如，梅雨期间，湖北省局部先后遭遇 7 轮强降雨，专家组深入田间地头全程服务指导，因灾绝收的田块及时改种补种，最大限度减少灾害损失。

与往年相比，湖北在极端天气频发背景下仍实现增产，粮食作物除小麦受灾减产 0.48%，秋粮、早稻均较上年有所增加，凸显了农业抗风险能力的提升。政策层面，全省严格落实粮食安全党政同责，加大惠农资金投入，并通过土地整理（如仙桃市抛荒地改建蔬菜大棚）和产业链优化（如十大农业重点产业链分配 4 亿元扶持资金）激发生产活力。

2. 肉禽蛋产量

2024 年，湖北省畜牧业生产开始进行结构性调整，主要畜产品产量有增有减，其中禽蛋产量表现尤为突出，成为畜牧业高质量发展的重要支撑。统计数据显示，2024 年全省禽蛋产量达 251.6 万吨，同比增长 16.3%，连续七年保持正增长，创历史新高，增速远超全国平均水平（0.7%）。生猪生产方面，受产能调控及市场价格波动影响，全年生猪出栏量 4431.43 万头，较上年下降 0.2%，年末生猪存栏 2520.69 万头，同比下降 2.9%，猪肉产量 351.20 万吨，增长 1.1%，相比之下，全国生猪出栏量较 2023 年下降 3.3%，湖北相较全国水平降幅较缓。受国外进口影响，湖北省乃至全国牛羊生产销售承压，据湖北省统计局公布的 2024 年上半年数据，肉牛出栏 59.88 万头，同比下降 4.1%；羊出栏 264.70 万只，同比下降 6.4%；家禽生产中，肉禽出栏 2.17 亿只，同比下降 1.2%，但禽肉产量受单产提升支撑保持稳定。市场价格变动方面，活牛价格从 2023 年的 30 元/公斤降至 21 元

/公斤，活羊价格从 41 元/公斤降至 35 元/公斤，外部环境变动的冲击导致的养殖效益下滑，肉禽类农产品生产积极性受挫。

总体来看，湖北省通过政策引导（如十大农业产业链）、技术升级（智能养殖）和抗风险能力提升，在复杂环境下实现了畜牧业的结构优化，禽蛋产业的强劲增长成为最大亮点，而传统畜种则面临市场波动与结构调整的双重挑战。

3. 蔬菜产量及水产规模

2024 年，湖北省蔬菜和水产品生产呈现稳中有进、结构优化的特点，在复杂环境下，仍然实现了蔬菜和水产品生产的量质齐升，既保障了"菜篮子"安全，也为农民增收和农业可持续发展提供了有力支撑，在保障民生供应和推动农业高质量发展方面取得显著成效。

蔬菜产量保持稳定增长，2024 年全省蔬菜及食用菌总产量达 4624.05 万吨，较 2023 年增长 2.7%。这一增长得益于灾害应对能力的提升和种植技术的优化，上半年受年初低温冰雪灾害影响，一季度蔬菜产量受损，但通过快速补种速生蔬菜和普及智能温室、无人机植保等蔬菜种植技术，全年产量实现稳定增长，尤其是二季度气候条件适宜（降水适量、光照充足），有效促进了蔬菜单产提升。在销售端也依托湖北省"南菜北运"枢纽地位扩大外销规模，实现产销平衡，增加农户收入，形成可持续发展格局。从区域贡献看，湖北省作为全国蔬菜主产区之一，2023 年已跻身全国蔬菜产量前十省份，2024 年继续保持这一优势，种植面积和产量规模均居全国前列，尤其在长江流域冬春蔬菜优势产区中发挥重要作用。

湖北省 2024 年水产品总产量达 546.43 万吨，同比增长 4.5%，增速高于全国平均水平（1~8 月全国水产品总产量增长 4.07%）；全省水产养殖面积进一步扩大，1~10 月达 806.27 万亩，同比增加 5.36 万亩，为产量增长提供了基础支撑，同时，优质品种占比提升至 50% 以上，改变了以往依赖传统低价值鱼类的局面，推动渔业产值增长。这一成绩得益于渔业产业结构升级的持续推进，传统鱼种产量占比进一步下降，小龙虾、鳜鱼等 24 种高附加值优质水产品占比超过 50%，显示出湖北从"产量大省"向"质量强省"的转型成效。此外，作为全国淡水渔业第一大省，湖北水产品占全国淡水鱼总产量的1/7，2024年全省通过供给侧结构性改革改进品种结构、优化养殖模式（如推广生态循环养殖技术）、加强基础设施建设（如改造老旧鱼塘）和推广物联网监测系统等现代养殖技术，实现降低养殖风险和提高单产的双重效用，进一步巩固了湖北省在水产养殖行业的国内领先地位。

（三）主要农产品价格波动

1. 全年粮油价格保持动态平衡

湖北省发展改革委价格监测中心公开数据显示，湖北省2024年1~12月主要粮食及食用油的价格有增有降，市场价格仍然保持动态平衡，变化趋势如图1、图2所示。2024年，全省主要粮食标准面粉、早籼米、中晚籼米、粳米每斤均价分别为2.43元、2.374元、2.49元、2.57元；（每桶5升）食用花生油、菜籽油、大豆油均价分别为153.823元、83.9元、61.90元。与上年相比，标准面粉、早籼米、中晚籼米、粳米分别上涨2.065%、2.778%、1.837%、1.548%；菜籽油、大豆油价格分别下跌3.398%、3.27%；花生油价格基本保持不变。

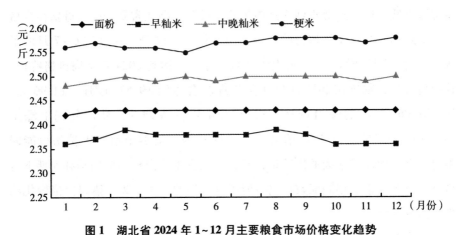

图1　湖北省2024年1~12月主要粮食市场价格变化趋势

资料来源：湖北省发展改革委价格监测中心，下同。

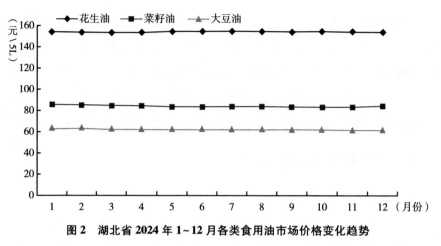

图2　湖北省2024年1~12月各类食用油市场价格变化趋势

2.猪肉价格整体呈上涨趋势

湖北省猪肉价格呈现较为复杂的波动态势。分上下半年来看，上半年价格经历了先抑后扬的变化，下半年则出现了持续下行但降幅收窄的情况，从全年来看，湖北省猪肉价格呈现上涨趋势。

在年初，受春节假期影响，居民对猪肉的采购量大幅增加，市场需求旺盛，猪肉价格抬高，3月中下旬之后，生猪存栏量较高，市场供应充足，价格持续走低。这一趋势直到5月中旬开始反转，湖北省受全国繁母猪存栏量连续下降和养殖户压栏惜售的影响猪肉价格一路攀升，在度过6~7月的平缓增长后，8月开始了第二波上涨高潮，并一举达到2024年猪肉价格峰值。其中精瘦肉、腿夹肉和肋排分别在9月左右达到19.52元/斤、14.96元/斤、27.06元/斤的峰值价格，相较2024年低谷期（5月）分别上涨了20.49%、27.1%、23.5%。在年末，养殖户为了规避节后猪肉价格可能回落的风险，增加了猪肉的供给量，导致湖北省生猪出栏均价仍延续前期下行趋势，但相较于上年同期数据仍有所提升。湖北省1~12月猪肉价格变化趋势如图3所示。

3.牛羊肉价格下降趋势明显

2024年国内肉牛养殖规模扩大、存栏量明显提升，同时牛肉进口量持续增长，2024年1~10月全国牛肉进口量234万吨，同比增长3.6%，使得

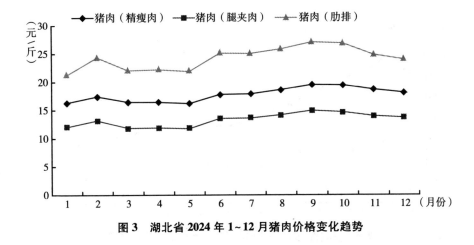

图3　湖北省2024年1~12月猪肉价格变化趋势

国内牛肉市场供应充足，牛肉价格呈持续下跌趋势。羊肉价格由于受到供给端和外部市场冲击等原因，在2024年的波动也较为频繁，呈现起落不定的趋势。

从具体数据来看（见图4），2024年初春节牛羊肉需求上涨，均在2月达到全年价格巅峰（43.38元/斤和35.56元/斤），从3月开始，气候开始回暖，羊肉的市场需求降低，加之替代肉类（如牛肉）大量进口，羊肉价格难阻颓势，直至6月跌至33.3元/斤后开始缓慢上涨，至9月涨势趋停，在10月迎来全年羊肉价格的最低谷32.72元/斤。牛肉价格变动则比较单调，自2月开始一路下跌，在12月的价格仅为35.69元/斤，相较于2月单价43.38元/斤下降了7.69元，可见牛肉价格受牛肉供应端影响较大。

4. 禽蛋价格保持稳定

2024年，全年鸡鸭肉价格均保持稳定，分别在9~10元/斤和8~9元/斤的区间小幅度波动。鸡蛋价格变动则相对明显，2月至5月气温回升，鸡蛋产量提高，价格下降至4.98元/斤。6月至9月气温炎热，且随着人们夏季饮食结构的调整，在供应端和需求端均有利于鸡蛋价格上涨，此后直到年底，鸡蛋价格均维持在6元/斤（见图5）。

5. 主要淡水鱼价格变动频繁

除1月、2月春节鱼类需求上升导致价格上涨外，2024年湖北省淡水鱼

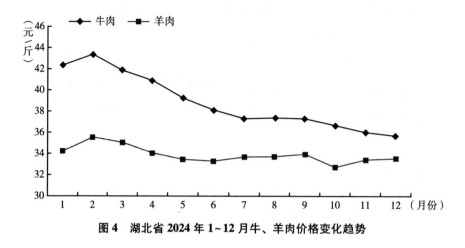

图4 湖北省2024年1~12月牛、羊肉价格变化趋势

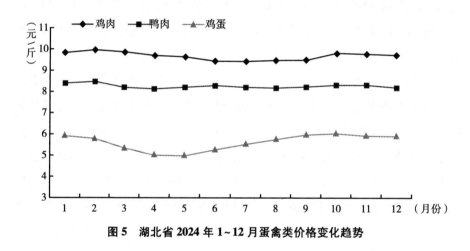

图5 湖北省2024年1~12月蛋禽类价格变化趋势

价格整体呈现先涨后跌的态势。3~4月三种淡水鱼价格变动幅度不大，自4月下旬开始，草鱼和鲫鱼价格开始明显上涨，并在8月前后达到各自的价格峰值8.3元/斤和12.51元/斤，同一期间，胖头鱼价格基本稳定在10.5元/斤左右小幅度波动。进入秋冬季节之后，淡水鱼品种进入集中捕捞期，市场上淡水鱼的供应量短期内急剧增加，三种淡水鱼价格均呈现下降趋势（见图6）。

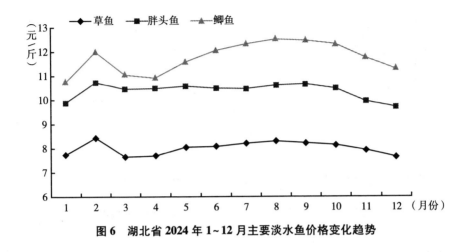

图6　湖北省 2024 年 1~12 月主要淡水鱼价格变化趋势

6. 主要蔬菜整体呈现波动性调整

从全年监测数据来看（见图7），蔬菜价格在不同阶段表现出差异化走势。一季度至二季度初，受春季蔬菜集中上市影响，价格呈现阶段性回落；5月监测数据显示蔬菜价格环比小幅下跌，可能与气温回升加速本地叶菜类生长、市场供应量增加有关。年中阶段，梅雨季节和高温天气交替，部分蔬菜品类运输损耗增加、生长周期延长，导致6月蔬菜价格出现上涨。三季度后期至四季度，随着秋季蔬菜陆续上市及冷链物流效率提升，价格逐步趋稳，但10月和11月监测数据显示蔬菜价格再次出现下跌，这与秋季蔬菜丰产、市场供应充足相关。

（四）与国内农业大省横向对比分析

湖北省作为我国中部地区的经济大省、农业大省，在"十四五"规划收官之际，要充分发挥在全国重要农产品有效供给重点保障区的战略保障作用。通过与湖南、河南等地理区位相近、经济体量相当、农业发展基础良好省份，以及山东省、黑龙江省等传统农业大省进行相应的指标对比分析，可以全面剖析湖北省在农业农村发展方面的基础与地位，找出与其他农业大省之间的差距，明确优化推进农业农村现代化的发展方向，进一步稳固湖北省

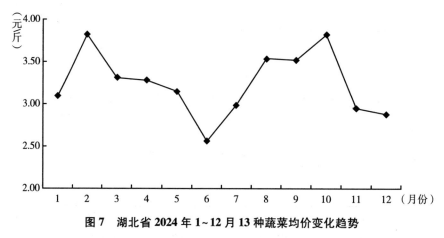

图7　湖北省2024年1~12月13种蔬菜均价变化趋势

作为全国重要农业大省的地位。

1. 农林牧渔业增加值对比分析

2024年，湖北省农林牧渔业增加值达5891.14亿元，同比增长3.6%。湖北素有"鱼米之乡"的美誉，在渔业和水稻种植等方面优势明显，淡水渔业发达，水产品产量可观，同时蔬菜等经济作物种植也颇具规模，但与各省份相比仍存在一定差距。其中，湖南省增加值达8469.89亿元，同比增长3.3%；山东省农业底蕴深厚，耕地资源丰富，粮食种植优势突出，在2024年实现12832.30亿元增加值的同时保持着3.9%的高增长，连续多年居全国第一；黑龙江省粮食产量多年位居全国前列，2024年农林牧渔业增加值达5904.10亿元，也略高于湖北省（见图8）。

2. 粮食总产量对比分析

2024年，湖北省扛牢粮食生产责任，粮食生产再获丰收，总产量达2785.34万吨，其中夏粮播种面积1968.56万亩，同比增加16.95万亩，增幅为0.9%，总产量98.11亿斤，同比增加0.38亿斤。其他省份的表现也同样亮眼，黑龙江省在粮食种植规模上优势显著，2024年粮食总产量首次突破8000万吨，达到8001.50万吨，连续15年位居全国第一，粮食平均亩产超过723斤。河南以6719.5万吨紧随其后，总产量连续8年稳定在6500万吨以上。河南夏粮单产实现恢复性增长，每亩444.6公斤，比上年增产

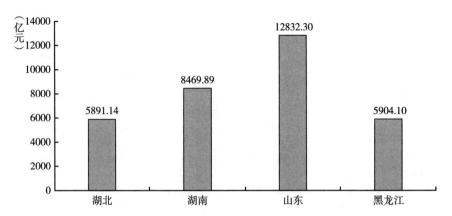

图8　2024年农林牧渔业增加值对比分析

资料来源：各省2024年国民经济和社会发展统计公报，下同。

28.5公斤，增长6.8%，不过秋粮因灾单产下降，每亩383.5公斤，比上年减产18.6公斤，下降4.6%。山东全年粮食总产量5710.20万吨，增长1.0%，连续4年稳定在5500万吨以上。湖南省粮食总产量为3078.00万吨，播种面积7160.1万亩、增长0.2%，单产859.8斤、增长0.1%，湖南省通过落实耕地地力保护等政策，扩大机插机抛作业补贴等措施，实现了粮食产量的稳定增长。与其他四省相比，湖北省粮食总产量及增长速率表现均相对较弱，需采取进一步措施提高粮食生产效率，稳固中部农业大省地位。

3.蔬菜总产量对比分析

在蔬菜生产领域，各省展现出不同的发展态势。2024年，山东省蔬菜总产量达到9272.41万吨，稳居全国首位，其蔬菜产业从种植面积、产量到商品规格、加工出口等均处于领先地位。河南蔬菜总产量达8265.29万吨，位居全国第二，蔬菜播种面积2673.75万亩，居全国第一位，在周口、商丘等地形成了设施蔬菜集中产区，蔬菜种植规模化，增产作用明显。湖南省蔬菜（含食用菌）产量为4655.10万吨，增长3.7%，且2024年出口蔬菜77.1万吨，同比增长9.9%。黑龙江相较于其他省份蔬菜总产量较低，仅有895.4万吨。湖北2024年蔬菜产量达4624.05万吨，在产量规模上，山东、河南远超湖北，与湖南产量相近。

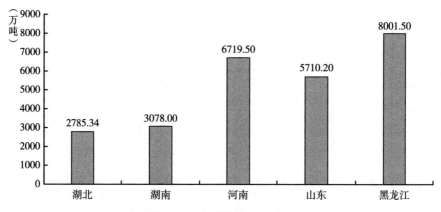

图 9　2024 年粮食总产量对比分析

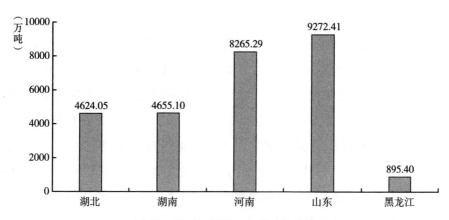

图 10　2024 年蔬菜总产量对比分析

4. 猪牛羊禽肉总产量对比分析

各农业大省猪牛羊禽肉总产量呈现差异化发展态势（见图11）。2024年湖北省猪牛羊禽肉产量452.52万吨，较上年下降1.0%，其中，猪肉产量351.20万吨，增长1.1%。禽蛋产量251.59万吨，增长16.3%，彰显禽蛋产业潜力巨大，有望逐步成为湖北省畜牧业新亮点。湖南省猪牛羊禽肉产量为573.20万吨，尽管比上年减少6.5万吨，下降1.1%，但家禽保持稳定产出，全年家禽出栏56947.4万羽，比上年增长2%。山东畜牧业生产总体平稳，生猪和禽类产量稳定增长，牛羊产能持续收缩，肉类产量928.30万吨，同比增长2.5%，其中猪肉和禽肉合计794.2万吨，占比超过85%。河南省畜牧业生产同样稳步推进，2024年，全省猪牛羊禽肉产量688.21万吨、同比增长2.2%，生猪出栏6029.08万头。湖北省可以结合市场需求和本地资源优势，优化养殖结构，加大对市场前景好、经济效益高的畜禽品种养殖扶持力度，助力湖北肉类产业转型升级。

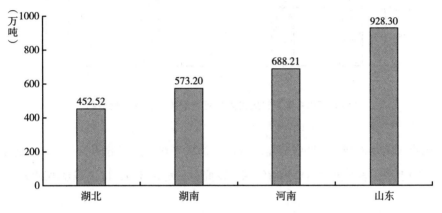

图11　2024年猪牛羊禽肉总产量对比分析

5.农村居民收入对比分析

2024年，湖南省农村居民人均可支配收入达到22204元，同比增长6.10%。河南省2024年农村居民人均可支配收入为21330元，与2023年相比增加了1277元，同比名义增长6.37%，增速为五省中最快。山东省农村居民人均可支配收入为25257元，与2023年相比增加了1481元，同比名义增长6.23%，总量和增速均国内领先，总量也是本次比较的各省中最高值。黑龙江省农村常住居民人均可支配收入20963元，增长6.10%，相较于其他省份略显逊色。与以上省份相比，湖北省2024年农村居民人均可支配收入为22580元，与湖南、河南相近，落后于山东省，领先于黑龙江省，居于中等地位，但在增速的比较中，湖北省6%的增幅位居本次比较的末位，湖北省需要加大对农村的扶持力度，加速提升农村居民生活质量和幸福水平。

在城乡差距对比方面，2024年河南省城乡居民收入比为1.97，该比值在五省中相对较低；黑龙江的数据为1.823，在四省中比值最低；山东省2024年城乡

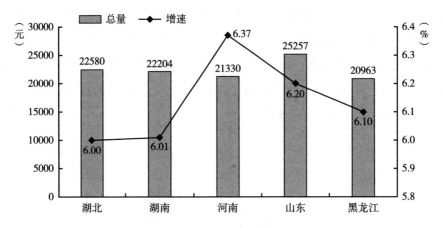

图12 2024年农村居民人均可支配收入总量对比分析

居民收入比为2.14，为四省最高。湖北省2024年城乡居民收入比为2.08，也处于居中水平，表明湖北省应该继续深入发掘农村发展潜力，促进城乡协调发展。

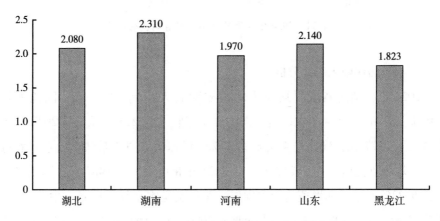

图13 2024年城乡居民收入比对比分析

二 农业农村工作存在的问题与不足

（一）农业基础设施仍显薄弱，抗风险能力不足

农田水利设施老化。湖北省的农田水利设施在长期的使用过程中，由于

缺乏及时的维护和更新，许多已经老化，这不仅浪费了大量的水资源，还影响了农作物的正常生长。此外，一些小型水库和塘堰也存在病险问题，无法有效发挥其蓄水和防洪功能。这些老化的水利设施在面对自然灾害时，往往难以提供有效的防护，增加了农业生产的风险。

农业机械化水平相对较低，尤其是在偏远山区，农民仍然主要依靠传统的手工劳动进行农业生产。这不仅降低了生产效率，还增加了劳动强度。例如，在水稻种植过程中，一些地区的机插秧使用比例仍然较低，导致种植进度缓慢，错过了最佳种植时期。此外，农业机械的种类也相对单一，缺乏一些先进的农业机械设备，如无人机植保、智能灌溉系统等。这些先进的农业机械能够提高农业生产效率和质量，但在湖北省的应用还相对较少。

仓储和物流设施也存在不足之处。一方面，农产品仓储设施不足，导致许多农产品在收获后无法及时储存，容易发生变质和损坏。另一方面，物流配送体系不完善，农产品从产地到市场的运输时间较长，增加了运输成本和损耗。例如，一些偏远地区的农产品需要经过多次转运才能到达市场，运输时间长达数天，这不仅影响了农产品的新鲜度，还增加了农民的经济负担。

自然灾害较为频繁。湖北省地处长江中游，地理环境使其在农业生产过程中面临着一些自然因素的挑战。在农业生产过程中，自然灾害始终是一个不容忽视的因素。湖北省的气候条件较为复杂，季节性降水分布不均，导致洪涝和干旱灾害时有发生，给农业生产带来了不小的挑战。每当汛期来临，部分地势较低的农田可能会受到洪水的侵袭，导致农作物受损。例如，2020年湖北省遭遇了较为严重的洪涝灾害，一些地区的农田被洪水淹没，农作物受灾面积达到了 2000 多万亩，直接经济损失达到了 210 多亿元。① 而在降水偏少的年份，干旱问题则会凸显出来，尤其是在春季和夏季，这两个季节本是农作物生长的关键时期，降水的不足会导致土壤墒情不佳，影响农作物的

① 《强降雨使湖北种植户损失惨重：稻田被淹，向日葵烂一片》，华夏时报网，https://m.chinatimes.net.cn/article/98603.html，2020 年 7 月 20 日。

正常生长和发育。像2019年，湖北省部分地区就出现了持续的干旱天气，水稻、小麦等农作物受灾面积达到了1000多万亩。[①] 这些自然灾害的发生，无疑给湖北省的农业生产带来了诸多不确定性，也提醒着我们在农业发展过程中，需要更加注重防灾减灾措施的完善，以提升农业生产的稳定性和可持续性。

农产品市场风险较大，主要表现为农产品价格波动频繁和市场需求不稳定。一方面，农产品价格波动频繁，农民难以准确把握市场行情，导致生产决策失误。例如，近年来湖北省的生猪价格波动较大，农民在养殖过程中往往难以预测价格走势，导致养殖规模不稳定，市场供应不平衡。另一方面，市场需求不稳定，农产品销售渠道单一，农民在销售过程中往往处于被动地位。例如，一些地区的农产品主要依赖于传统的农贸市场销售，缺乏电商平台等新型销售渠道，导致农产品销售范围有限，市场竞争力不足。

农业政策支持相对不足，主要表现在农业补贴政策不完善和农业保险覆盖范围有限。一方面，农业补贴政策不完善，补贴标准较低，难以满足农民的实际需求。例如，湖北省的种粮补贴每亩补贴金额仅为100元左右[②]，对于农民来说，这笔补贴难以弥补生产成本的增加。另一方面，农业保险覆盖范围有限，许多农产品尚未被纳入保险范围，农民在遭受自然灾害或市场风险时，往往无法获得有效的保险赔偿。例如，湖北省的蔬菜种植保险尚未全面推广，许多蔬菜种植户在遭受自然灾害时，只能自行承担损失。

（二）农业产业结构单一，产业链附加值低

种植业结构不合理，湖北省的种植业以粮食作物为主，其中水稻、小麦、玉米等传统粮食作物占据了较大的种植面积。虽然这些作物在保障粮食安全方面发挥了重要作用，但也导致了种植业结构的单一性。例如，湖北省

---

① 《省防办关于启动抗旱Ⅳ级应急响应的通知》，湖北省应急管理厅网站，http：//www.hubei. gov. cn/yj/tzgg/201908/t20190822_1650057. shtml，2019年8月22日。
② 《武汉用好"粮"策 守好百姓"粮袋子"》，《长江日报》2023年6月6日，https：//nyncj. wuhan. gov. cn/xwzx_25/whsn/202306/t20230606_2212092. html。

的水稻种植面积长期保持在较高水平，而其他经济作物如蔬菜、水果、花卉等的种植面积相对较小。这种不合理的种植结构不仅限制了农业的多元化发展，也影响了农民的收入水平。

养殖业发展不平衡。湖北省的养殖业以生猪、家禽等为主，养殖业的发展不平衡问题较为突出。一方面，生猪养殖在湖北省养殖业中占据主导地位，而生猪养殖的附加值相对较低，且受市场波动影响较大。另一方面，湖北省的水产养殖业虽然具有一定的规模，但在养殖品种和养殖技术方面仍有待提高。例如，湖北省的小龙虾养殖虽然在全国具有一定的知名度，但在深加工和品牌建设方面仍存在不足。

农业经营主体单一。湖北省的农业经营以家庭经营为主，农业产业化程度较低。虽然近年来湖北省积极推动农业产业化发展，培育了一批农业龙头企业，但在企业数量和质量上仍落后于发达省份。例如，湖北省的国家级龙头企业数量仅为82家，而山东省则有11家营业收入过100亿元的龙头企业。这种经营主体的单一性限制了农业的规模化和集约化发展，也影响了农业产业链的延伸和附加值的提升。

农产品加工转化率较低，尤其是精深加工比例不高。例如，湖北省的农产品加工转化率仅为67%，其中精深加工仅占农产品加工的20%左右。以生猪产业为例，湖北省的生猪精深加工率不足13%，鸡蛋仅有7%左右可加工成蛋液、蛋粉或其他产品。[①] 这种低加工转化率导致大量农产品只能作为原材料运往外地，产品的附加值无法在本地实现，影响了农民和企业的收入。

品牌建设不足。湖北省的农产品品牌多而不强，缺乏具有全国影响力的知名品牌。虽然湖北省在农产品品牌建设方面取得了一定的成绩，如"潜江龙虾"等品牌在全国具有一定的知名度，但总体上湖北省的农产品品牌建设仍存在不足。例如，湖北省的农产品品牌数量虽然超过3000个，但缺

---

① 《2024年湖北"三农"重点工作解读》，省农规院网站，http://www.hbngy.com/show.asp?newsid=1092，2024年2月22日。

乏集中度高、影响力大的区域公用品牌。这种品牌建设的不足限制了农产品的市场竞争力和附加值提升。

农业产业融合发展水平较低，尤其是休闲农业和乡村旅游的发展相对滞后。虽然湖北省在休闲农业方面取得了一定的成绩，但总体上休闲农业的发展仍存在同质化现象突出、创新不足等问题。此外，湖北省的农产品加工、流通、仓储等环节的发展也相对滞后，导致农产品的附加值无法有效提升。

农业科技创新能力不足，尤其是在农业信息化方面。湖北省的农业信息化水平亟须提升，农业数据整合共享不足，数字技术应用动力不足，农业信息化投入不够，数字农业专业人才缺乏。这种科技创新能力的不足限制了农业产业链的延伸和附加值的提升。

（三）农村劳动力短缺与老龄化问题突出

随着市场经济的快速发展，城市提供的就业机会多，收入水平远高于农村。相比之下，农村地区的经济发展相对滞后，就业机会有限，收入水平较低。这种经济差距使得大量农村劳动力逐步离开农村，进城寻找更好的发展机会。农村地区的低收入水平和有限的就业机会，使得农村劳动力难以在本地找到合适的工作，从而导致劳动力外流。湖北省的农村劳动力转移主要表现为青壮年劳动力的外流，这些青壮年劳动力为了更好的就业机会和更高的收入纷纷离开农村，进入城市从事各种工作。据统计，湖北省农村劳动力转移的数量逐年增加，尤其是在一些经济发达的城市，如武汉、宜昌等地，农村劳动力转移现象更为明显。这种劳动力转移虽然在一定程度上促进了城市经济的发展，也导致了农村劳动力的短缺，影响了农村经济的发展。

人口结构变化，湖北省的人口结构变化也是导致农村劳动力短缺的重要原因之一。随着人口出生率的下降和人口老龄化程度的加深，农村地区的年轻劳动力数量相对减少。与此同时，老年人口的比例不断提高，使得农村劳动力的供给能力下降。湖北省的农村老年人口比例逐年提高，尤其是在一些偏远地区，老年人口的比例已经达到了较高的水平。据统计，湖北省 60 岁及以上老年人口占总人口的比例已经超过了23%。[1] 这一比例的增加，不仅给农村家庭带来了养老压力，也给农村社会带来了巨大的负担。这种人口结构的变化，不仅影响了农村劳动力的数量，也影响了劳动力的质量。年轻劳动力的减少使农村地区的劳动力市场供不应求，进一步加剧了劳动力短缺的问题。

（四）绿色转型压力大，生态治理任务艰巨

湖北省的农业农村绿色转型面临着多重挑战。首先，传统农业模式仍占据主导地位，资源消耗和环境污染问题突出。尽管近年来湖北省积极推动现代农业和生态农业的发展，但整体转型进展缓慢，许多地区仍然依赖高投入、高消耗的传统农业生产方式，导致土壤、空气和水源污染加剧。其次，农业面源污染治理任务繁重。湖北省是一个典型的农业大省，畜禽养殖和农田施肥等活动产生的面源污染问题严重，尤其是在一些集中的养殖区域，氨氮和总磷的排放仍然是主要的污染源。虽然政府已经采取了一些措施来减少化肥和农药的使用，但在实际操作中，农民的依赖性仍然较强，转型的意愿和能力不足。此外，农业产业结构调整的难度较大。湖北省的农业产业结构相对单一，以粮食作物为主，经济作物的种植比例较低，导致农民收入水平提高的空间有限。绿色转型需要多样化的农业产品和市场需求，但目前的市场环境和农民的生产习惯使这种转型变得更加复杂。最后，缺乏足够的技术支持和资金投入也是制约绿色转型的重要因素。虽然湖北省在生态农业和绿色技术方面有一定的研究基础，但实际应用和推广仍显不足，许多地方的农民对新技术的接受度低，缺乏必要的培训和指导。同时，绿色转型需要较大的初始投资，而许多小农户由于资金短缺，难以进行必要的技术改造和设备更新。

湖北省的生态治理任务同样艰巨，主要体现在以下几个方面。首先，

---

[1] 湖北省人民政府新闻办公室：《湖北举行2023老龄事业发展状况新闻发布会》，http：//www. scio. gov. cn/xwfb/dfxwfb/gssfbh/hb_13842/202407/t20240726_856456_m. html，2024年7月25日。

生态环境质量改善的压力较大。尽管湖北省在生态环境治理方面取得了一定成效，但整体环境质量仍需提升。尤其是空气和水质污染问题依然突出，部分地区的PM2.5年均浓度高于全国平均水平，水体污染情况也较为严重，尤其是长江、汉江部分支流水质污染仍较重。其次，生态系统的稳定性和质量有待提高。湖北省的自然生态系统相对脆弱，山水林田湖草沙的统筹保护尚未完全实现，生态屏障的构建亟待加强。尤其是在一些重点生态功能区，生态环境保护和修复的任务依然艰巨，生物多样性保护的基础薄弱，生态空间遭受持续威胁。再者，农村人居环境的改善任务仍然艰巨。湖北省农村地区基础设施建设滞后，污水处理和垃圾处理设施不足，农村面源污染治理短板突出，黑臭水体问题较为严重。这些问题不仅影响了农村居民的生活质量，也对生态环境造成了进一步的压力。最后，生态治理的体制机制尚不健全。湖北省在生态治理方面的管理机制和政策执行有待加强，生态文明建设的科技支撑不足，科学化、精细化、信息化水平亟待提高。生态环境治理的投入不足，渠道单一，导致生态治理的效果难以显著提升。

（五）城乡融合发展不均衡，公共服务存在差距

湖北省的城乡融合发展面临着显著的不均衡性。尽管近年来政府在推动城乡一体化方面采取了一系列措施，但城乡之间的差距依然明显。首先，城乡要素流动不够顺畅。虽然人口在城乡之间的流动有所加快，但影响城乡融合发展的体制机制障碍仍未根本消除，人才、资金等要素向城市的流动依然占主导，农村地区在资源配置上处于劣势。其次，农村的基础设施建设相对滞后。尽管湖北省在一些地区加大了对农村基础设施的投入，但整体上，农村地区的交通、供水、供电等基础设施仍显不足，影响了农村经济的发展和居民的生活质量。此外，农村地区的公共服务设施建设也相对滞后，许多村庄缺乏必要的医疗、教育和文化设施，导致城乡居民在享受公共服务方面存在明显差距。最后，农村产业发展水平较低，经济结构单一。湖北省农村经济仍以传统农业为主，现代农业和其他产业的发展相对滞后，导致农民的收

入水平普遍偏低。这种经济结构的单一性使得农村在吸引投资和人才方面缺乏竞争力，进一步加剧了城乡发展不均衡的现象。

湖北省公共服务体系在城乡之间存在显著差距，尤其是在教育、医疗和社会保障等领域。首先，农村教育资源相对匮乏。虽然近年来农村教育条件有所改善，但与城市相比，农村学校的师资力量、教学设施和教育投入仍显不足，导致农村学生在教育质量上处于劣势。其次，农村医疗卫生条件难以满足居民的基本需求。尽管湖北省在农村医疗卫生体系建设上取得了一定进展，但整体医疗服务水平仍低于城市，许多农村地区缺乏足够的医疗设施和专业人员，导致农民在就医时面临困难。此外，农村医疗保险的覆盖率和报销比例也普遍低于城市，进一步加大了农村居民的医疗负担。最后，社会保障体系的不完善也是公共服务差距的重要表现。虽然湖北省在提高农村社会保障水平方面做出了一定努力，但城乡之间的社保标准和覆盖范围仍存在较大差距，农村居民在养老、失业等方面的保障水平普遍低于城市居民。

三 推动农业农村现代化的建议

（一）加大农田水利设施建设与高标准农田改造力度

构建多层级水利工程体系。实施骨干水系连通工程，以长江、汉江干流为轴线，推进"三横五纵"① 输配水网络建设。重点开展汉江流域 15 处大型泵站现代化改造，更新老化机电设备，增设智能监控系统。在江汉平原建设"毛细血管式"田间渠系，通过 U 形槽衬砌技术实现末级渠系标准化建设，配套建设 1.2 万座田间智能量水设施。创新丘陵山区水利模式，在鄂西、鄂东北等地区推广"长藤结瓜"式蓄水系统，建设 5 万口标准化山塘，

---

① "三横"指汉北河、汉南河、沮漳河；"五纵"指引江济汉、鄂北调水、鄂中水网、鄂东水系、鄂西南水源。

配套建设光伏提灌站。试点"隧道输水+压力管道"技术，破解武陵山区喀斯特地貌输水难题。针对三峡库区消落带，建设可升降式浮动泵站，实现175米水位变幅下的稳定取水。

推进智慧水利管理系统。建设数字孪生水利平台，整合全省2.8万处水利工程数据，构建"空天地"一体化监测网络。在重点灌区部署土壤墒情监测站（密度达1站/500亩），开发基于机器学习的灌溉决策模型。试点区块链技术在水权交易中的应用，建立农业用水电子凭证系统。发展精准灌溉技术体系，推广"5G+智能灌溉"系统，在蔬菜、果树等经济作物区布局物联网滴灌设备。建设20个水肥一体化示范基地，开发湖北特色作物专用水溶肥配方。在鄂北岗地推广移动式喷灌机组，实现单机控制面积突破300亩。

完善长效运维机制。建立分类管护制度，将水利设施划分为三类：大型枢纽工程由省级直管，中型工程实行"县管+专业公司"模式，小型设施推行"井长制""渠长制"。建立设施健康档案，实行二维码身份管理，开发掌上巡查APP实现问题即时上报。创新运维资金筹措，试点"水权质押+保险"融资模式，允许新型经营主体用水权证进行贷款。设立省级水利设施维护基金，每年从土地出让金中提取2%作为资金来源。推广"以工代赈"维护模式，优先吸纳脱贫户参与日常管护。

实施全域整治工程。推进"三型"田块改造，平原区开展"十田归一"整治，建设500亩以上标准田块，配套激光平地设备；丘陵区推广"梯田生态化改造"，采用生物埂护坡技术，建设3米宽生产道；湖沼区实施"暗管排渍"工程，布设PE波纹排水管（间距15米），配套太阳能自动启闭闸门。构建土壤健康体系，建立全省耕地质量监测网格（1个/万亩），开展酸化土壤改良三年行动，年施撒土壤调理剂50万吨。推广"稻虾共作+秸秆深翻"模式，在江汉平原建设100万亩有机质提升示范区。试点农田碳汇计量交易，开发"沃土银行"碳汇产品。

创新建设管理模式。实施"三库联审"机制，建立项目储备库（按建设时序排序）、资金整合库（整合涉农资金）、实施监督库（全过程留痕）。

推行 EPC+O 总承包模式，将设计、施工、管护整体发包。开发"楚农建"管理平台，实现项目进度实时追踪、资金流向动态监控。构建多元投入体系，推广"专项债+土地指标"融资模式，允许将新增耕地指标收益的 40% 用于还款。设立省级高标准农田建设基金，引导社会资本通过 PPP 模式参与。试点"田票"交易制度，允许建设主体通过整治新增耕地获取交易凭证。

（二）推动农业全产业链融合发展，打造特色品牌

构建梯度化产业生态体系，夯实全产业链基础。在江汉平原粮食主产区实施"稻—虾—渔"立体循环工程，建设百万亩智能化种养示范基地，配套 5G 水质监测系统和无人机投饲设备。针对鄂西武陵山区特色农业带，重点打造 30 个高山茶叶、道地药材全产业链示范园，构建"种质资源库+GAP 基地+产地初加工中心+冷链物流节点"四级体系。在长江沿线布局 10 个淡水产品精深加工走廊，引入超高压冷杀菌（HPP）等先进技术，开发鱼糜制品、胶原蛋白等高附加值产品。建立全省农产品供应链云平台，整合 2000 个田头冷库、50 个区域集配中心数据，通过区块链技术实现从田间到餐桌的全程溯源。设立省级产业链优化基金，重点支持 30 家链主企业实施跨县域并购重组，形成年产值超 50 亿元的产业集群 5 个。

实施科技创新赋能工程，突破产业链升级瓶颈。组建长江经济带农业装备创新联盟，在武汉光谷建设智能农机研发基地，重点攻关丘陵茶园无人采收机、小龙虾智能分拣线等特色装备。建立省域农业微生物资源库，筛选培育 10 株具有自主知识产权的功能菌株，应用于土壤改良和农产品加工。在襄阳、荆州布局 3 个中央厨房产业园，开发适应 Z 世代消费需求的预制菜产品线，年加工能力突破 100 万吨。建设数字农业孪生系统，在 20 个主产县部署高精度遥感监测站，构建作物生长模型数据库。实施"楚才兴农"计划，设立专项奖学金培养 2000 名农业 AI 工程师，在华中农大创建全国首个农业元宇宙实验室。

打造金字塔形品牌矩阵，提升产品溢价能力。构建"1+5+N"品牌体

系：培育"荆楚优品"省级母品牌，重点打造潜江龙虾（目标品牌价值500亿元）、恩施硒茶、洪湖莲藕、房县香菇、秭归脐橙5大旗舰品牌，孵化100个县域特色子品牌。实施品牌基因工程，为每个地标产品建立文化档案库，如挖掘监利稻作文化中的"屈家岭遗址"元素，开发考古盲盒系列产品。创建品牌体验新场景，在武汉长江主轴建设2万平方米的农业品牌博览馆，设置VR种养体验区、风味实验室等互动单元。创新"节气营销"模式，打造二十四节气主题产品线，如"惊蛰·春茶宴"限定礼盒。拓展跨境电商渠道，在RCEP成员国设立10个海外仓，开发符合伊斯兰认证的预制菜系列。

深化三产融合模式创新，拓展价值实现路径。在鄂东地区建设10个"农业迪士尼"综合体，将蕲春艾草种植园改造为艾灸养生主题公园，开发沉浸式康养项目。打造汉江游轮农业观光带，串联15个特色产业小镇，推出"一船吃遍湖北味"美食航线。创新"共享农场"模式，开发云端认养系统，消费者可通过数字孪生技术实时查看认养作物的生长状态。建立农业文化遗产活化体系，对15项传统农事技艺进行现代转译，如将"车水歌谣"改编为农业主题音乐剧。发展农业总部经济，在武汉建设国际农产品交易中心，配套期货交割库和价格指数发布中心，形成大宗农产品定价话语权。

健全政策保障机制，构建可持续发展生态。出台《湖北省农业全产业链促进条例》，建立产业链"链长+盟长+校长"三长制管理体系。创新"品牌保险"金融产品，对通过认证的地标产品实施产值兜底保障。建立绿色发展负面清单，在丹江口库区等生态敏感区实行碳汇积分交易制度。构建新型利益联结机制，推广"保底收益+二次分红"模式，将产业链增值收益向合作社倾斜10个百分点。设立省级品牌维权基金，组建专业打假团队，运用AI图像识别技术实现侵权商品秒级鉴定。实施"新农人"培育工程，每年遴选500名乡村CEO赴阿里、拼多多等平台实训，培育百万粉丝级农民网红1000人。

（三）实施新型职业农民培育工程，完善社会化服务体系

构建"三维梯度"职业农民培育体系。建立"领军型—骨干型—基础型"人才金字塔结构。针对年产值 500 万元以上的经营主体负责人，实施"长江新农人"EMBA 计划，联合华中农业大学开设现代农业管理专班，设置产业链整合、资本运作等核心课程。面向家庭农场主等新型主体，开展"模块化"精准培训，开发"水稻+""小龙虾+"等 20 个产业课程包，配备 VR 实训系统模拟经营场景。针对小农户实施"田间学位"计划，在 1000 个行政村设立教学点，通过夜间课堂、田间直播等形式传授实用技术。创新"学分银行"制度，将培训时长、实践成果换算为继续教育学分，与职业资格认证挂钩。建设省级农民教育培训质量监测平台，运用大数据分析培训需求与效果偏差。

打造"四链融合"产教协同平台。在武汉农创中心建设现代农业产教融合基地，引入十大农业链主企业设立"产业学院"，构建"招生即招工、上课即上岗"的现代学徒制。开发"数字孪生农场"教学系统，通过物联网设备实时传输 200 个示范基地数据，实现远程诊断教学。建立"楚才回乡"激励机制，对返乡创业满 3 年的涉农专业毕业生，给予 10 万元创业担保贷款贴息。实施"专家联产业"工程，组织 100 个教授团队对接县域特色产业，建立"1 个专家团队+1 个示范基地+N 个经营主体"的技术扩散网络。创新"培训券+"模式，允许学员自主选择培训机构与课程，财政资金按培训效果分阶段兑付。

培育"五元协同"社会化服务主体集群。实施服务主体"倍增计划"，重点培育 500 家综合服务型合作社，整合农机、植保、金融等 10 类服务资源。在产粮大县建设 20 个全程机械化服务综合体，配备无人驾驶收割机、粮食烘干塔等智能装备，单季服务能力达 5 万亩。发展"农业服务经纪人"新职业，建立持证上岗制度，开发服务需求智能匹配系统。组建省级农业服务集团，整合供销、邮政等系统资源，构建"县域服务中心—乡镇服务站—村级服务点"三级网络。建立服务标准体系，制定水稻生产托管等 15

个地方标准，推行服务质量责任保险。

构建"智慧服务"数字生态系统。开发"楚农服"省级服务平台，集成农资直供、农机调度、农技咨询等八大功能模块，接入1万个服务网点实时数据。建设农业社会化服务区块链，实现服务合同存证、作业轨迹溯源、资金智能清算。在江汉平原试点"数字田管家"模式，通过卫星遥感+无人机巡检，提供精准施肥施药处方。建立服务能力评价模型，从响应速度、作业质量等10个维度对服务主体动态评级。开发农业服务数字孪生系统，模拟极端天气下的服务预案，提升应急服务能力。

完善"四维一体"政策保障机制。出台《湖北省农业社会化服务促进条例》，明确服务主体权利义务。建立财政资金"以效定补"机制，对服务面积超万亩的主体给予30%作业补贴。创新"服务权质押融资"产品，允许服务合同预期收益作为贷款担保。建设省级农业服务人才市场，开展"金牌服务师"评选，建立职称评定绿色通道。构建纠纷调解仲裁体系，设立17个市级农业服务仲裁庭，开发在线调解平台。实施服务质量认证计划，对通过ISO认证主体给予税收优惠。

（四）推进农业绿色转型，加强生态治理

构建"三链协同"绿色技术体系。建立"基因链—装备链—数字链"三位一体技术框架。在江汉平原打造全球首个水稻全基因组编辑中心，针对重金属富集基因进行定向编辑，培育镉低吸附型"楚粳1号"，计划2027年前推广500万亩。研发丘陵茶园智能采茶机器人集群，集成光谱识别与柔性抓取技术，实现单机日采摘量200公斤，效率较人工提升8倍。建设省级农业数字孪生平台，融合2000个物联感知终端数据，构建土壤墒情预测模型，精准指导75个产粮大县实施变量灌溉。设立长江中游农业碳中和实验室，开发稻田甲烷实时监测装置，在监利、洪湖建立20万亩固碳示范区。

实施"四维修复"生态工程。开展长江岸线生态廊道修复2.0计划，在荆州段建设30公里智能生态护岸，植入生物相容性传感器实时监测岸线稳定性。针对丹江口库区推行"立体消纳"模式，上层发展光伏渔业（装

机容量 500MW），中层构建人工鱼礁生态系统，底层实施底泥钝化处理。在四湖流域试点"数字湿地"工程，通过水位智能调控系统维持 3.5 万亩季节性淹水区，为越冬候鸟创造精准栖息环境。建立农业面源污染"指纹溯源"系统，运用稳定同位素技术锁定污染源，在梁子湖流域布设 500 个监测点形成污染热力图。

创建"五型转换"循环模式。推广稻—渔—能复合系统，在潜江建设万亩"光伏小龙虾"基地，实现亩均发电收入 2000 元+水产收益 6000 元。开发畜禽粪污"三级转化"工艺，通过厌氧发酵制氢（日产能 50 吨）、沼渣制备生物炭基肥、沼液浓缩提取植物生长素。试点设施农业闭环水系统，运用反渗透膜技术实现水肥回收率超 90%，在武汉近郊建成 10 万平方米植物工厂集群。建立秸秆"五化利用"指数评价体系，在襄阳、荆门建设 3 个年产 10 万吨的纤维素乙醇示范项目。创新农膜"化学解聚—物理再造"双轨回收机制，布设 2000 个智能回收柜，通过扫码返现提升回收率至 85%。

打造"双核驱动"制度体系。建立"生态银行+碳普惠"双核机制。在神农架林区试点生态资源收储制度，将 3.2 万公顷集体林权折算为生态资产包，对接绿色债券市场融资。开发农业碳汇计量 APP，农户通过减排行为积累"楚碳分"，可在全省 2000 个定点兑换农资。实施"生态检察官"制度，设立 17 个巡回检察工作站，运用卫星遥感+无人机取证查处环境违法。创新绿色保险产品矩阵，推出耕地质量指数保险、生物多样性保护保险等 8 类险种，财政补贴保费比例达 60%。建立跨部门生态补偿智能核算平台，实现流域补偿金自动划转。

培育"六维赋能"主体集群。实施新型经营主体"钻石计划"，培育 100 家 ESG 评级达 AA 级的农业龙头企业，配套发行绿色公司债额度 300 亿元。创建"绿领人才"认证体系，联合华中农业大学开设农业碳中和微专业，年培养认证 500 名碳资产管理师。发展"数字合作社"2.0 模式，开发区块链订单管理系统，实现 5 万个小农户与盒马鲜生直连。建设长江经济带农业绿色技术交易中心，年促成技术转让 200 项以上。组建省级生态农场联

盟，制定《楚派生态农场评价标准》，2027年前认证2000家星级农场。设立农业绿色转型母基金，撬动社会资本形成500亿元投资规模。

（五）加快城乡融合发展，提升农村公共服务水平

构建"三维突破"制度创新体系。建立城乡统一户籍登记制度，在武汉都市圈试点"居住证+积分"双轨制，允许200万进城农民在保留土地权益的同时享受城镇公共服务。推进集体经营性建设用地入市改革，在鄂州、仙桃设立城乡土地交易中心，2026年前完成5000亩土地指标跨区域交易。创新"生态信用贷"产品，将农村环境治理成效转化为金融授信额度，恩施州试点中已实现户均授信提升至30万元。建立城乡要素对流促进基金，对引导城市资本下乡投资现代农业项目给予20%贴息补助，同步实施"新乡贤回归工程"，给予返乡创业人才税收"三免两减半"政策优惠。在襄阳、宜昌建设省级城乡融合发展试验区，探索跨行政区产业协作税收分成机制。

实施"四网同构"公共服务工程。构建全域覆盖的数字化公共服务网络。教育领域推进"1+N"城乡教育联合体建设，遴选30所省级示范校结对帮扶500所农村学校，配置5G全息课堂设备实现课程实时共享。医疗系统实施"三甲医院云诊室"计划，在1000个村卫生室部署智能诊疗终端，接入同济、协和等医院AI辅助诊断系统，2025年实现CT、MRI远程诊断覆盖率100%。养老服务推行"时间银行"互助模式，建立全省统一的养老志愿服务积分系统，支持跨区域兑换服务。文化服务打造"15分钟文明实践圈"，在乡镇建设200个多功能文化驿站，集成数字图书馆、非遗工坊、乡村影院等功能。建设省级公共服务数字中台，整合12个部门38类服务事项，开发"楚惠办"小程序实现"一码通办"。

推进"五基互联"设施建设工程。实施基础设施"提标延伸"专项行动。交通系统建设"四好农村路"2.0版，在武陵山区推广装配式钢混桥梁技术，改造500公里临崖路段防护工程，开行"公交化"城乡客运班线，实现县域30分钟通勤圈。水务系统推进城乡供水"同网同质"，在江汉平

原建设 10 座区域化智能水厂，通过纳米级膜处理技术使农村饮水水质达到直饮标准。能源网络实施"光伏+储能"乡村微电网工程，在随州、黄冈建设 50 个光储充一体化示范村。数字基建开展"双千兆"入村行动，2027 年前建成 5G 基站 2 万座，实现重点区域低空无人机物流网络全覆盖。环卫设施推广"智能分类—生物处理"新模式，在 200 个乡镇建设有机垃圾厌氧发酵站，配套生物天然气村级供应管网。

打造"三产融合"价值实现平台。建立城乡产业协同发展新机制。在武汉都市圈建设 10 个"前店后厂"产业协作体，城市园区负责研发设计，农村基地承接生产加工，如光谷生物城与蕲春中药材基地开展"研发—种植—提取"全链合作。发展"数字认养农业"，开发沉浸式云农场平台，消费者通过 VR 技术实时参与 5000 家家庭农场的生产管理。建设 20 个城乡融合消费新场景，将黄陂木兰文化、潜江龙虾美食等元素植入城市商业综合体，打造"一县一主题"体验专区。创新"生态价值转化"模式，神农架林区试点开发森林碳汇期货产品，预计年交易额达 5 亿元。建立"技能培训+就业对接"一体化平台，每年组织 10 万名农民参与智能制造、康养护理等新兴领域定向培训。

建立"双轮驱动"长效治理机制。构建"智慧治理+共同缔造"新型治理体系。开发城乡治理智能决策系统，集成 30 类物联感知设备数据，在洪湖流域试点洪涝灾害模拟推演平台。推广"村民说事"制度数字化升级版，建立"线上议事厅+线下工作坊"双通道，2025 年实现村级重大事项线上表决率 90% 以上。实施公共服务质量 ISO 认证计划，对教育、医疗等机构引入第三方评估，建立"五星级"服务评级体系。创新"治理效能债券"融资模式，对治理效能提升显著的乡镇给予债券额度倾斜，鄂州梁子湖区试点中已发行 5 亿元专项债。建立动态监测评价系统，设置 28 项城乡融合核心指标，每季度生成"数字孪生体检报告"，自动预警区域发展失衡风险。

B.4
2024年湖北工业经济发展报告

李非非　姚莉　邓培　周家宇*

摘　要:　2024年,湖北省工业运行取得较好成效,以高技术制造、生命健康等产业为代表的工业经济在稳步发展的同时,科技创新能力和产业竞争力也得到进一步提升。新旧动能转换加速,规上工业企业利润增速领跑全国,市场活力持续释放,提升了市场信心,为经济社会发展提供了良好动力。同时,也要看到汽车、钢铁、化工等传统产业仍占据较大比重,结构性转型压力依然较大,内外部双向需求还需进一步释放,资源要素利用还需进一步提效等短板和不足。未来需坚持稳中求进工作总基调,完整准确全面贯彻新发展理念,扎实推动高质量发展,进一步全面深化改革,为奋力打造中部崛起的战略支点夯实工业之基。

关键词:　工业经济　新旧动能转换　产业结构转型

一　2024年湖北工业运行总体概况

2024年是湖北发展进程中具有里程碑意义的重要一年,习近平总书记再次考察湖北,为新时代湖北发展定向指航。湖北省工业经济在复杂多变的国内外经济环境下,持续稳步增长,取得了显著的经济成果。通过坚持创新

---

* 李非非,湖北省社会科学院经济研究所助理研究员,管理学博士,主要研究领域为宏观经济政策、产业规划、工业经济;姚莉,湖北省社会科学院经济研究所研究员,主要研究领域为工业经济;邓培、周家宇,湖北省社会科学院经济研究所。

驱动发展、绿色发展、智能化转型等战略，湖北省工业经济稳中求进，科技创新能力和产业竞争力也进一步提升。

（一）工业生产稳步回升

2024 年，全省工业战线积极应对外部环境复杂、国内需求不足、转型压力增大等挑战，工业增长整体稳固。全年全省规模以上工业增加值比上年增长7.7%，高于全国平均水平（5.8%）1.9 个百分点（见图1）。规上工业企业营业收入达到4.7 万亿元。① 在 41 个工业大类行业中，30 个行业增加值实现增长，增长面为73.2%，比上年提高12.2 个百分点。② 从三大门类看，采矿业增加值增长 5.3%，制造业增长 7.9%，电力、热力、燃气及水生产和供应业增长 6.0%。从主要行业看，计算机通信电子行业增加值增长 24.3%；电气、化工、有色、医药行业分别增长 18.2%、13.3%、18.8%、10.7%。高技术制造业增加值增长22.7%，快于规模以上工业15.0 个百分点。智能手机、电子元件、集成电路圆片、锂离子电池产量分别增长 66.5%、52.8%、18.3%、50.5%。③

2024 年，高技术制造业占比持续提高，成为湖北工业经济发展的重要牵引力。高技术制造业、高技术服务业投资分别增长 15.4%、20.5%；④ 全省规上装备制造业增加值比上年增长 7.8%，其中，计算机、电气机械行业增加值分别增长 24.3%、18.2%，对规上工业增加值增长的贡献率分别为20.4%、11.3%；⑤ 新旧动能加速转换，重点行业增长较快，企业利润明显改善，工业经济运行总体保持回升向好态势。

---

① "湖北数据"，湖北省统计局网站，https：//tjj. hubei. gov. cn/hbsj/CityData. aspx？ DataType＝65&ReportType＝1&sNodeID＝224&utm_source＝chatgpt. com。
② 《湖北工业经济稳进提质　书写昂扬奋进新答卷》，湖北省经济和信息化厅网站，http：//jxt. hubei. gov. cn/bmdt/jjyx/202502/t20250207_5532333. shtml，2025 年 2 月 7 日。
③ 《2024 年湖北经济运行情况》，湖北省统计局网站，https：//tjj. hubei. gov. cn/tjsj/tjfx/qstjfx/202501/t20250122_5514992. shtml，2025 年 1 月 22 日。
④ 湖北省人民政府新闻办公室：《湖北举行 2024 年经济运行情况新闻发布会》，http：//www. scio. gov. cn/xwfb/dfxwfb/gssfbh/hb_13842/202501/t20250124_883495_m. html，2025 年 1 月 22 日。
⑤ 《【数据解读】工业经济回升向好 新旧动能加速转换》，湖北省人民政府网，https：//www. hubei. gov. cn/zhuanti/2024zt/hbjjsj2024/sjjd/202501/t20250124_5519149. shtml，2025 年 1 月 24 日。

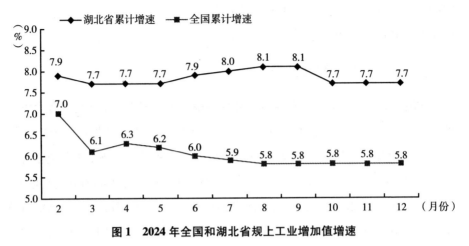

图1　2024年全国和湖北省规上工业增加值增速

资料来源：湖北省统计局、国家统计局。

（二）新旧动能转换加速

湖北省通过智能化改造传统产业、培育新兴产业以及绿色低碳转型，构建了新旧动能协同发力的生态体系。高技术制造业占比持续提高，工业技改投资增长10.2%，连续10个月保持两位数增长；汽车、钢铁、化工转型三大攻坚战成效明显，新能源汽车产量达50.7万辆、增长29.3%，优特钢占比超过50%，精细化工占比达到40%；[1] 新动能快速壮大：武钢"5G智慧钢厂"实现"一键式炼钢"，铁水运输效率提升10%；[2] 美的集团荆州5G全连接冰箱工厂入选全球"灯塔工厂"，生产效率提升52%；[3] 宜昌宁德时

---

① 《湖北年报解读②｜经济规模首次入列"6万亿俱乐部"，提前达成"十四五"目标》，21世纪经济报道，https://www.toutiao.com/article/7463022695702118938/? upstream _ biz = doubao&source=m_redirect&wid = 1753753655336，2025年1月23日。

② 《实施产业倍增　夯实支点之基》，《湖北日报》2025年2月9日，https：//roll.sohu.com/a/857044782_121372103。

③ 《"赛马"夺魁，"灯塔工厂"照亮荆州经开区》，荆州新闻网，2024年10月17日，https：//baijiahao.baidu.com/s? id=1813127165592427910&wfr=spider&for=pc。

代邦普产业园构建新能源电池回收体系，锂离子电池循环利用率超 90%。[①]
这些案例展现了湖北在传统产业升级、新兴产业突破和绿色转型方面的显著
成效，为全国工业转型升级提供了"湖北样本"。

（三）装备制造业增长较快

2024 年，湖北省装备制造业在"两新"政策的推动下，发展势头强劲，
规上装备制造业增加值同比增长 7.8%，增速比上年加快 1.5 个百分点，且
增速超过全省规上工业整体水平，对规上工业增加值增长的贡献率达
34.0%；其中，计算机行业和电气机械行业表现突出，增加值分别增长
24.3%和 18.2%，贡献率分别为 20.4%和 11.3%；在产品产量方面，家用洗
衣机和家用电冰箱分别增长 60.5%和 22.1%，新能源汽车增长 29.3%，金
属切削机床和传感器的产量分别增长 38.0%和 11.5%。[②] 这些数据表明，湖
北省装备制造业不仅在传统领域稳步增长，而且在高技术和绿色产业方面取
得了显著进展，推动了全省工业的高质量发展。

（四）企业利润得到改善，市场信心提升

2024 年，湖北省规上工业企业利润增速领跑全国，市场活力持续释放，
营商环境优化显著提升企业信心。1~11 月规上工业企业利润总额为
2067.40 亿元，同比增长 18.8%，增速居全国第 3 位、中部地区第 1 位。[③]
减负政策释放活力，工商业电价均价折算比上年降低 3.8 分/千瓦时，前 11
月已减免物流通行费 50.56 亿元，全省经营主体总数突破 900 万户。[④] 金融

① 《回收利用废旧动力电池　宜昌邦普项目碳酸锂月产达 1100 吨》，宜昌高新技术产业开发区管理委员会官网，2024 年 1 月 18 日，http：//gxq. yichang. gov. cn/content-20-23071-1. html。
② 《工业经济回升向好　新旧动能加速转换——2024 年全省工业数据解读》，湖北省统计局网站，https：//tjj. hubei. gov. cn/tjsj/tjfx/qstjfx/202501/t20250126_5520678. shtml，2025 年 1 月 26 日。
③ 《2024 年湖北工业经济量质齐升》，《湖北日报》2025 年 1 月 25 日，http：//news. cnhubei. com/content/2025-01/25/content_18893313. html。
④ 《一图读懂 2024 年湖北经济工作》，《湖北日报》2024 年 12 月 25 日，https：//finance. sina. cn/2024-12-25/detail-inearkfy 7833718. d. html。

与科技协同支撑,湖北省国资委组织省属企业先后申报三批超长期特别国债项目 72 个,全年获批超长期国债资金 311.21 亿元,支持省属企业申报"两新"项目 144 个,全社会研发投入增长 12.2%,增幅居全国第三,① 7 纳米自动驾驶芯片等关键技术填补国内空白。②

二 湖北省工业重点产业发展情况

(一)高技术制造业

2024 年,全省技术合同成交额达 5500 亿元,③ 科技成果就地转化率提高至 67%④,科技创新综合实力位居中部第一、全国第八⑤;高新技术企业数量突破 3 万家,科技型中小企业达 4.5 万家⑥;2024 年国家级 5G 工厂名录中,湖北国家级 5G 工厂数量位居全国前五、中部第二⑦;九峰山实验室两年培育 30 家创新企业,总估值超百亿元;华星光电连续多年专利数位列全省第一,2024 年出货量位居全球第二,全球领先、全国首条喷印 OLED

---

① 《"新"潮澎湃"新"路领航——写在 2025 年湖北省科技创新大会召开之际》,湖北省人民政府网,https://www.hubei.gov.cn/zwgk/hbyw/hbywqb/202501/t20250106_5490703.shtml,2025 年 1 月 6 日。
② 《湖北省属企业 2024 年完成投资超 2700 亿元 同比增长 18%》,国务院国有资产监督管理委员会网站,2025 年 1 月 21 日,http://www.sasac.gov.cn/n16582853/n16582893/c32646056/content.html。
③ 《湖北省科技厅多举措提升科技成果转化效能》,湖北省科技厅网站,https://www.most.gov.cn/dfkj/hub/zxdt/202505/t20250526_193660.html,2025 年 5 月 26 日。
④ 《中国新闻网:中国光谷 GDP 上新台阶 锚定创新"关键变量"》,武汉市人民政府网,https://www.wuhan.gov.cn/sy/kwh/202502/t20250210_2530783.shtml,2025 年 2 月 10 日。
⑤ 《科技强省建设成势见效 湖北创新能力进入全国"第一方阵"》,湖北省人民政府网,https://www.hubei.gov.cn/zwgk/hbyw/hbywqb/202205/t20220519_4133394.shtml,2022 年 5 月 9 日。
⑥ 《2024 年湖北经济运行情况解读》,湖北省统计局网站,https://tjj.hubei.gov.cn/tjsj/tjfx/qstjfx/202501/t20250122_5515003.shtml,2025 年 1 月 22 日。
⑦ 《聚焦 2024 中国 5G+工业互联网大会 | 2024 年国家级 5G 工厂名录发布 湖北数量位居全国前五》,湖北省经济和信息化厅网站,https://jxt.hubei.gov.cn/bmdt/ztzl/wqzt/hlwdh/hdxx/202411/t20241120_5420984.shtml,2024 年 11 月 20 日。

显示面板生产线建成投产；华工科技中央研究院坚持开放创新，研发出有竞争力产品，带动公司海外市场营收连年大幅增长，2024年增幅超30%。光谷两大特色产业光电子信息、生命健康产业规模分别突破6000亿元、2000亿元，新型显示产业产值突破600亿元，诞生了国产数据库、中国电竞、交互式AI等新兴产业"全国第一股"；① 在第六批国家级专精特新"小巨人"企业名单中，湖北省入围企业数量达72家，占全国总数的2.39%，排名全国第九位，其中新增"小巨人"企业所属行业主要涉及生物科技与医疗、电子技术与新能源、电子技术与新能源、材料与化工等领域。②

（二）汽车产业

汽车制造是湖北省的第一支柱产业，湖北省的汽车制造以武汉为龙头，形成了包括襄阳、十堰、随州在内的武襄十随汽车产业大走廊。2024年湖北汽车产业向"新"而行，在新能源与智能化转型中表现亮眼，湖北新能源汽车产量突破50万辆，增长33%,③ 占全国总产量比重进一步提升。新能源与智能网联汽车产业转型迈出新步伐、产业创新实现新突破、供应链建设塑造新优势、行业生态呈现新气象。全省已建成新能源汽车产能达到150万辆量级。④ 湖北汽车产业转型升级过程中，东风汽车一直发挥着产业龙头作用。东风汽车量产的行业首创构型的马赫PHREV技术，经中汽中心认证，其马赫动力混动专用发动机最高有效热效率达到47.06%，站上技术制高点。⑤ 东风汽车自主研发出三颗芯片——一颗MCU（微控制器）芯片、

---

① 《自主创新技术世界领先领跑 光谷综合排名升至全国高新区第6位》，中国日报网，https：//hb. chinadaily. com. cn/a/202502/11/WS67ab04d6a310be53ce3f4f1f. html，2025 年 2 月 11 日。

② 《3012 家！第六批国家级专精特新"小巨人"企业名单汇总》，搜狐，https：//www. sohu. com/a/814564951_121124358，2024 年 10 月 8 日。

③ 《湖北 2024 年新能源汽车产量突破 50 万辆，增长 33%！》，《长江日报》2025 年 1 月 16 日。

④ 《湖北汽车产业向万亿疾驰》，湖北省经济和信息化厅网站，https：//jxt. hubei. gov. cn/bmdt/cyfz/202409/t20240930_5354811. shtml，2024 年 9 月 30 日。

⑤ 《热效率突破 47.06%，东风汽车何以让马赫电混 PHREV 傲视群雄?》，搜狐，https：//www. sohu. com/a/812882949_211762，2024 年 9 月 30 日。

一颗 H 桥驱动芯片、一颗高边驱动芯片，打破国外厂商的长期垄断。智能网联产业串珠成链，已集聚智能网联汽车相关企业超 300 家，其中亿咖通科技、路特斯在纳斯达克上市，黑芝麻智能在港交所上市，成为"智能汽车 AI 芯片第一股"。① 目前，全省已初步构建了覆盖车规级芯片、高精地图、人工智能、车联网、智能座舱、研发测试等软硬件创新和服务主体的智能网联汽车产业链。

（三）生命健康产业

生命健康产业关系人民健康福祉，是新质生产力的重要引擎。湖北生命健康产业技术创新发力提速，一系列全球领先的创新成果陆续推向市场，关键领域的空白技术加速突破，自主研发的新药产品也获得批准并正式上市。例如，中科极化公司研发的人体肺部多核磁共振成像设备成功实现了肺部成像技术的突破，填补了全球同类产品的空白，成为首个获批上市的相关设备；武汉微新坦公司则攻克了"心肌旋切"技术，解决了"不开胸、不停跳"切除肥厚心肌这一世界性难题，成为全球首家掌握该技术的企业。武汉市已形成高端医疗装备和生物创新药产业集群，规模近 5000 亿元；宜昌市重点发展化学药和原料药，规模超 800 亿元；黄冈市依托蕲艾资源打造特色中药产业集群，规模超 500 亿元；咸宁市集中发展康养产业，规模超 600 亿元。截至 2024 年 6 月底，全省生命健康规上企业达 4976 家，同比增长 16.7%。为了推动生命健康产业的发展，湖北已健全财政政策保障体系，率先在省级层面出台了首台（套）高端医疗装备示范应用政策，完善了生命健康产业专项资金管理办法。②

---

① 《湖北汽车产业向万亿疾驰》，湖北省经济和信息化厅网站，https://jxt.hubei.gov.cn/bmdt/cyfz/202409/t20240930_5354811.shtml，2024 年 9 月 30 日。

② 《湖北举行"庆祝新中国成立 75 周年　推动高质量发展"系列新闻发布会（第二场）》，中华人民共和国国务院新闻办公室网站，2024 年 9 月 23 日，http://www.scio.gov.cn/xwfb/dfxwfb/gssfbh/hb_13842/202409/t20240925_867119.html。

表1　2024年1~12月湖北省规模以上工业重点行业增加值增速及占比

单位：%

项目	增加值增速	增加值占规上工业比重
总计	7.7	—
汽车制造业	−1.90	10.34
电力、热力生产和供应业	6.00	7.53
烟草制品业	0.10	6.59
农副食品加工业	2.70	4.35
计算机、通信和其他电子设备制造业	24.33	7.01
通用设备制造业	−2.30	2.12
非金属矿物制品业	7.50	6.05
黑色金属冶炼和压延工业	0.90	2.78
铁路、船舶、航空航天和其他运输设备制造业	7.00	0.41
化学原料和化学制品制造业	13.30	9.46
电气机械和器材制造业	18.20	5.34
纺织业	3.30	2.76
高耗能产业	9.20	32.70
装备制造业	7.80	31.60

资料来源：Wind数据库，下同。

（四）传统行业

2024年，传统产业加速转型升级，全省工业技改投资增长10.2%；如表1所示，全年来看，计算机、通信和其他电子设备制造业转型升级成效显著，增加值增长24.33%；化学原料和化学制品制造业、电气机械和器材制造业持续增长，分别增长13.30%、18.20%；高耗能产业以及装备制造业增加值分别增长9.20%、7.80%，实现平稳增长；电力、热力生产和供应业，烟草制品业，农副食品加工业，非金属矿物制品业，黑色金属冶炼和压延工业，铁路、船舶、航空航天和其他运输设备制造业，纺织业分别增长6.00%、0.10%、2.70%、7.50%、0.90%、7.00%、3.30%，均低于全省整体工业增速；汽车制造业、通用设备制造业受到冲击，增速分别为

−1.90%、−2.30%。虽然全省农副食品加工业，非金属矿物制品业，化学原料和化学制品制造业，黑色金属冶炼和压延加工业，铁路、船舶、航空航天和其他运输设备制造业增加值实现正增长，但相关行业内企业利润减少，尤其是汽车制造业利润总量比上年明显下降（见表2）。

表2　2024年1~11月湖北省规模以上工业重点行业利润及增速

单位：亿元，%

项目	利润	增速
高耗能产业	625.93	4.36
装备制造业	611.28	68.27
重点产业		
汽车制造业	95.74	−29.00
烟草制品业	123.98	1.30
纺织业	46.29	0.50
农副食品加工业	85.09	−3.90
非金属矿采选业	133.28	−3.80
通用设备制造业	51.22	−23.40
电力、热力的生产和供应业	255.37	8.70
电气机械及器材制造业	213.54	32.60
化学原料及化学制品制造业	172.31	−4.20
黑色金属冶炼及压延加工业	21.48	−14.00
计算机、通信和其他电子设备制造业	127.17	189.20
铁路、船舶、航空航天和其他运输设备制造业	8.58	−26.00

三　2024年湖北工业发展存在的问题

总的来看，2024年湖北省工业经济通过高技术产业引领、传统产业升级、绿色转型与开放协同的多维驱动，政策效应不断显现，积极因素累积增多，实现了"量质齐升"，为全省GDP突破6万亿元（同比增长5.8%）提供了核心支撑。① 同时也要看到，当前外部环境更趋复杂严峻，国内有效需求不足，经济回升向好基础仍需加力巩固，省内亦存在着工业发展受限的问题。

（一）产业结构有待进一步优化

尽管湖北省在 2024 年取得了显著的工业增长，但传统产业如汽车、钢铁、化工等仍占据较大比重，部分传统产业仍处于产业链中低端。以钢铁产业为例，尽管湖北部分钢铁企业在 2024 年努力转型，优特钢占比超过 50%，但与江苏等钢铁产业发达省份相比，在高端钢材生产上仍有差距。一些高端特种钢材，如用于航空航天、高端装备制造的特殊合金钢，湖北本地企业生产能力有限，还需大量进口。在化工产业，虽然精细化工占比达到 40%，但在高端化工新材料领域，如高性能工程塑料、电子化学品等，湖北企业的市场份额较低，产品附加值不高，面临较大的市场竞争压力。② 此外，湖北省高技术制造业在 2024 年表现强劲，然而高技术制造业产业链中仍存在关键环节的短板，如部分核心零部件依赖进口，产业生态不够完善。此外，高技术制造业的发展还面临技术创新能力不足、高端人才短缺等问题。在区域产业结构方面，仍存在区域间的工业发展不平衡情况。武汉、宜昌、黄石等经济强市工业发展较快，而部分偏远地区工业基础薄弱，发展滞后。这种区域不平衡导致资源分布不均，部分地区难以吸引到足够的投资和技术支持。

（二）内外部双向需求拉动仍显动力不足

在内需市场动力方面，一方面消费预期下降，恢复动力不足，另一方面表现为有效投资扩大存在难点和堵点。2020 年以来，受疫情冲击，湖北省社会消费品零售总额同比增速波动较大。在"两新"政策下，虽然部分消

---

① 《2024 年湖北 GDP 突破 6 万亿元 同比增长 5.8%》，中国新闻网，https：//www. chinanews. com. cn/cj/2025/01-22/10358263. shtml，2025 年 1 月 22 日。

② 《2024 年湖北经济运行情况解读》，湖北省统计局网站，https：//tjj. hubei. gov. cn/tjsj/tjfx/qstjfx/202501/t20250122_5515003. shtml，2025 年 1 月 22 日。

费领域如新能源汽车、家电等表现较好，但整体消费市场仍需进一步提振，居民消费意愿仍显保守。此外，在有效投资上，企业生产经营放缓，制约了制造业的投资需求，部分企业面临资金紧张、市场预期不稳定等问题，导致投资意愿不足；房地产等重点行业虽然逐渐回稳，但钢铁、建材、家具等相关行业的投资增长仍显乏力。在外需动力方面，2024年，全球经济形势不确定性增加，海外经济体衰退风险加大、全球通货膨胀高企、货币政策收紧以及地缘政治因素发酵等，都给湖北省的出口贸易带来较大挑战。部分海外订单向其他发展中国家转移，导致湖北省对欧美等发达国家的出口贸易不确定性增加。

（三）资源要素利用和集聚能力待提升

部分地区在吸引资金、技术、人才等资源要素方面能力较弱。以潜江为例，尽管当地能源矿产资源丰富，具备页岩油开发、卤水提锂等资源优势，但在转化为产业优势的过程中，缺乏完善的科研配套和产业承接能力，导致资源开发利用受阻。汉江盆地页岩油资源量可观，可由于页岩层内储层改造难度大、单层厚度薄易盐堵、盐溶地层易垮塌等技术难题，勘探开发仍需持续加力，这使得外部资金和技术人才对投资开发望而却步。同时，本地培养的相关专业人才也因发展空间有限，流向发达地区，进一步加剧了资源要素的短缺，制约了当地工业发展。

此外，土地资源利用不合理情况在全省较为普遍。从整体数据来看，湖北人均耕地面积仅1.21亩，比全国人均少0.16亩。[①] 建设用地虽不断增加，但存量土地总量在全国排名靠前，城乡建设用地集约程度不够。在工业园区中，存在大量批而未供、供而未用的存量低效用地。在一些工业园区内，部分企业因前期规划不合理或资金链断裂等问题，占用大量土地却长期闲置，导致园区土地资源紧张，新兴企业难以入驻，限制了产业的更新换代和规模

---

① 《湖北省处置闲置土地17.81万亩 收回面积居全国第一》，湖北省自然资源厅网站，https：//zrzyt. hubei. gov. cn/bmdt/zrzyyw/202411/t20241119 _5419333. shtml，2024年11月19日。

扩张。尽管各地积极探索盘活方式，如宜昌出台"商改住""预转让"政策，黄石以"监督转让"方式促成土地流转，但仍存在诸多阻碍，土地资源利用效率亟待提升。

四 2025年湖北工业发展展望

2025 年是全面贯彻党的二十届三中全会精神的开局之年，是决胜"十四五"、谋划"十五五"的关键之年。湖北应坚定不移地以习近平新时代中国特色社会主义思想为指引，全面贯彻落实党的二十大、二十届二中、二十届三中全会以及中央经济工作会议的重要精神，切实执行省第十二次党代会和历次全会的决策部署。在工作中，坚持稳中求进的总基调，完整、准确、全面贯彻新发展理念，稳步推进高质量发展进程。同时，持续深化全面改革，为加快构建全国新发展格局的先行区，以及为全面建设社会主义现代化国家贡献荆楚力量，筑牢坚实的工业基础。

（一）加速推进产业升级与结构优化

一是着力推动传统产业转型升级。加速推动传统产业向高端化、智能化、绿色化转型。鼓励支持企业优化产品结构，持续加大技术改造投入，加强对高端新材料、新工艺、新技术的研发，提高精细化工产品的比例，逐步摆脱对传统低端产品的依赖，提升产品附加值。通过引入先进的生产工艺和设备，实现生产过程的节能减排，降低环境污染。二是着力推动现有新兴产业更高水平发展。坚持充分发挥光电子信息、新能源与智能网联汽车、大健康等战略性新兴产业的创新突破引领作用。对于光电子信息产业，应抢抓"人工智能+"机遇，为未来智能世界的发展提供强大的基础设施支持。深入推进湖北新能源与智能网联汽车产业链完善，从电池生产到整车制造，再到智能驾驶技术研发，各环节协同发展，逐步形成具有国际竞争力的产业集群。不断壮大大健康产业，加强产学研用深度融合，"链"出生物医药产业新空间，推动大健康产业向纵深发展。三是着力推动产业融合发展。强化以

人工智能为核心的技术研发、以智能制造为重点的产业升级和以智慧城市为依托的智慧应用，深入实施数字新基建、开源新体系等"五新工程"，将新建 5G 基站 2.3 万个以上[①]，加快推进制造业企业"上云用数赋智"，建设全国数据要素市场中部枢纽，完成 1 万家规上工业企业数智化转型，新建"灯塔工厂"、无人工厂、数字孪生工厂 100 家以上，数字经济核心产业增加值超过 6000 亿元，努力把湖北打造成全国数实融合发展示范区。[②]

（二）前瞻性布局未来产业，全力抢占产业发展制高点

在量子科技领域，通过实施创新突破发展、科技成果转化等五大工程，全力打造全国量子科研高地与产业高地。计划建成国际国内一流的量子科技创新引领区、产业集聚区、应用示范区，培育 20 个以上领军专家团队、100 名以上骨干科研人员，建成 4 个以上量子科技产业园和孵化器。同时，设立 20 亿元省级量子科技产业投资基金，构建"产学研检用"协作体系，聚焦五大领域关键技术攻关，促进科技成果转化。[③] 人工智能产业方面，围绕"333"发展路径，全力推进产业发展，力争进入全国第一方阵。到 2025 年，产业规模预计超 1500 亿元，在智能芯片、多模态大模型等重点领域取得 100 项以上重大标志性成果，新建 1~2 家全国重点实验室，打造 5 家以上省级创新平台，培育 30 家以上有影响力的人工智能高新技术企业。[④] 通过实施技术攻关夯基、智能产品升级等五大行动，构建关键技术领先、特色应用引领、软件硬件均衡发展的产业体系。加速布局区块链技术应用，打造区域链网产业应用创新平台。到 2025 年建成区块链服务网络湖北省主干网，加速区块链在重点产业集群的深度覆盖和创新应用，推动制造业数字化转型。

① 《比 5G 还快 10 倍的 5G-A 您用上了吗?》，湖北省经济和信息化厅网站，https://jxt. hubei. gov. cn/bmdt/rdjj/202505/t20250516_5652976. shtml，2025 年 5 月 16 日。
② 《2025 年新春，探访"鄂"的新质生产力》，《湖北日报》2025 年 1 月 31 日。
③ 《湖北省加快发展量子科技产业三年行动方案》，湖北省人民政府网，2023 年 11 月 16 日，http://www. hubei. gov. cn/zwgk/hbyw/hbywqb/202311/t20231116_4947889. shtml。
④ 《2025 年产业规模超 1500 亿元，湖北人工智能产业锚定全国第一方阵》，第一财经，2023 年 11 月 13 日，https://m. yicai. com/news//01902643. html。

（三）提升要素利用和聚集能力，注入强大资源禀赋

一是完善产业配套设施。湖北应在更多产业领域加强基础设施建设，打造产业集群发展的硬件支撑。如在量子科技产业，加快量子通信网络、量子计算实验室等基础设施建设，为产业发展提供保障。二是加强人才培养与引进。一方面，推进高效率科研攻关。强化"61020"科技创新成果体系和"71020"高校学科创新体系建设，重点围绕生物制造、人工智能等领域，加快突破一批前沿性颠覆性技术。另一方面，更大力度汇聚高层次创新人才。实施战略帅才、领军将才、产业英才、青年俊才"十百千万"行动，用3~5年时间，培养引进10名战略科学家、100名科技领军人才、1000名高水平工程师、10000名优秀青年科技人才，以人才的风云际会助推湖北发展的风生水起。[①] 三是强化金融支持。加大对工业发展的资金投入，设立产业投资基金。如湖北计划设立20亿元省级量子科技产业投资基金，为量子科技产业发展提供资金保障。同时，鼓励金融机构创新金融产品和服务，针对中小企业融资难问题，开发知识产权质押贷款、供应链金融等产品，拓宽企业融资渠道。四是建立要素共享平台，促进资源高效配置。打造工业互联网平台，实现企业间信息共享、技术共享和设备共享。布局建设多类型、多层次科技成果转移和孵化平台，强化知识产权创造运用保护，以产业发展应用需求为导向，以培育形成优质产业链为载体，充分发挥企业创新主体作用，鼓励大中小企业组建协同创新联合体，推动规上工业企业加快实现研发机构和研发活动全覆盖。

（四）坚持供需两端协同发力、消费投资互促共进

一是精准发力扩大有效投资。扎实开展投资提质年活动，更加注重以政府投资撬动社会投资，全年将实施亿元以上项目1.6万个，投资增长7%左

[①] 《政府工作报告》，湖北省人民政网，2025年1月24日，http：//www.hubei.gov.cn/zwgk/hbyw/hbywqb/202501/t20250124_5517992.shtml。

右；着眼工业经济转型升级，将加快国家中部先进算力集群、孝感楚能新能源二期、荆门石化特种油基地等5500个重大项目建设，年度投资7200亿元以上。着眼基础设施提档升级，加快三峡水运新通道、汉江航道整治、汉宜高速扩容、川气东送二线等3100个重大项目建设，年度投资5400亿元以上。① 二是顺应服务消费快速增长趋势。积极发展首发经济、冰雪经济、银发经济，加快数智诊疗、家用机器人、新一代低空飞行器等消费产品研发，培育乐享消费、智慧消费以及"展会+""演艺+""体育+"等多元化消费模式，争创武汉国际消费中心城市，加快建设襄阳、宜昌区域性消费中心城市。三是积极主动抢抓政策机遇。抓住用好"两重""两新"等宏观政策加力扩围的窗口期，找准湖北的切入点、发力点，做实做细前期工作，争取更多重大项目和政策红利落地湖北，在新一轮区域发展中抢占先机、厚植优势。

---

① 《政府工作报告》，湖北省人民政府网，2025年1月24日，http：//www.hubei.gov.cn/zwgk/hbyw/hbywqb/202501/t20250124_5517 992.shtml。

B.5
2024年湖北服务业经济发展报告

谢青　袁莉*

摘　要：　湖北省服务业以高质量发展为主线，以产业转型和消费升级为导向，坚持生产性与生活性服务业并重，行业发展迅速，结构不断优化，新兴业态发展势头强劲，在稳就业、促消费、强经济等方面发挥了关键作用，为全省经济稳增长提供了坚实支撑。

关键词：　现代服务业　生产性服务业　生活性服务业　湖北

一　湖北省服务业发展现状

推动服务业高质量发展、构建优质高效服务业新体系，是贯彻落实党的二十大精神的重要举措，也是加速新质生产力发展、推进现代化产业体系建设的本质需求。2024年，湖北省服务业以高质量发展为主线，聚焦"十四五"规划目标，持续优化产业结构，加快数字化转型，推动新动能壮大。以产业转型和消费升级为导向，坚持生产性与生活性服务业并重，行业发展迅速，结构不断优化，新兴业态发展势头强劲。在复杂多变的国内外经济环境下，全省服务业总体呈现"稳中提质、结构优化、创新活跃"的特征，在稳就业、促消费、强经济等方面发挥了关键作用，为全省经济稳增长提供了坚实支撑。

* 谢青，湖北省社会科学院经济研究所助理研究员，管理学博士，主要研究领域为新兴产业、政策研究；袁莉，湖北省社会科学院经济研究所副研究员，主要研究领域为民营经济、公共政策评价等；湖北省社会科学院经济研究所硕士研究生江露、张双、聂子怡、谢诚参与了报告的撰写。

（一）服务业发展总体情况

总体增长稳健。2024 年，湖北省第三产业增加值高达 32977.03 亿元，同比增长 5.9%，其增速较全国平均水平高出 0.9 个百分点。服务业占全省生产总值的比重为 55.0%，较上年提升 0.5 个百分点。服务业拉动全省生产总值增长 3.1 个百分点，贡献率达 53.2%。[①]

规上服务业主引擎作用凸显。2024 年 1~11 月，湖北省规上服务业营业收入迅猛增长，累计 11198.15 亿元，同比增长率突破 10%。其中多式联运和装卸搬运业增速领先，分别增长 66.4%、31.5%；互联网相关服务、居民服务和文体娱服务业分别增长 16.1%、16.8% 和 12.1%。

生产性服务业稳中向好。2024 年 1~11 月，全省规上生产性服务业企业实现营业收入 8170.14 亿元，占规上服务业营业收入比重达 73.0%，较上年同期提高 0.4 个百分点。规上生产性服务业企业营业收入同比增长 11.6%，快于规上服务业增速 1.5 个百分点，拉动规上服务业营业收入增长 8.3 个百分点，贡献率达 82.6%。其中，人力资源管理与职业教育培训服务、商务服务、生产性租赁服务营业收入分别增长 17.5%、18.8% 和 15.3%。

生活性服务业快速增长。文化消费潜力逐步释放，2024 年 1~11 月，全省规上文化、体育和娱乐业实现营业收入 249.90 亿元，增长 12.1%。2024 年 1~11 月，湖北省累计接待游客数量同比增长 12.7%，旅游总收入增长 17.8%。全省 1942 家旅行社签订电子合同 37.5 万份，合同金额达 36.8 亿元，同比分别增长 35.7% 和 27.5%。[②] 智能绿色商品消费快速增长，限额以上计算机及其配套产品、新能源汽车、智能家用电器和音像器材、智能手机零售额分别增长 37.3%、42.0%、15.4%、24.1%。限额以

① 《服务业较快增长　新兴动能持续壮大——2024 年全省服务业》，湖北省统计局网站，http：//tjj. hubei. gov. cn/tjsj/tjfx/qstjfx/202501/t20250126_5520699. shtml。
② 《今年湖北文旅市场保持高热度　累计游客接待量增长 12.7%》，湖北人民政府网，https：//www. hubei. gov. cn/zwgk/hbyw/hbywqb/202411/t20241107_5403600. shtml。

上网络商品零售额增长 24.2%, 拉动限额以上商品零售额增长 4.5 个百分点。①

各市州服务业增长稳中有进。2024 年, 武汉市第三产业增加值 14014.96 亿元, 增长 6.1%。② 2024 年前三季度, 襄阳市第三产业实现增加值 1999.85 亿元, 同比增长 5.5%。2024 年, 荆州市第三产业增加值 1605.17 亿元, 同比增长 4.6%。2024 年, 十堰市第三产业增加值 1393.1 亿元, 增长 5.5%。2024 年, 荆门市第三产业增加值 1136.50 亿元, 增长 5.3%。2024 年, 鄂州市上半年第三产业增加值 289.64 亿元, 增长 5.3%。2024 年, 黄冈市第三产业增加值 1547.38 亿元, 增长 6.2%。③ 2024 年, 咸宁市第三产业增加值 1020.04 亿元, 增长 5.8%。④ 2024 年前三季度, 恩施土家族苗族自治州第三产业增加值 627.22 亿元, 同比增长 5.4%。2024 年, 仙桃市第三产业增加值为 504.04 亿元, 同比增长 5.6%。⑤ 2024 年 1~8 月, 神农架林区规上服务业实现营业收入 29914.3 万元, 同比增长 2.11%。

(二) 重点工作开展情况

出台系列政策。2024 年, 湖北省围绕服务业高质量发展, 出台了一系列政策措施, 并开展了多项重点工作, 旨在进一步优化服务业结构、激发市场活力、推动新兴业态发展。《湖北省数字经济发展 2024 年工作要点》强调了数字物流提速发展, 推动供应链物流、"联链通"等公共服务平台覆盖扩面。省发展改革委发布《2024 年度湖北省服务业重点项目清单》,

① 《2024 年湖北经济运行情况》, 湖北省统计局网站, http://tjj. hubei. gov. cn/zfxxgk_GK 2020/zc_GK2020/gfxwj_GK2020/202501/t20250126_5520884. shtml。
② 《2024 年武汉市经济运行情况》, 武汉市统计局网站, https://tjj. wuhan. gov. cn/ztzl_49/ xwfbh/202501/t20250126_2526274. shtml。
③ 《2024 年黄冈经济运行情况》, 云上黄网, 2025 年 1 月 27 日, https://huanggang. cjyun. org/p/452864. html。
④ 《2024 年咸宁市 GDP 数据发布》, 咸宁市人民政府网, 2025 年 2 月 10 日, http://www. xianning. gov. cn/xxgk/xxgkml/tjsj/tjfx/202502/t20250210_3902805. shtml。
⑤ 《从千亿扩容看仙桃"城市生长力"》, 《仙桃日报》2025 年 1 月 23 日, https://xiang yang. cjyun. org/p/582780. html。

充分发挥服务业重点项目扩投资、稳增长的支撑作用，共有 183 个项目入选，总投资达 1292 亿元。其中，具备赋能制造业能级提升功能的生产性服务业项目有 120 个，涵盖科技服务、现代物流、软件和信息服务等领域，占比超六成，总投资 657.1 亿元；满足人民群众美好生活需要的生活性服务业项目有 63 个，总投资 635.7 亿元，涉及文化旅游、现代商贸、医养健康等领域。此外，湖北省服务业工作领导小组 2023 年印发的《湖北省推动生产性服务业高质量发展三年行动方案（2023—2025 年）》和湖北省人民政府办公厅 2022 年印发的《湖北数字经济强省三年行动计划（2022—2024 年）》继续实施，扎实推动生产性服务业持续增长，推进服务业数字化发展。

举办丰富的活动。发放"惠购湖北"消费券 5.5 亿元，拉动消费超 120 亿元，重点支持零售、餐饮等生活性服务业。通过网络消费线下宣传活动、直播电商活动等，拓展数字消费内需空间。2024 年湖北全年安排文旅惠民消费券和引客入鄂奖励资金近 2 亿元，有效激活了文旅市场，全年游客接待量同比增长 12.8%，提升了"知音湖北，遇见无处不在"的品牌形象。通过举办全球旅行商大会等方式，成功邀请来自 28 个国家和地区的 102 位重要旅行商代表访问湖北，促进了包括"神武侠"在内的特色旅游产品走向世界舞台。

推动重大项目。通过启动 2024 年度全省服务业重点项目申报工作，重点聚焦于现代服务业，举办现代服务业高质量发展培训班，推进全省服务业重点项目建设、两业融合。成功举办 2024 年招商引贸对接交流会，集中签约项目 24 个，旨在提升外贸发展新动能、培育外贸新业态新模式、拓展国际贸易供应链等。武汉市交通运输局推进强枢纽建设，推动 45 个重点项目实施，在铁水联运能力、集疏运体系、设备更新升级、信息化建设方面持续发力，牢牢夯实交通物流降本提质增效基底。三峡水运新通道和荆汉运河项目加快推进，将大幅提升长江中游航运能力。武汉阳逻港铁水联运一期成为内河率先突破 10 万标箱大关的单体项目，全省水路货物运输量 7.6 亿吨，累计完成集装箱铁水联运量 24.86 万标箱。

创新金融服务。2024 年 11 月，湖北出台《关于进一步加强全省融资担保体系建设更好服务经济高质量发展的若干措施》，从落实风险分担和尽职免责、强化正向激励和政策支持、推动体系建设提档升级、推动增信服务提质增效、加强组织保障五大方面提出 17 条硬举措，以进一步推进地区均衡发展、畅通银担合作、促进政策落实。12 月，湖北省人民政府办公厅印发《关于加强财政金融协同服务科技创新的若干措施》（简称"22 条"），从创业投资、资本市场、科技信贷、科技金融生态、服务保障机制 5 个方面提出了 22 条政策措施。"22 条"旨在有效发挥财政政策与金融工具的协同效应，引导更多金融和社会资本支持科技创新，培育更优的科技金融生态体系，推动形成以股权投资为主、"股贷债保"联动的支撑体系，降低企业的融资难度和成本。

二 湖北省服务业重点产业发展情况

根据《湖北省服务业发展"十四五"规划》要求，湖北省"十四五"期间重点推进金融业、现代物流业、商务服务业、研发设计和科技服务业、软件和信息技术服务业等五个生产性服务业专业化高端化发展；重点推进商贸服务业、文化和旅游业、健康服务业、家政服务业、房地产五个生活性服务业向高品质多样化发展。湖北省服务业各重点产业 2024 年发展情况具体如下。

（一）金融服务水平持续提升

2024 年湖北省金融行业运行呈现总量稳定增长、结构不断优化、水平持续提升的态势。社会融资规模增长同经济增长和价格水平预期目标相匹配，信贷资金投放对重点领域和薄弱环节的支持力度持续加大。2024 年湖北省金融机构人民币本外币信贷收支情况如表 1 所示。

表1   2024年湖北省金融机构人民币本外币信贷收支情况

单位：亿元

金融机构人民币信贷收支表	2024年末	比2024年初增减
各项存款	94021.76	6894.55
（一）境内存款	93899.05	6909.17
1. 住户存款	59053.99	6122.94
2. 非金融企业存款	19912.40	−1.41
3. 广义政府存款	11987.08	517.47
4. 非银行业金融机构存款	2945.58	270.17
（二）境外存款	122.72	−14.62
各项贷款	87113.01	5745.00
（一）境内贷款	86407.98	5847.61
1. 住户贷款	24029.93	715.91
2. 非金融企业及机关团体贷款	62373.05	5126.72
3. 非银行业金融机构贷款	5.00	4.97
（二）境外贷款	705.03	−102.61

资料来源：湖北省统计局。

2024年湖北省保险业增长较快。2024年1~11月湖北省保险业情况如表2所示。从湖北省保险金额来看，原保险保费收入共计2135.43亿元，在全国总保费中的占比约为3.95%，位居全国第十。

表2   湖北省2024年1~11月保险业情况

单位：亿元，%

指标	绝对量	增速
原保险保费收入	2135.43	7.2
1. 财产险	452.60	6.4
2. 人身险	1682.83	7.5
（1）寿险	1223.48	8.5
（2）健康险	426.71	5.3
（3）人身意外伤害险	32.64	−1.8
原保险赔付支出	861.94	24.7
1. 财产险	306.45	11.2

续表

指标	绝对量	增速
2. 人身险	555.49	33.6
（1）寿险	368.83	57.9
（2）健康险	173.66	2.6
（3）人身意外伤害险	13.00	0.3

资料来源：湖北省统计局。

湖北省金融业立足湖北实际助推投融资便利化，更好服务实体经济发展。2024年湖北省债务融资工具发行呈现"量增、价降、质优、面扩"四方面特点。一是债务融资工具发行规模首次突破3000亿元，达3081.58亿元，同比增长8.31%；净融资金额438.14亿元，同比增加139.88亿元，增幅46.9%。二是湖北省AAA评级发债企业1年期债务融资工具加权平均发行利率较同期大型企业短期贷款利率低0.61个百分点，为2.25%；5年期债务融资工具加权平均发行利率较同期大型企业中期贷款利率低1.26个百分点，为2.58%。三是湖北省中长期品种债务融资工具（发行期限1年以上）合计发行1564.08亿元，同比增长15.06%，占发行总量的50.76%。其中，10年及以上超长期品种发行217.51亿元，同比增长13.5倍。四是湖北省联合发展投资集团等地方国企成为债务融资工具发行的主要力量，合计发行金额2127.96亿元，占比69.05%。全省产业类企业合计发行债务融资工具2297.22亿元，占比74.54%，同比提升7.49个百分点。①

2024年，湖北省再出政策"组合拳"，努力将金融服务融入促进资本市场健康发展和经济高质量发展中。2024年，湖北省金融机构已完成对30家上市公司或股东的股票回购增持贷款初步授信审批，额度超过60亿元，目前已落地贷款金额2.5亿元。② 截至2024年末，湖北省跨境人民币结算优质

---

① 湖北省地方金融管理局网站，https://dfjrjgj.hubei.gov.cn/zscd/202502/t20250211_5537630.shtml，2025年2月11日。

② 中国人民银行湖北省分行网站，http://wuhan.pbc.gov.cn/wuhan/123466/5578367/index.html，2025年1月27日。

企业名单已纳入 365 家企业, 较上年新增 38 家。上半年, 全省优质企业跨境人民币结算量达 264. 6 亿元, 同比增长 80%, 创历史新高。① 截至 9 月末, 湖北省金融机构累计为 4700 余家科技型企业发放创新积分贷 350 亿元;② 全省绿色贷款余额达 1. 49 万亿元, 同比增长 21. 78%, 碳减排支持工具累计支持金融机构向湖北省碳减排重点领域发放贷款 404. 3 亿元, 带动碳减排量 801 万吨。③

(二)现代物流业保持回升向好

2024 年湖北省物流业景气指数全年均值约 47%, 呈现"前稳后升"格局, 物流运行整体稳中有升态势保持不变。2024 年下半年, 政策实施力度的加大有效推动了供应链产业链上下游需求释放和畅通循环; 12 月湖北省物流业景气指数为 55. 56%, 环比回升 0. 87 个百分点, 高于上年同期 2. 77 个百分点。④

2024 年 1~11 月, 湖北省多式联运和运输代理业、装卸搬运和仓储业分别增长 66. 4%、31. 5%。⑤ 铁路运输方面, 2024 年 1~11 月铁路运输业投资增长 6. 1%, 2024 年每月全省铁路发运物资均达 400 万吨水平, 共发运物资 5659. 13 万吨, 其中 12 月铁路货运量为 2024 年年度新高, 达 496. 3 万吨。⑥ 公路运输方面, 2024 年湖北普通公路完成建设投资 669 亿元, 为年度目标的

---

① 《湖北:调整扩容优质企业名单,深入推进跨境人民币结算便利化》,国家外汇管理局湖北省分局网站,https://www. safe. gov. cn/hubei/2024/0914/2326. html,2024 年 9 月 14 日。

② 《奋力谱写中国式现代化湖北篇章 | 湖北:创新积分贷 超 4700 家企业获支持》,湖北省地方金融管理局网站,https://dfjrjgj. hubei. gov. cn/jrdt/202412/t20241203_5434895. shtml,2024 年 12 月 3 日。

③ 《绿色金融组合拳助力美丽湖北建设》,中国人民银行湖北省分行网站,http://wuhan. pbc. gov. cn/wuhan/123466/5563259/index. html,2025 年 1 月 10 日。

④ 《2024 年 12 月湖北省物流业景气指数为 55. 56%》,湖北省发展和改革委员会网站,https://fgw. hubei. gov. cn/fbjd/xxgkml/jgzn/nsjg/cmc/gzdt/202501/t20250106_5491036. shtml,2025 年 1 月 6 日。

⑤ 湖北省统计局网站,http://www. hubei. gov. cn/zhuanti/2024zt/hbjjsj2024/jujiao/202501/t20250123_55 15611. shtml,2025 年 1 月 23 日。

⑥ 湖北省发展和改革委员会网站,https://fgw. hubei. gov. cn/fgjj/sjsfg/sjfx/lx/nyjs/202501/t2025 0102_5487162. shtml,2025 年 1 月 2 日。

115%，建设4221公里美丽农村路。① 截至11月底，全省高速公路总里程已达7939公里。② 水路运输方面，湖北港航完成固定资产投资91.3亿元，连续4年超过80亿元。2024年，湖北省完成港口货物吞吐量7.53亿吨，增长8.6%，湖北省亿吨大港数量突破4个，位列长江中上游第一。2024年，全省累计完成集装箱铁水联运量24.86万标箱，同比增长41.6%，位居全国内河第一，增速高于全国平均水平。③ 民航运输方面，2024年鄂州花湖机场国内国际货线增至91条，货邮吞吐量达到128万吨，跃居全国第5位。④ 暑运期间，湖北民航累计运输旅客775万人次，实现货邮吞吐量19万吨，均创历史新高，呈现"客货两旺"特点。⑤ 湖北省2024年1~11月交通运输业情况如表3所示。

表3 湖北省2024年1~11月交通运输业情况

指标	绝对量	增速（%）
客运量（万人）	36889.70	5.0
旅客周转量（亿人公里）	1037.88	8.0
货运量（万吨）	241702.45	7.3
货物周转量（亿吨公里）	8266.72	6.1
一、铁路运输		
客运量（万人）	17296.14	9.2
旅客周转量（亿人公里）	732.40	4.7
货运量（万吨）	5659.13	0.1
货物周转量（亿吨公里）	997.71	-6.9

① 《湖北今年计划完成普通公路投资600亿元，谋划亿元以上项目200多个》，湖北省人民政府网，http：//www.hubei.gov.cn/hbfb/bmdt/202501/t20250123_5515628.shtml，2025年1月23日。

② 湖北省人民政府网，http：//www.hubei.gov.cn/hbfb/bmdt/202412/t20241204_5436459.shtml，2024年12月4日。

③ 《湖北亿吨大港数量达4个》，湖北省港航事业发展中心官网，http：//jtt.hubei.gov.cn/ghj/zwdt/hyjj/202501/t20250121_5512684.shtml，2025年1月21日。

④ 《鄂州花湖机场单日货邮吞吐量等四项数据创历史新高》，武汉市人民政府网，https：//www.wuhan.gov.cn/ztzl/25zt/2025hblh/202501/t20250116_2519064.shtml，2025年1月16日。

⑤ 《2024年湖北民航暑运客货双旺：旅客吞吐量飙升，运输创佳绩》，中国民用航空中南地区管理局网站，https：//www.caac.gov.cn/local/ZNGLJ/ZN_XXGK/ZN_HYDT/202409/t20240912_225352.html，2024年9月12日。

续表

指标	绝对量	增速（%）
二、公路运输		
客运量（万人）	17317.11	-0.2
旅客周转量（亿人公里）	118.28	6.2
货运量（万吨）	166799.57	6.5
货物周转量（亿吨公里）	2256.80	2.8
三、水路运输		
客运量（万人）	737.56	5.2
旅客周转量（亿人公里）	3.56	-7.2
货运量（万吨）	69236.84	9.9
货物周转量（亿吨公里）	5011.20	10.7
四、民航运输		
客运量（万人）	1538.89	21.8
旅客周转量（亿人公里）	183.63	25.5
货运量（万吨）	6.91	16.4
货物周转量（亿吨公里）	1.01	31.1
机场货邮吞吐量（万吨）	94.59	145.3

注：民航运输数据中，客货运量来自国航、东航、南航，机场货邮吞吐量来自湖北机场集团。
资料来源：湖北省统计局。

（三）商务服务业快速增长

2024年1~11月，湖北省规上租赁和商务服务业增长明显，营业收入达2624.62亿元，增长19.8%，拉动规上服务业增长4.3个百分点，贡献率超四成，为42.2%。其中，供应链管理服务、旅行社及相关服务、投资与资产管理业发展势头较好，营业收入增速分别为63.2%、53.8%和27.9%。[1] 2024年1~11月武汉市租赁和商务服务业营业收入增长态势较其他行业遥遥领先，达17.6%。[2]

---

[1] 湖北省统计局网站，https://tjj.hubei.gov.cn/tjsj/tjfx/qstjfx/202501/t20250126_5520699.shtml，2025年1月26日。
[2] 《服务业较快增长 新兴动能持续壮大》，武汉市统计局网站，https://tjj.wuhan.gov.cn/ztzl_49/xwfbh/202501/t20250126_2526274.shtml，2025年1月26日。

（四）研发设计和科技服务业增势良好

2024 年 1~11 月，湖北省规上科学研究和技术服务业驱动作用突出，营业收入达 1566.40 亿元，同比增长 10.3%，拉动规上服务业营业收入增长 1.4 个百分点。其中，研究和试验、工程技术和试验业发展势头较好，营业收入增速分别为 23.2% 和 40.8%。① 2024 年 1~11 月武汉市的科学研究和技术服务业营业收入增长态势也优于大部分行业，达 9.3%。②

（五）软件和信息技术服务业稳定向好

2024 年湖北省软件和信息技术服务业稳中向好，营业收入达 3546.96 亿元，同比增长 16.5%，产业规模位居全国第 8，占中部六省总量的 48.3%，较 2023 年提高 1.2 个百分点，继续保持中部领头羊地位。利润总额达 301.17 亿元，同比增长 12.0%，低于上年同期 1.6 个百分点，高于全国平均增速 3.3 个百分点。软件业务出口 3.60 亿美元，同比增长 1.8%，低于全国平均增速 1.7 个百分点。③

分领域来看，2024 年湖北省软件产品、信息技术服务、信息安全、嵌入式系统软件收入分别为 694.20 亿、2728.58 亿、30.51 亿和 93.67 亿元。其中，软件产品、信息技术服务、嵌入式系统软件收入增长再次超两位数，分别为 15.5%、17.1% 和 10.3%。④

分地区来看，2024 年武汉市实现软件业务收入 3521.2 亿元，同比增长 16.7%，高于全省平均增幅 0.2 个百分点，占全省软件业务收入的比重为 99.3%。软件业务收入过亿元的市州还有宜昌市（10.65 亿元）、襄阳市（4.37

---

① 湖北省统计局网站，https：//tjj. hubei. gov. cn/tjsj/tjfx/qstjfx/202501/t20250126_5520699. shtml，2025 年 1 月 26 日。
② 《2024 年 1—11 月武汉市国民经济主要指标》，武汉市统计局网站，https：//tjj. wuhan. gov. cn/ztzl_49/xwfbh/202501/t20250126_2526274. shtml，2025 年 1 月 26 日。
③ 湖北省经济和信息化厅网站，https：//jxt. hubei. gov. cn/bmdt/jjyx/202502/t20250208_5533918. shtml，2025 年 2 月 8 日。
④ 《2024 年 1—12 月份湖北省软件业运行情况》，湖北省经济和信息化厅网站，https：//jxt. hubei. gov. cn/bmdt/jjyx/202502/t20250208_5533918. shtml，2025 年 2 月 8 日。

亿元)、黄石市(3.10亿元)、荆门市(2.53亿元)、孝感市(1.36亿元)、黄冈市(1.20亿元)等6个市州,数量较上年有所下降。荆州市、十堰市、咸宁市、鄂州市软件业务收入分别为0.98亿元、0.79亿元、0.48亿元和0.25亿元。①

(六)商贸服务业持续发展

2024年湖北省消费市场平稳增长,社会消费品零售总额25276.70亿元,同比增长5.1%(见表4),增速高于全国平均值1.6个百分点,居全国前列。② 家用电器、通讯器材等科技产品需求旺盛,粮油食品、文化办公用品、中西药品等刚需与健康消费增长较快;文化办公用品、中西药品等刚需与健康消费增长较快,2024年湖北省限额以上社会消费品零售总额零售类值如表5所示。2024年湖北省进出口总值7058.4亿元,同比增长9.6%,高于全国平均值4.6个百分点,居中部第一,其中,出口4863亿元,增长12.4%;进口2195.4亿元,增长3.7%。③ 其中高新技术产品在外贸领域总体表现较好。手机、汽车、集成电路、锂离子蓄电池等优势产品均取得了两位数以上的出口增长,其中锂离子蓄电池实现了翻倍增长。④

表4 2024年湖北省社会消费品零售总额及增速

单位:亿元,%

指标	总量	增速
社会消费品零售总额	25276.70	5.1
#限额以上	10427.47	6.7

① 湖北省经济和信息化厅网站,https://jxt.hubei.gov.cn/bmdt/jjyx/202502/t20250208_5533918.shtml,2025年2月8日。
② 《2024年湖北经济运行情况》,湖北省统计局网站,https://tjj.hubei.gov.cn/tjsj/tjfx/qstjfx/202501/t20250126_5520729.shtml,2025年1月26日。
③ 《再创历史新高 增速中部第一 湖北外贸突破7000亿元》,中华人民共和国国务院新闻办公室网站,http://www.scio.gov.cn/xwfb/dfxwfb/gssfbh/hb_138 42/202501/t20250124_883 494.html,2025年1月20日。
④ 《湖北日报》2024年6月5日,https://epaper.hubeidaily.net/pc/content/202406/05/content_276167.html。

指标	总量	增速
批发和零售业销售额		
#限额以上	32182.39	6.4
其中:批发业	23335.51	5.8
零售业	8846.87	8.1
住宿和餐饮业营业额		
#限额以上	109.85	8.9
其中:住宿业	21.44	4.5
餐饮业	88.41	10.0

资料来源:湖北省统计局。

表5 2024年湖北省限额以上社会消费品零售总额零售类值

单位:亿元,%

指标	零售额	增速
商品零售类值	9565.46	8.5
其中:通过互联网销售	2044.79	24.2
1. 粮油、食品类	1789.9	12.2
2. 饮料类	244.29	3.5
3. 烟酒类	386.39	5.5
4. 服装、鞋帽、针纺织品类	617.10	-0.5
5. 化妆品类	171.41	-1.3
6. 金银珠宝类	101.91	-12.2
7. 日用品类	396.50	5.6
8. 体育、娱乐用品类	50.83	4.1
9. 书报杂志类	93.93	2.5
10. 家用电器和音像器材类	948.53	28.6
11. 中西药品类	384.10	9.7
12. 文化办公用品类	210.32	11.2
13. 家具类	84.3	2.5
14. 通讯器材类	270.07	8.4
15. 石油及制品类	953.27	4.5
16. 建筑及装潢材料类	230.94	1.1
17. 汽车类	2230.75	6.2
18. 其他类	245.61	21.9

资料来源:湖北省统计局。

（七）文化和旅游业融合有序

湖北省 2024 年旅游业发展成效显著，位列省域旅游综合竞争力第一梯队，截至 10 月底累计游客接待量同比增长 12.7%，实现旅游收入同比增长 17.8%。①湖北省旅游产业升级步伐加快，目前有 608 个在建文旅项目，总投资达到 3607.42 亿元。23 个项目被纳入全国专精特新重大项目库，其中 10 个获得中央预算资金支持。② 2024 年湖北省核心文化产业保持稳健增长，全年实现营业收入 3636.3 亿元，同比增长 9.4%，拉动全省规模以上文化企业营业收入增长 6.5 个百分点，比上年提高 3.2 个百分点。其中，文化投资运营、文化装备生产、新闻信息服务、内容创作生产、文化娱乐休闲服务、文化辅助生产和中介服务 6 个行业营业收入增长显著，分别比上年增长 29.4%、25.7%、16.4%、13.0%、11.7% 和 10.7%，展现出良好的市场活力。③

（八）健康服务业质量共进

湖北省人民政府办公厅颁布了《湖北省关于加快生物医药产业高质量发展的实施意见》，针对生物药、医疗器械产业发展的堵点、难点问题，分类施策，重点突破，聚焦标志性产品打造 6 条重点产业链，其中包括化药、中药、疫苗等 3 条优势产业链，构建竞争实力增强的产业生态。④ 2024 年，湖北省大健康产业迈入了万亿级规模，截至 6 月全省生命健康规上企业有 4976 家，同比增长 16.7%，境内外上市企业累计 38 家，占全省上市企业总

---

① 《湖北日报》2024 年 11 月 7 日，https：//epaper.hubeidaily.net/pc/content/202411/07/content_294178.html。
② 《湖北推动文旅深度融合 促进经济高质量发展》，中华人民共和国文化和旅游部网站，2025 年 1 月 8 日，https：//www.mct.gov.cn/preview/whzx/qgwhxxlb/hb_7730/202501/t20250108_957729.htm。
③ 《长江商报》2025 年 2 月 6 日，http：//www.changjiangtimes.com/2025/02/644588.html。
④ 湖北省经济和信息化厅网站，https：//jxt.hubei.gov.cn/fbjd/zc/zcjd/202412/t20241201_5433042.shtml，2024 年 12 月 1 日。

数20%以上，上半年谋划重点项目211个，安排专项资金近亿元，完成投资50.56亿元。①

从2019年至今，世界大健康博览会连续六届在武汉举行，平均每届展区面积10万平方米、累计参展企业7000余家，共吸引了来自36个国家的105万人参展参会和参观。② 其中2024年第六届吸引千余家海内外企业参展，成功签约项目45个，总金额超千亿元。③

（九）家政服务业提质扩容

当前，母婴、养老等家庭的劳务服务需求呈井喷之势。湖北省家政服务业吸纳就业人数稳步增长，增长势头明显。随着市场需求日益旺盛、行业日益细分，与新技术、新模式、新场景的结合日益紧密，家政服务业正在发展成为社会各界广泛关注的新兴业态。湖北省家政服务企业和从业人员不断增多，家政服务质量逐步提升，互联网与家政服务业融合步伐逐步加快，全省家政服务从业人员规模超过40万人④，医养结合机构312个，婴幼儿普惠托育托位数超15万个⑤，宜昌市和十堰市入选全国家政服务业提质扩容"领跑者"重点推进城市。家政行业呈现勃勃生机，"小切口"服务"大民生"，家政服务已成为人们对美好生活向往的重要组成部分。截至2024年10月，宜昌市家政服务企业数量达431家，其中规上企业26家，累计总产值2.9亿元，家政从业人员达2.6万人。⑥

---

① 《湖北生命健康产业加速迈向万亿级》，湖北省经济和信息化厅网站，https://jxt. hubei. gov. cn/bmdt/cyfz/202409/t20240924_5346682. shtml，2024年9月24日。

② 《2025年世界大健康博览会将于4月5日—10日在武汉举办》，湖北省人民政府网，https://www. hubei. gov. cn/hbfb/bmdt/202501/t20250123_5516863. shtml，2025年1月23日。

③ 武汉市商务局网站，https://sw. wuhan. gov. cn/xwdt/mtbd/202404/t20240411_2387177. shtml，2024年4月11日。

④ 湖北省人民政府网，2024年10月15日，https://www. hubei. gov. cn/hbfb/rdgz/202410/t20241015_5371675. shtml。

⑤ 《武汉生命健康产业规模近五千亿元》，湖北省经济和信息化厅网站，https://jxt. hubei. gov. cn/bmdt/cyfz/202409/t20240924_5346682. shtml，2024年9月24日。

⑥ 湖北民革网，2025年1月20日，https://www. hbmg. gov. cn/infor/html/9961. html。

（十）房地产业止跌回稳

2024 年湖北省新建商品房销售面积同比增长 0.5%，居全国第三、中部第一，建筑业产值 2.2 万亿元，总量连续 11 年保持全国前四、中部第一。[①] 2024 年湖北省商品房建设与销售情况如表 6 所示。

表 6　2024 年湖北省商品房建设与销售情况

指标	绝对量	增速(%)
商品房施工面积(万平方米)	29393.40	−6.8
住宅(万平方米)	21620.53	−7.9
商品房竣工面积(万平方米)	2406.56	−37.7
住宅(万平方米)	1903.89	−38.5
商品房销售面积(万平方米)	5286.07	0.5
住宅(万平方米)	4497.59	−0.8
商品房销售额(亿元)	4296.62	−6.9
住宅(亿元)	3709.22	−6.6

资料来源：湖北省统计局。

2024 年武汉市全年新建商品住房累计销售超 10 万套，位列全国第一。[②] 其中 12 月武汉新建商品住房销售套数环比增长 69%，为 8 年单月成交量新高；同期二手住房市场止跌回稳，二手住房销售价格指数环比增长 0.2%，在 70 个城市中排名第 6。[③]

[①] 《从数字看变化! 2024 湖北住建成绩单》，"湖北住建"微信公众号，2025 年 1 月 24 日。

[②] 《湖北日报》2025 年 2 月 24 日，https：//news. hubeidaily. net/pc/z_620492. html。

[③] 武汉市住房和城市更新局，2025 年 1 月 21 日，https：//fgj. wuhan. gov. cn/zwdt/jdxw/2025 01/t20250121_2521558. shtml。

三 湖北省服务业发展存在的问题

（一）服务业总量小，占 GDP 比重有待提高

"两个 70%"是国际上普遍认同的一组衡量城市和区域经济发展水平的指标，其一是服务业增加值占 GDP 比重达到 70%，其二则是生产性服务业占服务业增加值比重达到 70%。2024 年，湖北省服务业实现增加值 3.3 万亿元，占全省生产总值比重为 55.0%[1]，而"服务业第一城"北京市服务业实现增加值 4.2 万亿元，占北京地区生产总值的比重达 85.3%。[2] 服务业对促进区域经济增长，比以制造业为代表的第二产业，有更大的优势。而湖北省当前现代服务业的总量还偏小，整体发展水平相对较低，与发达地区的差距还比较大。

（二）从两大领域来看，生产性服务业短板明显

服务业分为生产性服务业和生活性服务业。其中，生产性服务业就像"黏合剂"，把各个产业紧密地联系在一起，成为推动经济升级转型的重要力量。2024 年 1~11 月，湖北省规上生产性服务业企业实现营业收入 8170.14 亿元，占规上服务业营业收入比重达 73.0%[3]，发展势头良好。但应看到，湖北省生产性服务业仍然面临较大短板，一方面是产业结构失衡，传统生产性服务业占比较高，新兴业态如大数据、人工智能应用服务等发展相对滞后，尚未形成规模优势，难以满足高端制造业对前沿技术服务的需

---

[1] 《服务业较快增长 新兴动能持续壮大》，湖北省统计局网站，2025 年 3 月 9 日，https：//tjj. hubei. gov. cn/tjsj/tjfx/qstjfx/202501/t2025012 6_5520699. shtml。

[2] 《服务业运行总体平稳 发展质量稳步提升——2024 年北京服务业运行情况解读》，北京市人民政府网，2025 年 3 月 9 日，https：//www. beijing. gov. cn/gongkai/gkzt/2024bjsjjyxq k/jj/202501/t2025 0121_3995443. html。

[3] 《2024 年湖北经济运行情况》，湖北省统计局网站，2025 年 3 月 9 日，https：//tjj. hubei. gov. cn/tjsj/tjfx/qstjfx/202501/t202501 26_5520699. shtml。

求；另一方面是协同融合不足，制造业与生产性服务业之间缺乏深度互动融合机制，部分制造企业仍倾向于内部自我服务，未充分利用外部专业服务资源，导致产业链上下游协同效率低下。

（三）从市场主体来看，规模化、品牌化企业不足

目前来看，湖北省服务业企业仍然存在规模小、整体实力不强的问题，缺乏一批具有核心竞争力、知名度高、辐射全国的龙头服务业企业和品牌，特别是像阿里巴巴、腾讯这样的全国性服务业巨头。2024 年 1~11 月，湖北省规模以上服务业实现营业收入 1.12 万亿元[①]，同期广东省规模以上服务业实现营业收入 5.15 万亿元[②]，湖北省仅相当于广东省的 22%。在中国企业联合会、中国企业家协会发布的 2024 中国服务业企业 500 强榜单中，湖北省仅有 17 家企业入围，而广东省有 74 家企业入围，江苏省有 56 家企业入围，浙江省有 49 家企业入围。[③]

（四）从要素支撑来看，服务业高端人才短缺

湖北省服务业人才供需失衡、人才外流严重、人才结构不合理的问题仍然突出。湖北省企业普遍面临高端人才引进难、培育人才流失快、发达地区人才回流缓、普通人才招聘难的局面，制约了行业向高端发展。比如金融领域缺乏精通国际金融规则、熟悉金融衍生品交易的高端金融人才，缺乏具备金融科技背景、能够推动金融创新的复合型人才；信息服务领域缺乏大数据、人工智能、云计算等领域的顶尖技术人才，缺乏既懂技术又懂管理的复合型人才；科技服务领域缺乏高水平的科研人才和科技成果转化人才，缺乏熟悉国际规则、能够参与国际科技合作与竞争的人才。

① 湖北省人民政府网，2025 年 3 月 9 日，http：//www. hubei. gov. cn/zhuanti/2024zt/hbjjsj 2024/jujiao/202501/t2025 0123_5515611. shtml。

② 广东省统计局网站，2025 年 3 月 9 日，https：//stats. gd. gov. cn/tjkx185/content/post_464 4446. html。

③ 《中国企业报》2025 年 3 月 9 日，https：//baijiahao. baidu. com/s？id = 1809996723896188099&wfr = spider&for = pc。

四　进一步推进湖北省服务业高质量
发展的对策建议

2025年是我国"十四五"规划的收官之年，做好经济社会工作事关"十五五"良好开局。展望2025年，湖北省经济发展环境深刻复杂变化，全省经济的基础依然稳固，拥有多方面的优势，经济韧性强，发展潜力深厚。这些因素支撑着经济长期向好的趋势不会改变。湖北应继续锚定打造现代服务业强省的目标，促进服务业与制造业深度融合，提高软件信息、科学研究和技术服务业等新兴服务业发展水平，推动服务业提档升级、迈向高质量发展。促使生产性服务业更加专业化和高端化，生活性服务业向更高品质和多样化发展，服务业的新业态和新模式不断创新。同时，深化服务领域改革开放，扩大有效供给，提高服务效率和质量，全面提升服务业的整体水平，增强其对经济的驱动能力，构建优质高效、结构优化、竞争力强的服务产业新体系。

（一）促进服务业与制造业深度融合

聚焦现代服务业与先进制造业深度融合，围绕光电子信息、新能源与智能网联汽车、生命健康、高端装备、北斗等五大优势产业，延长产业链、完善供应链、提升价值链。着力探索汽车制造、现代化工及能源、高端装备、现代纺织等重点行业融合发展的新路径，培养一批国家和省级"两业"融合的典型区域和龙头企业。围绕科技服务业、软件信息业、物流业、设计服务业等具有一定基础和优势的产业发力，形成若干在全国有影响力的生产性服务业产业集群。强化科技服务对制造业的支撑，加快数智化转型。推动新一代信息技术向生产性服务业全行业渗透，鼓励科研机构与制造企业共建研发平台，攻克关键技术难题，加速科技成果转化，不断丰富新场景应用。

（二）持续推动服务业数字化转型

展望人工智能的迅猛发展态势，应充分利用人工智能技术为服务业赋能，推动服务业实现智能化转型升级。充分发挥数字平台的作用，以"数智化"为抓手，助推生活性服务业向"新服务"跃升，形成"新服务"带动"服务升级—消费升级—经济全方位升级"的发展路径。鼓励将智能体应用于不同领域，适配出行、政务民生、餐饮、景区、医疗、金融等领域场景。深入实施"互联网+服务"模式，推动研发设计、经营管理、物流售后等核心业务环节数字化转型。加快休闲娱乐、交通出行、居家办公、购物消费等场景数字化，发展新零售、在线消费、无接触配送、远程医疗等新业态。引导服务业领域科技企业加大研发投入，落实企业研发投入补助政策。支持行业协会商会搭建高效便捷公共服务平台，培育一批品牌服务项目，鼓励企业积极开发基于大模型的智能体应用生态，依托专业的智能体构建能力，提供一系列行业解决方案。

（三）提升服务业对外开放水平

全面推进服务业扩大开放综合试点，降低市场准入门槛，扩大科学技术、金融、医疗健康、教育、交通等更宽领域、更深层次开放。支持传统服务业企业以数字化、远程化、虚拟化方式提供跨国服务。用好湖北国际贸易数字化平台，推动制造业企业服务化转型升级，向供应链前端后端延伸国际服务业务。挖掘服务贸易国际合作空间，围绕服务业重点领域加大招商引贸力度，吸引国际资本投资现代服务业。积极招引全球知名服务企业中国总部或地区总部、国际行业组织落户湖北。发挥自贸试验区等政策先行先试优势，对标 CPTPP、DEPA 等高标准国际服务贸易新规则，积极参与国家服务业标准化试点建设，探索服务贸易"经认证的经营者"认证标准，打造我国服务贸易规则制度的新高地。实施市场准入负面清单制度和公平竞争审查制度。完善服务业开放发展政策体系，细化支持企业融资、加强国际人才引进、创新用地供给、数据流通交易等要素保障措施。

（四）促进服务业区域协同发展

依托光谷科创大走廊、武汉新城等载体，支持武汉打造全国服务业创新策源地，重点发展高端生产性服务业（如数字金融、科技服务、智慧物流）和生活性服务业（如国际消费、文化创意）。支持武汉建设智能风控平台，通过大数据分析优化中小企业融资服务，辐射带动周边城市金融科技发展。依托鄂州花湖机场建设国际航空物流枢纽，形成"空港+产业+城市"融合模式，带动鄂东地区跨境电商与供应链服务升级。支持襄阳依托汽车产业基础，发展智能网联汽车后市场服务，支持宜荆荆都市圈围绕长江经济带绿色航运需求，打造"港口+供应链+文旅"综合服务集群。完善区域协同机制，探索"飞地经济"与利益共享模式。建立跨区域税收分成机制，通过产业链分工实现服务业梯度转移。补齐县域服务业短板，实施"一县一链"计划，建设区域性物流分拨中心，降低城乡服务成本。强化交通枢纽联动，推进构建"水陆空"立体网络，打造"1小时服务业经济圈"。

（五）优化服务业营商环境

放宽服务业准入限制，落实公平竞争审查制度，实施市场准入负面清单管理。加强事中事后监管，对新兴产业、业态和模式实行包容审慎的监管，同时推动线上线下整合管理，涵盖质量监控、消费维权、税收征管等方面。探索建立重点服务领域从业人员的守信激励和失信惩戒机制，完善服务消费领域的信用信息共享机制。加强服务环境治理，强化价格监管，及时查处侵害消费者权益的行为。推动建立服务质量自评和公开承诺制度，推进第三方认证工作，不断完善服务质量治理体系。鼓励高校和职业院校根据服务业发展需求，调整专业设置，培养适应现代服务业发展的专业人才。加强对垄断行为和不正当竞争行为的监管执法，维护市场秩序。

（六）帮助房地产企业纾困转型

围绕新兴产业集聚区建设职住平衡社区与科创地产综合体，促进"以产促城、以城兴产"。收购滞销项目，转为租赁住房，并推动商业地产REITs试点，盘活存量资产。充分发挥城市房地产融资协调机制作用，推动"白名单"项目扩围增效，建立市场健康指数，增强公众信心，稳定市场预期，推动房地产行业平稳健康发展。推进城中村和危旧房改造，着眼城市建设更新提质。减轻购房负担，全面落实国家降利率、降首付、降税费等政策，持续推动房地产市场止跌回稳。推广智慧社区与绿色建筑，利用人工智能物业管理系统与节能技术提升居住品质。

B.6
推动湖北工业母机产业高质量
发展对策研究

叶学平　姚　莉　邓沛琦*

摘　要： 工业母机是世界工业体系的基石和摇篮。湖北工业母机产业在产业规模上，位居全国第五；在技术水平和关键核心技术上，产品精度和稳定性显著提高，具有一定的产业竞争力。为推动湖北工业母机产业高质量发展，需从建立信息互通平台、完善产业链体系、健全技术创新体系、加速产业集群发展、构建服务支撑体系等方面推进弥补产业短板。

关键词： 工业母机　高端制造业　产业链　湖北

工业母机是世界工业体系的基石和摇篮，是所有机械设备、制造业的源头，也是我国建设现代化产业体系的"隐形力量"，被誉为"制器之器""自强之基"，加快推进工业母机发展对我国建设制造强国具有重要意义。然而，在当前世界百年未有之大变局下，地缘政治竞争、大国博弈加剧，全球供应链持续动荡等因素形成对我国高端工业母机产业发展关键核心技术领域的"卡脖子"问题。从"巴统协定"到"瓦森纳协定"，西方国家长期对我国进行技术出口管制，防范我国的工业技术发展。高端工业母机作为重

---

* 叶学平，经济学博士，英国剑桥大学访问学者、博士后，湖北省社会科学院经济研究所所长、研究员，全面深化改革研究中心执行主任，主要研究领域为宏观经济、产业经济、房地产金融、第三方评估等；姚莉，湖北省社会科学院经济研究所研究员，主要研究领域为工业经济；邓沛琦，经济学博士、社会政策学博士，湖北省社会科学院经济研究所助理研究员，主要研究领域为宏观政策、民营经济和社会保障；湖北省社会科学院经济研究所硕士研究生陈旻轩、王中豪、聂子仪、邵婷婷、江奥也参加了本报告的撰写。

要的战略性产品、高端制造业的核心装备，正是突破封锁的利器。要大力发展高端工业母机产业，进一步发挥其在社会主义现代化强国建设中的基础作用，为我国工业经济发展赢得更多的发展主动权。①

2022年6月28日，习近平总书记在湖北武汉考察时强调："高端制造业是经济高质量发展的重要支撑"。②湖北作为国家中部地区重要的老工业基地，应切实担当起工业强省的使命，加速抢占技术创新高地，打造新的竞争优势，全力达成"关键核心技术突破、重点应用领域布局优化、激光加工装备竞争力跻身全球前列、重点产品市场占有率位居全国首位、企业协同发展水平领先全国"的目标，推动工业母机产业迈向高质量发展，为湖北新型工业化筑牢坚实根基，为国家综合实力的提升贡献湖北力量。

一　湖北工业母机产业发展现状

湖北省是工业大省，制造业基础雄厚，工业母机产业规模靠前。在产业规模上，全省工业母机产值已经达到了400亿元，位居全国第五，在中高端数控机床及系统、激光加工等细分领域代表了国家水平；拥有一批高端平台，如国家数字化设计与制造创新中心、智能制造装备与技术国家重点实验室等；拥有顶级人才队伍，其中该领域院士达6人；企业龙头地位突出，全国工业母机链主企业共38家，湖北现有5家，数量位列全国第二。许多企业都有"压箱底"技术和"撒手锏"产品，华中数控、武船、武重、航天三江等都是工业母机领域领头羊和链主企业。在技术水平上，湖北省工业母机产业在关键核心技术上取得了重要突破，产品精度和稳定性显著提高；注重与国际先进技术的接轨和引进先进的管理经验，加速了产业的技术升级和改造，提升了自身的技术水平和市场竞争力；积极推动智能化、数字化等先

---

① 李元丽：《坚持发挥高端工业母机的重大基础作用》，《人民政协报》2024年1月2日。

② 党建网微平台：《学习语 | 为世界提供更多更好的中国制造和中国创造》，人民网，http：//politics.people.com.cn/n1/2024/0128/c1001-40168054.html，2024年1月28日。

进技术的应用，通过引入智能化制造技术和设备，提高了生产效率和产品质量，降低了生产成本，进一步增强了产业的核心竞争力。

二 湖北工业母机产业发展瓶颈

（一）高端产品供给能力不足，产品供需适配性不高

近年来，机床消费市场高端化趋势明显，随着我国产业的转型升级，低端数控机床需求不足，而中高端数控机床供不应求。在研发方面，我国大部分机床产品依赖于技术引进或模仿，自主核心技术研发不足，产业化能力较弱，难以构建核心竞争力。在硬件领域，关键组件如转台、刀库、刀塔和齿轮箱，以及传动部件如导轨、丝杠和轴承等，主要依赖于进口或国外品牌。全球高端数控机床领先企业主要集中在德、日、美等发达国家，由于在高端数控机床的长期深耕，这些企业产品种类丰富，与国内的中高端数控机床企业相比，在产品定制、加工性能和精度、配套服务、经营规模等方面具有显著优势。[①] 我国中高端数控机床企业还需要大力争夺这部分市场。

（二）产业链存在短板，链条不够完善

工业母机产业链涉及多个环节，涵盖了从原材料采购、高级零部件制造，到整机装配等多个紧密相连且不可或缺的环节。这一产业链体系复杂且协同性强，任何一个环节存在短板都可能影响整个产业链的整体协作。当前，湖北省工业母机产业链发展面临的一个突出问题在于产业链不够完善，在关键零部件和配套设施的自主设计与生产能力上还存在较大的提升空间。这些环节的薄弱直接制约了整个产业链条的协同效应和高效运作，最终影响整体产能的释放、产品质量与产业整体竞争力的提升。

---

① 农诚：《我国工业母机行业的发展趋势与挑战》，《中国工业和信息化》2023 年第 11 期。

（三）核心技术可控性低，技术创新能力不强

湖北省工业母机产业在共性技术、关键核心零部件方面仍然落后于国际先进水平。在共性技术方面，高端数控系统、超精密运动系统、密封等关键技术一直被美国、德国、日本等西方发达国家垄断；在核心零部件方面，高速大功率电主轴、高精度双摆角铣头、高精度轴承等严重依赖进口。核心技术与关键零部件缺失导致湖北省工业母机产品总体仍处于价值链的中低端，国产产品无法满足下游生产需求，缺乏高端应用场景，在航空航天、汽车、医疗等关键领域，高端加工设备长期以来主要由德国、日本、瑞士和美国等国家的先进产品所主导。客户对进口产品的黏性极高，取得一定突破的自主产品难以打开市场，无法进行技术迭代和长期的技术积累，持续创新难度进一步增加。

（四）专业人才紧缺，保障要素支撑力不足

目前国内工业母机产业从业人员薪资水平整体偏低，产业发展前景不够广阔，很难留住高端专业人才，多数制造业企业研发人才、高精度手工工艺工人缺口大。中高端工业母机产业对从业人员素质有较高要求，特别是工程技术人员。目前湖北省通过与华中科技大学、武汉理工大学等高校合作，培养了大量工程师，但当前行业薪资待遇与互联网等行业相比仍有较大差距，办公环境相对较差，办公地点较为偏远，缺乏对高端专业人才的吸引力。人才不足影响了先进技术的运用和迭代，以及高端设备的使用和开发，严重制约了行业的研发创新和发展潜力。

三 推动湖北工业母机产业高质量发展对策建议

（一）建立信息互通平台，促进供需对接

一是强化政府的统筹协调职能。深化部门协同共治，加强对产业和重点

企业的跟踪监测，精准排查产业发展、企业生产经营等方面存在的问题，推动工业母机产业集群发展中重大事项重大任务落实推进。二是加强工业母机行业交流。主动承接如世界智能制造大会、中国工业博览会等国际知名会展，搭建工业母机行业高端交流平台，推动行业技术交流，促进工业母机产业链协同发展。定期举办工业母机相关行业交流会，积极为相关企业搭建沟通平台，促进行业内外深度合作，促进信息共享、供需对接、资源对接，加强合作共赢。

（二）完善产业链体系，弥补产业短板

一是聚焦产业短板，攻关关键核心技术。抓住用好政策机遇，强化部门和省市间的协同，建立完善招商引资工作机制，聚焦工业母机行业发展，锚定产业发展关键要素，主动对接服务，创新精准招商，补短板、锻长板，加快提升高档工业母机产业自主保障能力。二是通过整机带动，推动产业链高质量发展。引进工业母机龙头企业，发挥龙头企业作用，组织带动产业链上下游有优势、有技术的企业和相关重点学科高校、科研院所联合攻关，推动产业链、创新链协同发展，构建工业母机链式联动生态。三是聚焦智能化转型，推动产业链跨链融合。引导工业母机企业与芯片、传感器、工业软件等企业和相关高校组成互补型创新联合体，开展联合研发攻关。加快工业母机产业数字化、网络化、智能化发展。同时加快建设湖北省工业母机智能数控系统创新中心等创新平台，提升智能化核心部件的自主可控水平。

（三）健全技术创新体系，提升创新水平

一是建立完善的创新体系。将企业、高等教育机构及研究机构等创新力量紧密联结，整合零散的创新资源与要素，积极推进产学研用深度结合，以增强技术创新体系的综合效能，从而进一步激活创新潜能。构建以企业为核心、市场为引导、产学研用紧密结合的技术创新体系。二是加强核心技术的研发与突破。引导企业、高校、科研院所等各类创新主体，协同加强基础研究、应用研究，聚焦高精度轴承、高速主轴、精密滚珠丝杠导轨、转台、刀

库等关键零部件及其原材料，推进研发与产业化进程，提高核心部件的精度和可靠性，进而增强科技创新实力，提升产业链和供应链的稳定性。三是提高科技成果转化率。针对全省装备制造业的关键发展领域，打造一个集交流协作、技术开发、中试验证等多功能于一体的示范性科技成果转化平台，以此打通高校和科研机构科研成果向实际应用转化的通道。同时，完善成果转化服务体系，为工业母机产业成果转化提供全方位支持，以及加大对优秀成果的奖励力度，鼓励企业和科研人员积极参与成果转化。

（四）加速产业集群发展，推进区域联动

一是做大做强龙头企业。支持湖北省工业母机龙头企业与省外先进工业母机企业联合研发高档工业母机，同时，发挥龙头企业积极的外部性作用，吸引其他企业进入，发挥以龙头企业为中心的集聚效应，加速推进产业集聚，形成具有规模的产业集群，增强湖北省工业母机产业竞争力。二是优化区域发展布局。以武汉为全省工业母机产业布局的重点区域，联动鄂州、黄石、黄冈建设武汉新城高端工业母机产业战略基地，积极推进国产工业母机示范应用，为产业发展开辟广阔空间。三是促进区域协同发展。依托武汉都市圈工业母机产业的规模效应和集群优势，引领武汉都市圈周边区域产业发展，实现一圈引领、多维协同，推动工业母机产业在全省范围内形成优势互补、协同发展的格局，全力打造"引领湖北、支撑中部、辐射全国、融入世界"的全国工业母机重要增长极。

（五）构建服务支撑体系，优化产业生态

一是加强政策支持。强化企业服务，灵活运用财政奖励、工业用地保障、税收减免等支持政策，助力工业母机企业重大项目落地。推动政策性基金与社会资本合作，为工业母机产业的投资设立高端制造业产业基金。二是加强人才保障。加强对工业母机领域关键岗位的人才培养与引进，特别是对急需人才设置"绿色通道"。鼓励高校开设融合新一代信息技术与工业母机的交叉学科专业，引导职业院校打造技能实训基地，培养符合产业发展需求

的复合型技能人才。同时，支持企业与培训机构合作，采用定向委托培养和订单式培养等方式，有针对性地培养工程技术人才。三是优化营商环境。优化市场竞争机制，确保国有企业、民营企业以及内外资企业在同等条件下参与竞争，营造公正的市场氛围。同时，提升政府服务效能，致力于创建高效便捷的政务服务体系、开放灵活的投资贸易平台以及宽松规范的商业运营空间，支持湖北省工业母机产业突破性发展。

B.7
湖北突破性发展商业航天高端装备制造业对策研究

谢青 叶学平 刘健*

摘　要： 湖北突破性发展商业航天高端装备制造业，要以提高思想认识、招引重大项目、开放应用场景这三个方面为突破口。一是思想突破，深刻认识商业航天在国家战略及全球商业竞争中的重要作用，增强地方政府及投资机构的投资意愿。二是引擎突破，将招大引强作为产业发展新引擎，精准招商，提升低成本规模化量产能力。三是应用突破，开放应用场景，加强政府购买服务，促进商业模式创新，从需求端拉动产业快速发展。

关键词： 商业航天　高端装备制造　新质生产力　湖北

党的二十届三中全会强调，要因地制宜发展新质生产力。商业航天，作为技术迭代快、经济效益高、带动作用强的新业态产业，是我国从航天大国迈向航天强国的重要支撑，也是新质生产力的典型代表。2023年底，中央经济工作会议在北京召开，会议明确要坚持以科技创新作为现代化产业体系建设的引领，以战略性新兴产业作为进一步推动助力新型工业化的发展动力，特别是生物制造、商业航天、低空经济等新领域。2024年商业航天被首次写进政府工作报告，标志其将成为我国未来发展的新增长引擎。高端装

---

* 谢青，博士，湖北省社会科学院经济研究所助理研究员，主要研究领域为新兴产业；叶学平，经济学博士，英国剑桥大学访问学者、博士后，湖北省社会科学院经济研究所所长、研究员，全面深化改革研究中心执行主任，主要研究领域是宏观经济、产业经济、房地产金融、第三方评估等；刘健，湖北省社会科学院经济研究所。

备制造业是现代化产业体系的脊梁，是推动工业转型升级的引擎，是提升国家影响力和国际竞争力的关键载体。独立自主的高端装备制造是商业航天腾飞的关键。

湖北在商业航天领域有着产业和科教的基础优势。武汉国家航天产业基地是国家发展改革委正式批复的第三个国家级航天产业基地、中国首个商业航天产业基地，构建起星、箭、云和航天材料齐聚的产业主链。湖北是中国航天科工集团在北京之外布局最多的省份，其中中国航天三江集团总部位于湖北武汉，在固体运载火箭领域承担着重要的研发、生产任务，以先进的技术实力和严谨的科研态度，为我国航天事业的蓬勃发展提供了坚实的技术支撑和强大的动力保障，是我国航天领域不可或缺的重要组成，同时还是我国固体运载火箭研制生产的主导力量和技术统筹的核心单位。武汉拥有航天相关国家科技基础设施2个（脉冲强磁场、精密重力测量），拥有11位航天领域院士，在测绘、遥感、北斗导航等领域基础研究水平国际领先。

湖北正快速推进商业航天发展。2024年4月24日，湖北省武汉市召开了首届中国—拉美和加勒比国家航天合作论坛，2024年"中国航天日"的主场活动也同时在武汉盛大开幕。2024年4月，湖北省政府常务会议要求进一步做大做强相关产业链，加快打造商业航天创新发展高地，为商业航天产业发展创造良好环境，全力推动商业航天的发展。《湖北省突破性发展商业航天行动计划（2024—2028年）》正式发布，从加速关键技术攻关转化应用、发展壮大市场主体、延伸建强产业链条及营造良好生态四个方面提出了16条举措。在此系统全面的政策基础上，本文聚焦商业航天高端装备制造业的三大困境，并针对性提出三大突破口。

一 湖北商业航天高端装备制造业的三大困境

（一）投资困境：对商业航天"看不懂""不敢招""不敢投"

一是产业投资风险大。商业航天项目既涉及研发和制造领域尖端的科学技术，也有创新的场景应用，并无成例可循。相较其他产业，该产业前期资

金投入大,投资周期长,风险相对较大,地方政府和投资机构的投资顾虑较大,而产业的培育和发展离不开长期稳定的资金支持。当下湖北各级投融资机构对商业航天的投资非常有限。

二是关于产业的政策学习还未跟上。2015 年,由国务院颁布实施的《国家民用空间基础设施中长期发展规划(2015—2025 年)》对商业航天发展具有里程碑意义。该规划首次以国家战略形式提出支持社会资本参与航天产业建设,推动我国航天事业从传统政府主导模式向"政府引导、市场驱动"双轮协同发展格局转型。这一重大政策突破标志着中国航天体制改革的实质性启动,因此 2015 年在中国航天发展史上被定义为商业航天时代的起始之年,为后续民营火箭公司、卫星企业的蓬勃发展奠定了坚实的制度基础。自 2015 年破冰以来,商业航天快速发展,但关于商业航天的政策不够开放明朗,对其战略定位较为模糊,商业航天企业参与程度如何、相关领域是否放开等问题不够明确。航天企业在项目接洽中发现,政府谈判人员对本地传统的招商政策措施较为熟悉,但对商业航天缺乏足够了解,对项目"看不懂""不敢招",部分商业航天项目对政府开放应用场景的需求也持较为保守的态度。从商业航天 2023 年在中央经济工作会议被提及,到 2024 年被写入政府工作报告,我国已开启了"商业航天 2.0时代",地方政府须加紧跟上步伐。

(二)龙头困境:重大项目停滞,招大引强竞争激烈,急需龙头项目引擎

一是缺少大项目大企业。湖北商业航天产业龙头企业偏少,没有上市企业或独角兽企业,呈现"星星多、月亮少"的尴尬局面。目前湖北商业航天已有的两个百亿级重大项目陷入停滞,而此类重大项目周期较长,具备落地条件的好项目待价而沽,短期内难以找到替代。引进大项目的战略意义不仅在于其体量大、效益好,更重要的是产业配套关联效应覆盖面广、牵引力度大,人才、资金等资源会随大项目而来,继而形成集聚效应。没有大项目的牵引,产业集群发展缓慢。湖北需要引进投资规模大、参与企业多、影响

范围广的商业航天重大项目，点燃整个商业航天产业链发展的引擎。

二是地方间竞争激烈，湖北亟待争取主动、突出重围。纵观全国各地的竞争态势，北京在商业航天赛道占据绝对优势、遥遥领先，其余多省份也正在积极布局、抢占先机，地方与业内龙头企业的合作图谱已逐渐明朗。中国卫星网络集团有限公司（简称中国星网集团）是经中央直接批准组建的国有独资战略性企业，业务涵盖卫星通信系统规划设计、网络建设及综合运营等关键环节，作为我国卫星互联网领域唯一具备全链服务资质的国家级核心平台，承担着建设我国航天信息网络基础设施的战略使命，在推动空间信息技术产业化进程中发挥着不可替代的支柱作用，目前已与重庆市、上海市、山东省、吉林省签署合作协议。商业航天测运控企业航天驭星的空天数据链高端装备制造基地和航天数据中心将落地重庆。我国雷达技术最前沿的航天二院二十三所将射频微系统研发制造基地落户成都。民营火箭公司头部企业星河动力将新一代固体飞行器研发生产基地落地四川资阳。"液体动力国家队"六院陕西航天商业发动机有限公司已将研发和市场设于陕西西安，制造生产部署于陕西宝鸡。我国首家商业遥感卫星公司长光卫星的航天信息产业园正在吉林加快建设。商业遥感卫星运营领军企业航天宏图分别将华中卫星运营中心、中原智慧地球数据工厂落地河南鹤壁和郑州。

（三）市场困境：应用场景匮乏，商业循环受阻

一是传统航天重视发射、忽视服务的现状亟待改变。商业航天具有高度敏锐的市场导向特征，其底层逻辑是市场需求驱动下的不断创新。商业航天产业链体系可划分为三个主要层级：顶层以航天器研发与生产为核心，涵盖卫星系统设计及制造工艺；中间层包含航天运输系统与配套基建，其中航天运输既涉及运载火箭的研制生产链，也包含卫星发射平台建设，同时延伸至测控网络等地面支持设施的构建；最终应用层面聚焦空间资产的价值转化，包括卫星数据的商业化应用、导航定位服务、遥感监测以及通信运营等多元化服务形态。各层级间形成完整的产业闭环，从硬件制造到应用服务构成航天经济的完整产业链。只有通过商业应用将火箭链、卫星链、数据链、服务

链串联，才能形成商业闭环，从而促进产业链间良性循环。商业航天不是基础设施的商业化，而是服务的商业化。若服务不开放、不使用，卫星设备闲置，制造和发射便失去了价值和意义。当前卫星遥感等技术在终端的应用和消费模式仍尚待挖掘，市场需求亟待激活。要强化市场导向和服务意识，火箭要为卫星服务，卫星要为应用服务，将商业应用反哺产业上游。商业航天与国家事业发展和人民生产生活紧密结合，不断实现"破圈"，必将激发无限发展潜力。

二是应用场景的法律法规及商业模式亟待探索。与地面移动通信相比，空天信息产业打开应用市场的大门相对不易。目前在世界范围内，政府依然是商业航天的最大用户之一。在我国政府的数据服务主要由军用航天或央国企提供，商业航天参与程度不高。商业航天领域高清卫星遥感影像应用场景的相关法律法规体系尚不完善，市场竞争不够充分。另外，湖北省遥感影像数据缺乏统筹，存在重复采购和多头采购现象。如何在保障各级政府和部门公共数据需求前提下，运用市场化机制，使社会资本为社会、企事业单位提供定制化商业数据服务并获得合理投资回报是未来商业航天模式探究的一大难题。

二 湖北突破性发展商业航天高端装备制造的三个突破口

（一）思想突破：从国家战略和商业竞争层面深刻认识商业航天的关键作用

深刻认识商业航天是百年未有之大变局中大国博弈的重要支点。"占频保轨"迫在眉睫，轨道时隙和无线电频谱都是稀缺资源，美国利用国际电联现行规则抢占了大量频率轨道资源，对中国商业航天的发展构成战略威胁。SpaceX公司有超6000颗卫星发射到近地轨道，是世界第一大卫星运营商，甚至超过其他所有国家和公司的总和。行星实验室公司通过部署200多颗近地轨道遥感卫星，抢占了大量低轨轨道资源和优质的 Ku/Ka/V 频谱资源。未来空间频率和轨道资源将进一步紧张，必须加快卫星及航天通信的部署速度。此次俄乌冲突已有超过 200 颗商业遥感卫星介入，西方商业航天公司所扮演的角色，为认识商业航天的战略地位打开了一个新视角。面对波诡云谲的国际地缘政治博弈，商业航天已然成为国家的战略性力量。

充分认识商业航天蕴藏的广阔市场空间及激烈的国际竞争。商业航天在推动"天地空一体化"网络布局建设方面能够发挥举足轻重的作用，而且，对于高端制造业、新能源产业、新材料产业以及信息技术产业等高精尖技术领域的发展，商业航天也同样具有显著的带动作用，发展潜力大、市场规模大、增长速度快，前景广阔。据美国航天基金会发布的数据，预计 2030 年美国商业航天市场规模有望超过 1 万亿美元。中国作为商业航天领域的重要参与者，市场规模也在不断扩大。与 SpaceX、Blue Origin 等美国航天龙头企业相比，中国商业航天企业在技术水平、规模化、业务服务能力、商业模式创新等方面还有明显差距，并存在被拉开代差的风险。美国猎鹰 9 号可复用火箭技术的成功商用，科技和成本的代际优势逐渐凸显，且目前无法通过规模经济对代差进行弥补。

（二）引擎突破：招大引强点燃产业发展引擎

重点招商，精准招商。积极引进商业航天企业总部，推进重大产业化项目落地，支持航天央企集团、民营头部企业在湖北设立分子机构。有针对性地跟踪梳理龙头企业信息，加强精准招商。集中精力招引链主企业、独角兽企业以及产业链核心环节企业。制定商业航天上下游产业链图谱，梳理与头部企业关联性强、投资意愿强、发展空间大的企业项目。卫星互联网是卫星通信和互联网融合而生的成果，其中低轨宽带卫星互联网领域，更需要密切关注。紧盯国家卫星互联网建设计划，重点谋求与中国星网集团的深度合作，探索央地协同，依托湖北优势为中国星网集团搞好配套及合作。

提升低成本规模化量产能力。改变传统航天重研发、重设计、重实验而

轻生产、轻服务的模式，提升卫星批量化、柔性化、智能化脉动生产水平，将产业重心实现由研到产的转型。推动商业航天企业深化供应链协同创新，通过整合产业链上下游资源，构建覆盖系统集成、核心部件制造、基础元器件研发、先进材料应用、精密加工装备、智能检测设备、工业软件平台及数据支撑体系的全链条协同机制，全面提升商业航天产业基础能力、产业链韧性和现代化水平。

强化金融支持。引导金融机构开发多元化融资工具，包括产业链专项信贷、航天装备租赁融资、科创企业专项信用担保等金融产品组合，重点加大和扩大空间信息网络、地面测控系统等新型基础设施建设的金融支持力度和范围，推动建立航天数据资产估值确权体系，完善空间信息资产化确权登记机制，鼓励发展基于遥感数据、导航数据等新型资产的融资、证券化等创新业务模式，构建覆盖资产估值、交易流转、风险定价的航天数字资产金融服务体系。对相关企业根据本地配套率分级提供资金支持。实施发射保险贴费措施，对从事发射、销售、运营等航天活动的商业航天企业予以保险补贴。推行发射保险补贴的优惠政策，对主要从事航天卫星发射，航天设备生产、制造、销售，以及卫星系统运营和数据服务等业务活动的商业航天企业，给予一定的保险补贴。以科学、合理的金融手段实现降低行业整体风险、支持商业航天产业蓬勃发展。

（三）应用突破：从需求端拉动产业发展

加强政府购买服务，开放应用场景。加强商业航天在耕地保护、违法占耕监督、地质灾害普查与监测、水土流失动态监测、洪涝灾害预判、防汛抗旱指挥、森林防火事前预防与事后扑救、森林病虫害监测、农业气候生态监测等诸多场景中的应用。统筹协调遥感数据资源采集、处理和服务，避免省级不同部门重复采购，快速响应各部门多样化的应用需求。湖北地处长江中游，江河纵横、湖泊丰沛、湿地密布，有利于湖北省以水利信息化服务为特色，在水域环境监测、水旱灾害防御等方面开放应用场景，如工业排污口监测、重点湖库和重点水利工程的水质监测（水体富营养化）、黑臭水体筛查、河流断流、溢油监测、洪涝灾害监测、干旱灾害监测等。

丰富应用场景，创新商业模式。通过海量卫星数据与数字经济融合，深度开发"通导遥"在多领域的协调应用，构建天地一体化信息服务体系，完善高精度时空信息服务网络，强化多源数据融合应用能力，深度赋能智慧城市建设、现代农业管理、应急响应体系等数字化场景，为数字政府治理能力提升和战略性新兴产业发展提供全域感知支撑。促进云计算、人工智能、大数据、卫星遥感、地理信息等信息技术与水利业务深度融合。对于不涉及国家安全的低精度数据（如地图遥感数据）也应适度开源。目前如 Blender 等国外软件可以通过调用免费开源的谷歌 GIS 地图数据、OpenStreetMap 路网数据绘制 3D 沙盘等。要积极挖掘市场需求，强化供需对接，宣传推介卫星遥感应用场景和成功案例示范。

区域经济篇

B.8
2024年武汉都市圈经济发展报告

倪艳 张蓝之*

摘 要： 2024 年，以武鄂黄黄为核心的武汉都市圈经济发展平稳，武汉新城建设全面加速，交通一体化快速推进，产业同链成效明显；未来，将通过提升经济能级、优化产业结构、提升创新驱动发展能力、深化城市圈协同发展、加强生态保护等，加速以武鄂黄黄为核心的武汉都市圈建设，更有效地发挥武汉的引领和辐射效应，形成大中小城市及小城镇和谐共进的良好局面。

关键词： 武汉都市圈 武汉新城 产业同链 创新驱动

一 经济发展概况

武汉都市圈以武汉市为核心，辐射鄂州、黄石、黄冈、孝感、咸宁、仙

---

* 倪艳，管理学博士，湖北省社会科学院经济研究所副所长、副研究员，主要从事经济发展、政策评价、创新创业等领域的研究；张蓝之，湖北省社会科学院经济研究所。

桃、天门、潜江等8座城市。2024年12月公布的国务院关于《湖北省国土空间规划（2021—2035年）》的批复，明确提出湖北省将构建1个国家级都市圈，即以武鄂黄黄为核心的武汉都市圈。武汉都市圈常住人口约3300万，占湖北省常住人口的比重约为56%，武汉都市圈地区生产总值占湖北省地区生产总值的60%。武鄂黄黄核心区常住人口约2300万，占湖北省常住人口的比重约为40%，在区域经济发展中承担着综合交通和物流枢纽、国家制造业中心、国家科技创新中心、金融中心、国际交往中心等重要职能，是引领湖北发展的重要增长极。

（一）经济平稳发展

2024年，武汉市地区生产总值为21106.23亿元，按不变价格计算，比上年增长5.2%；分产业看，第一产业增加值506.82亿元，增长2.6%；第二产业增加值6584.45亿元，增长3.5%；第三产业增加值14014.96亿元，增长6.1%；居民人均可支配收入59732元，比上年增长4.6%，城乡居民收入差距进一步缩小；固定资产投资增长3.1%，社会消费品零售总额增长5.3%，进出口总额增长11.8%，增速均居副省级城市前列，外贸规模突破4000亿元，比上年增长11.8%，占全省近六成。[①] 2024年，鄂州市地区生产总值为1341.30亿元，按不变价格计算，比上年增长6.5%。分产业看，第一产业增加值116.68亿元，增长3.4%；第二产业增加值568.17亿元，增长6.3%；第三产业增加值656.45亿元，增长7.4%。[②] 黄冈市2024年全市地区生产总值3216.65亿元，按不变价格计算，同比增长6.2%；分产业看，第一产业增加值606.48亿元，增长3.2%；第二产业增加值1062.79亿元，增长7.7%；第三产业增加值1547.38亿元，增长6.2%；规模以上工业增加值同比增长11.6%，固定资产投资（不含农户）同比增长3.3%，社会消费品零售总额1666.64亿元，同比增长5.7%；进出口总额178.7亿元，

---

① 《武汉去年生产总值同比增长5.2%》，《长江日报》2025年1月27日。
② 《2024年全市GDP同比增长6.5%》，鄂州市统计信息网，2025年1月24日。

同比增长 16.2%，高于全省 6.6 个百分点，居全省第 4 位；居民人均可支配收入达到 30161 元，同比增长 5.1%。① 2024 年，黄石市地区生产总值 2305.8 亿元，增长 7.1%、增速居全省第一；规模以上工业增加值增长 12.6%、增速居全省第二；一般公共预算收入 190 亿元、居全省第四，增长 12.2%、增速居全省第五；完成进出口总额 606.6 亿元、增长 26%，均居全省第二；固定资产投资增长 7.9%，投资运行总体平稳；社会消费品零售总额增长 5.1%，与全省持平。② 此外，孝感市、天门市等经济也表现出强劲的增长势头。2024 年武汉都市圈除武汉市和潜江市外，其他城市 GDP 增速均超过湖北省地区生产总值增速（5.8%）（见表 1）。根据公开的数据测算，武汉都市圈实现地区生产总值占湖北省地区生产总值总量均为 60%，且保持相对平稳，说明区域经济协调发展多级支撑的局面基本形成。③

表 1　2021~2024 年武汉都市圈各城市地区生产总值及增速

单位：亿元，%

城市	2021 年		2022 年		2023 年		2024 年	
	总量	增速	总量	增速	总量	增速	总量	增速
武汉市	17716.76	12.2	18866.43	6.49	20011.65	5.7	21106.23	5.2
黄石市	1865.68	13	2041.51	9.42	2108.96	6.8	2305.8	7.1
鄂州市	1162.30	12.9	1264.55	8.80	1266.03	6.0	1341.30	6.5
黄冈市	2541.31	13.8	2747.90	8.13	2884.68	6.0	3216.65	6.2
孝感市	2562.01	13.4	2776.97	8.39	2919.85	6.7	3258.54	7.0
咸宁市	1751.82	12.8	1875.57	7.06	1819.23	1.6	1994.57	6.1
仙桃市	929.90	6.3	1013.14	8.95	1014.33	4.6	1125.13	5.9
天门市	718.89	12.1	730.05	1.55	904.92	6.2	785.4	6.3
潜江市	852.74	12.3	886.65	3.98	712.17	6.3	951.97	5.2

资料来源：2021~2023 年数据来自 2022~2024 年《湖北省统计年鉴》，2024 年数据来自各市人民政府及政府部门网站。

---

① 黄冈市统计局、国家统计局黄冈调查队：《2024 年黄冈经济运行情况》，黄冈市经济和信息化局网站，2025 年 2 月 8 日，https://jxw.hg.gov.cn/zwdt/jjyx/1266927.html。

② 《2024 年黄石地区生产总值增长 7.1%增速全省第一》，荆楚网，2025 年 2 月 7 日，http://news.cnhubei.com/content/2025-02/07/content_18922258.html。

③ 根据 2022~2024 年《湖北省统计年鉴》及各市人民政府网站公开数据测算。

（二）武汉新城建设全面加速

武汉新城跨武汉、鄂州两市，位于武鄂黄黄的地理中心，规划面积约719平方公里，管控范围面积约1689平方公里，是武汉未来20年发展核心，是以武鄂黄黄为核心的武汉都市圈的发展主引擎，是湖北加快中部崛起的关键举措和重要抓手。根据省推进三大都市圈发展工作领导小组办公室发布的《武汉新城规划》，武汉新城将建设成为世界级科技创新策源高地、国家战略性新兴产业高地、全国科创金融中心、国际交往中心、中国式现代化宜居湿地城市样板。[①] 通过加快推进武汉新城建设，推动武汉都市圈高质量发展，进而以武汉都市圈为中心，推进长江中游城市群联动发展。

2024年，武汉市制定《武汉新城（武汉区域）六大片区起步区建设实施方案》，明确六大片区起步区功能定位、空间选址、项目清单和实施策略。[②] 2024年，武汉新城重大项目建设取得突破性进展，4个中轴线项目部分楼栋已封顶，豹澥湖公园商业街进入装修阶段，中央公园首开区完成部分绿化。基础设施配套建设加速推进，武汉新城"七横七纵"骨架路网中的四横四纵均已通车，为武汉新城中心片区运行提供了基础保障。武汉市轨道交通11号线东段连通葛店，经武汉新城，可直达武昌中心城区。武汉新城还完成10个水环境治理项目、建成10个电力配网、完成15项民生工程和5大园林绿化工程。

鄂州市与武汉东湖高新区共同编制完成了武汉新城《综合交通专项规划》《市政基础设施专项规划》《智慧城市专项规划》《中轴线深化设计》等6个专项规划，开工200个重点项目，完成投资280亿元。[③] 新城鄂州片区人口年均增长11.3%。[④]

---

① 《关于发布武汉新城规划的通知》，湖北省发展和改革委员会网站，2023年2月6日，https://fgw.hubei.gov.cn/fbjd/zc/gfwj/gf/202302/t20230207_4509716.shtml。

② 《拓展合作、加速破"圈"！武汉引领，深入推进都市圈协同发展》，《长江日报》2025年1月16日，第9版。

③ 王文华：《协同并进，数说湖北三大都市圈》，《支点》2025年1月15日。

④ 《政府工作报告》，鄂州市人民政府网站，2025年1月21日，https://www.ezhou.gov.cn/gk/zdlyxxgk/lwlb/gzbs/202501/t20250124_687293.html。

（三）交通一体化快速推进

2024 年，武汉都市圈"1 小时通勤圈"基本形成。自 2024 年 1 月 24 日起，武鄂黄黄都市圈城际铁路公交化运营"新城快线"列车正式开行。"新城快线"是加快推动武鄂黄黄高质量、一体化发展的具体举措。通过快速通勤、大运量、绿色低碳的互联方式，不断满足武鄂黄黄人民群众出行需求，为加速推进以武鄂黄黄为核心的武汉都市圈建设，高水平打造武汉新城，共建光谷科创大走廊等提供了有力支撑。武汉进一步完善都市圈环射路网布局，加快推进武汉都市圈环线、武天高速、武松高速等项目建设，① 提升区域公路集疏运能力，实现武汉至周边城市"直联直通直达"，推动武汉都市圈 1 小时通勤。2024 年武天高速天门东段已建成，天门西段已全面开工，孝汉应高速通车运营，17 条武鄂黄黄快速路品质提升工程如期完成。2024 年 12 月 30 日，光谷二路跨光谷大道主线桥梁贯通，贯通后光谷二路可直接连接武阳高速。2024 年，天河机场旅客吞吐量达到 3140.6 万人次；② 新增鄂州花湖国际机场，全年新开通货运航线 30 条，累计达 85 条，通达 50 个国内城市、34 个国际城市；年货邮量居全国第 5、增速居全国第 1；全货机起降超 3 万架次、居全国第 3。③ 中欧班列（武汉）连续两年开行量突破 1000 列，跨境运输线路增至 57 条。武汉港集装箱铁水联运量达到 24.86 万标箱④，居内河港口第 1⑤。武汉都市圈物流商贸业发展迎来新的历史机遇。

---

① 《拓展合作、加速破"圈"！武汉引领，深入推进都市圈协同发展》，《长江日报》2025 年 1 月 16 日，第 9 版。

② 《天河机场 2024 年旅客吞吐量 3140.6 万人次》，《长江日报》2025 年 1 月 7 日。

③ 《政府工作报告》，鄂州市人民政府网站，2025 年 1 月 21 日，https：//www.ezhou.gov.cn/ gk/zdlyxxgk/lwlb/gzbs/202501/t20250124_687293.html。

④ 《全省交通运输工作会在汉召开：确保 2025 年完成交通固定资产投资 2000 亿元 力争 2200 亿元》，湖北省交通运输厅网站，2025 年 1 月 16 日。

⑤ 《武汉市 2025 年政府工作报告》，《长江日报》2025 年 1 月 25 日。

（四）产业同链成效明显

2024年，武汉引领都市圈紧紧围绕以科技创新引领产业创新，以光谷科技创新大走廊为制造业创新发展联动轴，围绕五大优势产业，对供应链、产业园区等产业链上的软硬件基础设施进行招商方式创新，打造区域产业集群。武汉都市圈创新链协同效应显著，黄石、黄冈、咸宁、天门、鄂州等市在武汉设立的离岸科创中心等"科创飞地"已经投入运营。武汉科技成果转化平台入驻都市圈企业达68家；武汉高校院所与8市新建10余家省级产业技术研究院。[①] 2024年，武汉光电子信息、新能源与智能网联汽车、高端装备、生命健康、北斗等五大优势产业营收增长10%以上，高技术制造业增加值增速为23.7%，对规模以上工业增长贡献率达92.5%。[②] 武汉都市圈围绕产业链布局创新链，聚焦五大优势产业，培育先进制造集群，从协同创新、智能融合、绿色安全等方面推进产业园区建设，支撑都市圈产业集群竞争力和影响力不断提升。近年来，武汉、孝感、黄石、鄂州、仙桃等地成为新能源产业重镇。以武汉为龙头，都市圈内的黄石、黄冈等也积极布局新能源汽车和智能网联汽车产业，形成了完整产业链。光电子信息产业是武汉都市圈最具代表性的产业之一，具有全球影响力，武汉东湖新技术开发区在2024年国家高新区综合评价50强中排名第6位。武汉集聚了超1.6万家光电子信息企业，形成光通信、光电显示、激光等"光芯屏端网"全产业链。[③] 孝感、潜江发展光纤光缆为武汉光谷提供配套，黄石、鄂州等做强电子元器件、电子材料等特色产业。孝感投产了超芯半导体面板、电子线束产品等项目。潜江积极参与武汉都市圈内优势产业集群协同分工，延伸开发光通信、光终端等产品，布局集成电路、光电子器件等产品。鄂州葛店经开区与光谷加快共建光电子信息

---

① 《拓展合作、加速破"圈"！武汉引领，深入推进都市圈协同发展》，《长江日报》2025年1月16日，第9版。
② 《武汉市2025年政府工作报告》，《长江日报》2025年1月25日。
③ 王文华：《协同并进，数说湖北三大都市圈》，《支点》2025年1月15日。

产业集聚区。黄石集聚了近百家光电子信息企业，产品线涉及铜箔、玻纤纱（布）、覆铜板、触摸屏、显示模组、显示屏、手机、笔记本电脑、服务器等。

武汉都市圈发展协调机制办公室正式印发《武汉都市圈园区合作共建利益共享机制指导意见》，以共建园区作为共同发展重要支撑载体，以实现园区利益合理分配为切入点，通过建立和制定园区收支核算机制和财税利益分配办法、规范园区指标统计口径和方法、支持多方式分配园区利益、建立利益争端协调处理机制，促进各项发展要素向园区集聚，促进武汉都市圈实现优势互补、协同发展。此外，举办 2024 武汉都市圈跨国公司对接会活动等联合招商活动，成立武汉都市圈生命健康产业区域协同发展联盟等，助推武汉都市圈产业同链。"光谷第九园"（光谷黄冈科技产业园）等共建园区进圈成链，初步形成了研发、头部、融资、主链在武汉，制造、链条、投资、配套在都市圈的产业发展格局。① 武汉都市圈科创产业共同体已产生溢出效应，吸引了不少圈外乃至省外企业入驻。

二　当前存在的问题

一是武汉都市圈能级还需进一步提升。从地区生产总值来看，武汉在全国万亿城市中排名位于上海、北京、深圳、重庆、广州、苏州、成都、杭州之后，排名第 9（见图 1）。武汉刚刚迈上 2 万亿元的台阶，与 5 万亿元左右能级的上海、北京，3 万亿元以上能级的深圳、重庆、广州，还有较大差距。武汉都市圈以武鄂黄黄为核心，武鄂黄黄 GDP 约为 2.80 万亿元，能级仍然较低，除了远低于北京、上海、广州、深圳等老牌都市圈能级外，也远低于 5 万亿元级的苏锡常都市圈、4 万亿元级的南京都市圈和杭州都市圈，仅与成都都市圈的 2.98 亿元差距不大。②

① 《拓展合作、加速破"圈"！武汉引领，深入推进都市圈协同发展》，《长江日报》2025 年 1 月 16 日，第 9 版。
② 各地公布的 2024 年国民经济和社会发展统计公报。

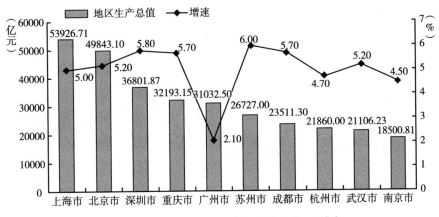

图1 2024年全国地区生产总值排名前10城市

资料来源：各市人民政府网站。

二是产业和创新布局有待进一步协同。武汉市与都市圈各成员的产业链和创新链布局正在理顺，如产业链联合招商、共建园区等机制已经建立。目前，虽然合作机制已日趋完善，产业项目数量较少，规模还较小，还需要加快协同推进一体化产业发展格局。武汉都市圈在围绕创新链优化产业链，提升创新服务水平，并加大高科技企业招商引资和高技术人才引进力度等方面还有改进空间。

三是交通基础设施建设有待加速。虽然武汉都市圈内的交通网络已经相对完善，但仍未全部完成，如武天高速武汉至汉川段尚在建设中。武汉新城"七横七纵"交通网尚未全部建成通车。跨城地铁、城际铁路以及高速公路等交通基础设施建设还在继续推进中。武汉新城及武汉都市圈的市政工程、民生工程也需要一体化推进。

四是人才吸引力不足。武汉都市圈在人才引进方面也存在一定的难题。尽管武汉市拥有众多高等院校和科研机构，培养的优质人才多数却流向了能级更高的地区。一些高端人才和优秀人才仍可能流向其他一线城市或海外地区，武汉地区仅约30%高校毕业生留汉。同时，武汉都市圈内的其他城市在人才引进和留用方面吸引力不够，影响了区域的整体竞争力。

三　趋势与展望

2024 年 11 月，习近平总书记在湖北考察时强调，以武汉都市圈为中心，推进长江中游城市群联动发展。① 加速以武鄂黄黄为核心的武汉都市圈建设，推动同城化与一体化进程，将更有效地发挥武汉的引领和辐射效应，形成大中小城市及小城镇和谐共进的良好局面。

（一）经济能级持续稳定提升

武汉都市圈将继续保持经济持续稳定增长的良好势头。2024 年 12 月 5 日，国务院公布了对《湖北省国土空间规划（2021—2035 年）》的正式批复。其中，武汉都市圈在此次空间规划中的城镇空间布局得以确认。武汉都市圈强调城市间的协同合作，以增强整体经济活力。随着产业结构的不断优化和新兴产业的加速发展，武汉都市圈的经济能级将持续提升，为中部地区崛起注入强劲动力。同时，武汉都市圈内的城市之间将形成更加紧密的区域协同发展效应，共同推动区域经济的整体提升。

（二）产业结构持续优化升级

武汉都市圈将继续推进产业结构的优化升级。进一步扩大光电子信息产业、高端装备产业、北斗等优势产业规模，加快实施强链补链项目。培育壮大人工智能、低空经济、生命健康、商业航天、量子科技、先进半导体等产业，推动人形机器人实现产业化。继续加强制造业的高端化、智能化、绿色化转型，提升制造业的核心竞争力。同时，加强产业协作和资源共享，推动武汉都市圈产业协同发展。

---

① 《习近平在湖北考察时强调　鼓足干劲奋发进取　久久为功善作善成　奋力谱写中国式现代化湖北篇章》，新华网，2024 年 11 月 6 日。

（三）创新驱动发展能力不断提升

武汉都市圈将不断提升创新驱动发展能力。继续加强科技创新平台和人才队伍建设，推动科技创新成果的转化和应用，坚持以科技创新引领产业创新、带动全面创新，实现更多依靠创新驱动、更加注重质量效益与更好发挥先发优势的"智慧增长"。从创新政策、创新平台、创新氛围和创新服务四个方面统筹发展，优化创新创业生态。为集聚更多海内外创新人才与创投资本、为推进科技创新与产业创新深度融合发展提供根本保障。优化高质量创新空间布局，用好中央新一轮支持武汉科技创新中心建设政策，推进光谷科创大走廊、东湖科学城核心承载区建设。

（四）区域协同发展不断深化

武汉都市圈将继续深化区域协同发展，依托两个重要的交通廊道联动长江中游城市群发展。通过京广通道和京九廊道，促进交通基础设施的建设和完善，提升区域交通的便捷性和通达性，加强产业协作和资源共享，推动武汉都市圈内城市之间形成更加紧密的区域协同发展效应。加强与周边地区的交流合作，推动武汉都市圈在更大范围内实现协同发展。

（五）生态保护与经济发展相协调

武汉都市圈将更加注重生态保护与经济发展的相协调，坚持"绿水青山就是金山银山"理念，推动建立在资源节约和环境友好基础上的"绿色增长"。加强生态环境保护和治理，提升区域生态环境质量，并积极探索生态经济发展模式，推动绿色发展和可持续发展，加快武汉、黄石国家级"无废城市"，以及鄂州、孝感、仙桃、潜江省级"无废城市"建设。同时，加强生态补偿机制的建设和完善，保障生态资源的合理开发和利用。

B.9
2024年襄阳都市圈经济发展报告

倪艳 柳文轩*

摘 要： 襄阳都市圈经济运行稳中提质，产城融合加速成形，交通网络扩能升级，产业结构实现创新突破，消费市场活力迸发，中部科创高地快速崛起。未来，将以更高站位融入新发展格局，通过创新链、产业链、交通链、要素链的深度重构，加强成果转化、强化交通优势、布局新兴产业和未来产业、强化招商引资、激发县域活力，打造中西部高质量发展新高地。

关键词： 襄阳都市圈 产城融合 协同创新 高质量发展

襄阳都市圈范围为襄阳全市域，2023年末常住人口约527.85万[①]。襄阳都市圈由核心区（中心城区）和紧密区（市域内除中心城区外的区域）构成，直接辐射带动区为十堰、随州、神农架，联结协作区为南阳，宜荆荆都市圈，武汉、西安、郑州、重庆、成都等城市都市圈。[②] 将主要发挥引领汉江流域、辐射南襄盆地、联动鄂西北高质量发展的重要作用，推动区域规划协同、产业协同、创新协同、开放协同、生态协同，打造区域发展的强劲增长极和重要动力源。

---

* 倪艳，管理学博士，湖北省社会科学院经济研究所副所长、副研究员，主要从事经济发展、政策评价、创新创业等领域的研究；柳文轩，湖北省社会科学院经济研究所。

① 《湖北省统计年鉴2024》，湖北省统计局网站。

② 《〈襄阳都市圈发展规划〉发布构建"一体两翼四带"发展格局》，襄阳市人民政府网站，2023年3月14日，http://www.xiangyang.gov.cn/zxzx/jrgz/202303/t20230314_3166558.shtml。

一　经济发展概况

襄阳都市圈构建了"一体两翼四带"的发展格局。其中，"一体"指的是推动襄宜南一体统筹发展，强化该地区的核心引领作用，在襄阳中心城区、宜城、南漳三地分别布局战略性及创新性产业中心、先进制造业基地、有机及循环产业基地，加快相关产业集群发展壮大，打造产业核心。"两翼"协同指的是发挥东翼枣阳的辐射带动作用，促进西翼河谷城市组群协同发展。"四带"则包括汉十城镇发展带、襄荆城镇发展带、沿汉江城镇发展带、麻竹城镇发展带，通过这些发展带串联各级城市和多处重点城镇，促进大中小城市协调发展。①

（一）经济运行稳中提质

2024年，襄阳市经济高质量发展迈出新步伐。根据市州生产总值统一核算结果，全年实现地区生产总值6102.41亿元，按不变价格计算，比上年增长5.9%，增速分别比全国平均水平（5%）、全省平均水平（5.8%）高出0.9个和0.1个百分点；规上工业增加值增长8.0%，其中，汽车制造业增长6.8%，化学原料和化学制品制造业增长12.1%；新能源汽车、锂离子电池产量分别增长125.7%、50.6%。固定资产投资增长8.4%，其中工业投资增长21.4%，社会消费品零售总额2305.00亿元，比上年增长4.9%。②2024年，十堰市地区生产总值为2565.8亿元，同比增长6.5%；规上工业增加值增长11.5%，服务业增加值增长5.5%，固定资产投资增长8.2%，社会消费品零售总额1469.8亿元，同比增长4.8%。③随州市实现地区生产

---

① 《〈襄阳都市圈发展规划〉解读》，襄阳市人民政府网站，2023年3月14日，http://www.xiangyang.gov.cn/2022/jtys/lsqk_35588/202303/t20230314_3166777.shtml。

② 《2024年全市经济运行情况简析》，襄阳市统计局网站，2025年1月26日，http://tjj.xiangyang.gov.cn/tjsj/tjfx/202501/t20250126_3754132.shtml。

③ 《2024年十堰经济运行稳中向好　GDP同比增长6.5%》，十堰市人民政府网站，2025年2月4日，https://www.shiyan.gov.cn/ywdt/syyw/202502/t20250204_4693210.shtml。

总值1442.35亿元,增长6.1%;规上工业增加值增长9.9%,服务业增加值增长4.7%,固定资产投资增长8.0%,实现社会消费品零售总额723.21亿元,同比增长5.0%。① 神农架林区地区生产总值48.62亿元,按不变价格计算,同比增长4.5%,规上工业增加值同比增长1.7%,固定资产投资同比增长7.5%;社会消费品零售总额增长4.4%。② 2024年,神农架林区重点景区接待游客人次增长10%,旅游收入增长10.4%。③ 从2024年襄阳都市圈及辐射带动区地区生产总值及增速(见表1)来看,十堰市、随州市的增速均高于襄阳市,襄阳市对辐射带动区的带动作用较强。

表1 襄阳都市圈及辐射带动区地区生产总值及增速(2021~2024年)

单位:亿元,%

城市	2021年		2022年		2023年		2024年	
	总量	增速	总量	增速	总量	增速	总量	增速
襄阳市	5309.43	14.7	5827.81	5.4	5842.91	4.8	6102.41	5.9
十堰市	2163.98	11.5	2304.68	3.6	2359.03	6.1	2565.8	6.5
随州市	1241.45	12	1328.78	4.4	1330.85	4.8	1442.35	6.1
神农架林区	35	10.1	35.61	0.2	40.80	7.8	48.62	4.5

资料来源:2022年至2024年《湖北省统计年鉴》,以及各市、林区人民政府网站。

(二)东津新区产城融合加速成形

东津新区作为襄阳都市圈的核心区域,是襄阳市重点打造的城市新中心,其发展对于推动襄阳都市圈的经济增长和区域协调发展具有重要意义。东津新区位于襄阳市区东部,规划控制面积286平方公里,其中起步建设区面积80平方公里,已建成面积25平方公里。目前,东津新区坚持

---

① 《2024年随州经济运行情况》,"随州统计"微信公众号,2025年1月27日。
② 《1-12月神农架经济运行情况综述》,神农架林区统计局网站,2025年2月6日,http://tjj.snj.gov.cn/fdzdgknr_38996/gysyjs_42895/fp_42898/202502/t20250206_5530343.shtml。
③ 《【一图读懂】2025年神农架林区政府工作报告》,神农架林区人民政府网站,2025年1月9日,http://www.snj.gov.cn/zwgk/xxgkml/qtzdgknr/gzbg/202501/t20250109_5495647.html。

"以产兴城、产城一体"的发展思路，聚焦培育打造交替领先的产业格局，已初步形成了新能源整车及关键零部件制造产业、新能源新材料产业、数字产业、高端装备制造和电子信息产业，以及文化旅游产业。近百家行业龙头和领军企业在东津新区落地。产学研用一体化发展正逐步成形，东津新区集聚了湖北隆中实验室、襄阳华中科技大学先进制造工程研究院、武汉理工大学襄阳示范区、华中农业大学襄阳书院、湖北文理学院临床医学产教融合基地、襄阳科技职业技术学院、襄阳职业技术学院等一批重点院校和实训基地。① 在基础设施建设方面，东津新区已建成的襄阳东站是全国地级市最大高铁站，距湖北襄阳刘集机场仅 15 分钟车程，立体交通网络可通达全国 170 多个城市。

（三）交通网络扩能升级

2024 年，襄阳都市圈以交通"硬联通"项目为抓手，加速推进区域基础设施互联互通，全面提升交通枢纽能级，全年共谋划实施 48 个项目。高速公路建设方面，襄阳至南漳段建成通车，"襄十随神"高速公路总里程达 1772 公里，谷城至丹江口三官殿公路提档升级、神农架燕子垭至房县上龛公路改扩建等 12 个跨市域公路项目完工，十堰至巫溪高速郧西鲍峡段、随州至信阳高速等项目加快建设。铁路建设取得显著进展，呼南高铁襄阳至荆门段完成年度投资计划的 90%，武西高铁十堰段加速建设，合襄高铁正式被纳入《国家"十四五"铁路安全发展规划》，襄阳小河港区疏港铁路专用线一期工程已于 6 月投用。水运方面，丹江口至襄阳段千吨级航道整治项目初步设计获批，唐白河航运工程进展顺利，汉江王甫洲二线船闸前期工作全面启动，进一步补齐汉江航道通航能力短板。襄阳国家综合货运枢纽补链强链实施方案完成编制，多式联运服务体系建设同步推进。襄阳环线提速改造工程全线通车，中心城区快速路通车里程已达 200

---

① 《东津新区简介》，襄阳东津新区（襄阳经济技术开发区）网站，2024 年 8 月 12 日，http：//djxq. xiangyang. gov. cn/zxzx_178/xqgk/201910/t20191025_1918832. shtml。

公里，形成"半小时交通圈"，环线串联五大城区，优化了"一心四城"空间布局，推动区域融合发展，助力襄阳成为汉江流域乃至中西部地区的经济增长极。

（四）产业结构实现创新突破

2024年，襄阳都市圈以产业层级与能级"双提升"为核心抓手，全面激发区域经济高质量发展动能。依托"汉孝随襄十"万亿级汽车产业走廊建设，加速推进襄阳东风乘用车制造总部工厂、十堰鹏飞氢能重卡、随州国家级专用汽车检测研发基地等重大项目，强化产业链协同创新。聚焦"6+2"重点产业体系培育，推动高端装备制造、新能源新材料、电子信息等优势产业集群向价值链高端跃迁，形成具有竞争力的产业矩阵。深化区域产业联动，深度参与湖北"菇七条"制定及香菇产业供应链平台建设，整合"襄十随神"四地近1200家工业企业入驻襄阳供应链公共服务平台，实现资源精准匹配与降本增效。文旅经济实现突破性发展，通过湖北文旅集团统筹整合古隆中、武当山、神农架等核心景区资源，构建产品—线路—运营一体化体系，成立"襄十随神"旅游联盟，推行旅游"一卡通"，串联金秋精品线路及户外运动场景，成功举办甲辰年寻根节、"一季三会四赛"等品牌活动，全年吸引游客超200万人次。

（五）消费市场活力迸发

2024年，襄阳都市圈以打造区域消费中心城市为目标，深入推进消费提质升级行动，通过政策赋能、业态创新与区域协同，实现消费能级与开放型经济质效双提升。在政策驱动方面，全面落实消费品"以旧换新"政策，覆盖汽车、家电、家居等重点领域，汽车更新1.7万辆、家电换新19.6万台，拉动消费超40亿元；持续优化购房支持政策，上线运行襄房供应链平台，全市商品房销售面积同比增长实现回正；新增中国驰名商标1个、"中华老字号"1个、"湖北老字号"6个，创建省级特色商业街和夜间消费集聚区6个，助力消费市场加速回暖，全年社会消费品零售总额达到2305亿元、居全省第 2 位。① 29 个文旅产业项目加快推进，新开旅游景区 1 个、3 个景区晋级国家 4A 级旅游景区、新增 5A 级旅行社 1 家、五星级旅游饭店新增 1 家，全年旅游总收入突破 800 亿元。推动商旅文深度融合，依托"荆楚购""消费促进月"等系列活动，联动文旅资源开展音乐啤酒节、古风市集、体育赛事"三进"活动，2024 年唐城夜游、闸口大虾一条街等夜间经济项目持续"出圈"。本土跨境购物平台"睐斯购"新增 3000 余个进口商品品类，线下体验店覆盖核心商圈，同步推动"石花""熊银匠"等 15 家老字号焕新，推动"襄茶""襄酒"等本土特色品牌知名度提升，形成"国际品牌+本土潮品"消费矩阵。此外，供应链体系优化支撑消费提质，新建改造 30 个县域物流中心、10 个农贸市场，上线"襄链通"供应链金融服务平台，提高流通效率。开放型经济稳步发展，全年进出口总额和实际使用外资均同比增长 8%左右，依托襄阳生产服务型国家物流枢纽与保税物流中心，推动跨境电商交易额快速增长。通过多维联动，襄阳都市圈消费结构持续升级，内外需协同发力，为区域经济高质量发展注入强劲动能。

（六）中部科创高地引领增长极崛起

2024 年，襄阳都市圈以科技创新为核心驱动力，通过高能级平台建设、创新要素集聚与协同机制优化，构建现代化产业体系与可持续增长模式。在创新平台建设方面，湖北隆中实验室作为战略科技力量，推动陶瓷储热/冷技术成果转化，带动总投资 50 亿元的南漳储能装备产业园落地，实现科技成果转化增加值约 7 亿元。依托湖北隆中实验室、襄阳华中科技大学先进制造工程研究院、华中农业大学襄阳现代农业研究院等高能级科创平台，解决一批产业共性技术痛点和"卡脖子"技术难点。② 在示范区创建上，襄阳国家农业高新技术产业示范区完成智能农业装备、肉制品加工两大省级技术创

① 《2025 年襄阳市政府工作报告》，襄阳市人民政府网站，2025 年 2 月 5 日，http：//www. xiangyang. gov. cn/szf/zfxxgk/fdzdgknr/qtzdgknr/zfgzbg/202502/t20250205_3755699. shtml。

② 《2025 年襄阳市政府工作报告》，襄阳市人民政府网站，2025 年 2 月 5 日，http：//www. xiangyang. gov. cn/szf/zfxxgk/fdzdgknr/qtzdgknr/zfgzbg/202502/t20250205_3755699. shtml。

新中心布局，崖州湾国家实验室襄阳玉米试验基地揭牌，将打造一流科研创新平台和数字化示范农场。① 通过大数据平台与专家库搭建，推动绿色产业与循环经济实践。创新要素加速集聚，科创供应链平台襄阳专区入驻企业816家，对接完成214项技术需求，汉江科联网发布科技成果74项，促成校企签约项目8个，有效提升科技创新供需对接效能。"轻骑兵行动"等成果转化活动发布科研成果1468项，推动襄十随神四地技术需求对接4项，助力产业链协同升级。协同机制方面，襄十随神四地深化联席会议制度，共建现代农业产业人才联合体，联合50家农业企业开展项目合作，并推动高能级平台资源共享，实现科技人才一体化发展。科学教育创新基地建设进一步融合科教资源，依托湖北隆中实验室科研优势，开展科普教育、科技竞赛等活动，培育新质生产力后备人才。通过多维联动，襄阳都市圈形成创新驱动—产业升级—区域协同高质量发展格局，为打造中部地区科技创新高地与区域经济新增长极奠定坚实基础。

二 当前存在的问题

一是要素集聚效能有待提升，创新驱动需持续强化。人口要素方面，2024年末襄阳都市圈常住人口527.97万人，较2023年仅增加0.12万人，②人口吸引力不足。产业要素方面，襄阳第二产业税收贡献率低于洛阳、芜湖，第三产业占比与武汉、宜昌相比差距显著。创新要素方面，2024年襄阳全社会研发投入占GDP比重为2.1%，低于全省平均水平，高新技术企业数量仅为武汉的12.5%左右，③且发明专利授权量集中于汽车等传统领域，新兴产业创新成果转化率偏低。

---

① 《襄阳：两个省级技术创新中心落户襄阳》，湖北省科学技术厅网站，2024年8月23日，https://kjt.hubei.gov.cn/kjdt/sxkj/xy/202408/t20240823_5313226.shtml。

② 《2024年湖北统计年鉴》《襄阳市2024年国民经济和社会发展统计公报》，湖北省统计局官网。

③ 《武汉市2025年政府工作报告》，武汉人民政府网站；《襄阳市国家高新技术企业数量首次突破2000家，全省第二》，襄阳市科学技术局网站。

二是产业协同需深化推进，同质化发展亟待破题。襄阳都市圈内产业布局缺乏统筹。枣阳、宜城等地将新能源汽车、精细化工等列为重点产业，导致招商同质化与资源分散。传统产业转型滞后，新能源电池材料、智能网联汽车等产业链配套本地化率仍有提升空间，尚未形成研发—制造—服务一体化生态。跨区域联动方面，襄阳与十堰、随州的产业协作项目占比较低。

三是空间协调发展需统筹谋划，城乡融合需加速推进。根据湖北省统计局网站数据，2024年襄阳市GDP占都市圈总量的60.1%，十堰与随州合计占比39.5%，随州经济规模仅为襄阳市的23.6%；襄阳市人均GDP高于全省平均的10.28万元；十堰市、随州市人均GDP均低于全省均值，随州市人均GDP相当于襄阳市的60%；襄阳市一般公共预算收入是随州市的4.3倍；襄阳市城镇居民人均可支配收入约4.8万元，农村居民人均可支配收入约为2.5万元，农村居民收入仅为城镇居民的一半左右。[①]

三　趋势与展望

襄阳都市圈正处于国家战略叠加赋能、区域能级加速跃升的关键窗口期，需以更高站位融入新发展格局，通过创新链、产业链、交通链、要素链的深度重构，培育新质生产力，打造中西部高质量发展新高地。

（一）构建协作机制，推动成果转化

深化"政产学研金服用"协同创新体系建设，组建新能源汽车、装备制造、现代农业等重点产业创新联合体，支持龙头企业联合高校院所共建产业技术研究院、概念验证中心和中试基地，打通实验室—中试线—产业化全链条通道。建立跨行政区的科技成果转化利益共享机制，依托汉江生态经济带科创走廊，搭建区域性技术交易市场和专利运营平台，探索技术入股、收

---

① 数据来源于湖北省统计局官网襄阳市、十堰市、随州市2024年统计公报，并进行计算。

益分成等市场化转化模式。强化科技金融支撑，设立科技成果转化引导基金，创新"拨投结合""投贷联动"等金融产品，完善知识产权质押融资风险补偿机制。实施产业基础再造工程，聚焦关键共性技术开展联合攻关，建立产业链上下游企业技术适配对接机制，推动创新链与产业链融合。健全科技成果转化政策保障体系，落实首台套、首批次应用奖补政策，完善科研人员职务发明权益分享机制，建设专业化科技经纪人队伍，构建覆盖科技成果评价、交易、孵化的全流程服务体系。

（二）转交通优势为发展优势

深度融合交通网络与产业体系，推动形成通道+枢纽+网络+产业发展新格局，为襄阳都市圈打造汉江流域核心增长极、构建中西部地区重要战略支点提供坚实支撑。把握呼南高铁、武西高铁建设机遇，在高铁站点周边布局智能制造、现代商务等产业，推进襄阳东站枢纽经济区建设。深化交通网络与产业布局协同，沿 G70 福银高速布局汽车产业走廊，建设汉江绿色建材运输大通道，培育新能源装备制造专用运输廊道。强化区域协同发展机制，推进现代交通产业体系建设，依托国家综合货运枢纽补链强链项目发展智慧物流产业，培育交通装备制造业。实施交通赋能乡村振兴行动，利用环线提速改造形成的快速路网完善农村物流网络，沿改扩建的跨市域公路布局特色农业产业带，发展路衍经济。

（三）布局新兴与未来产业

依托现有产业基础和资源禀赋，聚焦未来制造、未来信息、未来材料、未来能源等重点方向，以国家级车联网先导区建设为引领，加快构建"车路云网图"全产业生态，推动智能网联汽车、新能源电池材料、储能技术等领域的链式集群发展。同步推进磷石膏综合利用、半导体封装材料、高性能电子胶等新兴技术的产业化应用，支持龙头企业联合高校院所开展颠覆性技术攻关，建设一批未来产业科技园和先导区，打造新技术突破—新场景应用—新物种涌现—新赛道爆发的未来产业发展路径。深化"链长制"工作机制，统筹产业链上下游协同创新，设立专项产业基金支持关键核心技术研发及成果转化，强化智能网联设备改造、工业互联网平台搭建等数字基建支撑，推动无人配送、智慧物流等场景规模化落地，并通过"黄金八条"人才政策吸引高端创新团队，构建"五链融合"的产业生态体系，为战略性新兴产业和未来产业提供全生命周期服务。

（四）强化招商引资，推动项目建设

进一步强化专班统筹、链式招商与全周期服务机制，依托襄阳都市圈产业基础和资源优势，聚焦新能源与智能网联汽车、高端装备制造、新材料等主导产业及新兴赛道，精准绘制产业链图谱和招商热力图，按"图"寻商、沿"链"引商，统筹"四大家"领导挂帅的招商团队协同作战，形成市县联动、部门协同的"大员上阵"攻坚格局。同时深化"招落服统"全流程闭环管理，由项目推进服务专班强化要素保障、审批协调和督办服务，建立重大项目"一事一议"机制和跨区域利益共享机制，重点引进关键性、引领性项目，推动签约项目快开工、快入库、快投产，并依托"两资三能"工程强化政策配套，整合专项债券、国债及中央预算内资金向产业项目倾斜，打造"软硬联通"结合的营商环境高地，以项目集聚加速现代化产业体系构建。

（五）聚焦强县工程，激发县域活力

立足县域资源禀赋和发展基础，以产业升级和城乡融合为双轮驱动，推动特色产业集群化发展，重点培育农产品加工、装备制造、新能源汽车配套等县域主导产业链，支持建设专业化产业园区和特色产业小镇。加快完善以县城为中心的立体交通网络，强化县域与中心城市物流通道衔接，提升冷链物流、智慧仓储等基础设施水平。深化扩权赋能强县改革，优化县域营商环境，探索建立跨县域产业协作机制，推动土地、资本、技术等要素城乡双向流动。加大财政转移支付和专项债券倾斜力度，引导社会资本参与县域公共服务设施建设，构建覆盖城乡的教育医疗、文化体育服务体系，打造一批产城融合、生态宜居的现代化新型县城。

B.10
2024年宜荆荆都市圈经济发展报告

倪艳　柳文轩*

摘　要： 宜荆荆都市圈经济总量跃升实现新突破，区域协同发展联盟加快构筑，交通一体化加速都市圈同城化，数字化转型构建产城智联新生态，现代产业集群打造增长新引擎；未来，将以加快数字化进程、引资引才、差异化产业布局、生态协同治理为路径，加快破解发展瓶颈。

关键词： 宜荆荆都市圈　同城化　产业集群　生态协同治理

一　经济发展概况

宜荆荆都市圈涵盖宜昌、荆州、荆门三市及恩施州协同发展区，核心区包括宜昌市辖区及宜都、枝江等县市，荆州市辖区及松滋、公安等县市，以及荆门市全域，总面积3.26万平方公里。根据《宜荆荆都市圈发展规划》，作为长江中上游重要增长极，宜荆荆都市圈以"流域综合治理统筹四化同步发展"为核心路径，提出至2027年实现核心区常住人口940万人、经济总量1.4万亿元、城镇化率70%的目标。

（一）经济总量跃升实现新突破

2024年，根据市州生产总值统一核算结果，如表1所示，宜昌市全年实现地区生产总值6191.12亿元，按不变价格计算，比上年增长6.5%；规

---

* 倪艳，管理学博士，湖北省社会科学院经济研究所副所长、副研究员，主要从事经济发展、政策评价、创新创业等领域的研究；柳文轩，湖北省社会科学院经济研究所。

上工业增加值增长 10.1%、固定资产投资增长 9%、社会消费品零售总额增长 5.6%，主要指标增速均高于全国平均水平；净增"四上"企业 1460 家，新增上市公司 4 家，新增营收过百亿元企业 1 家。① 荆州市经济运行持续向好，全年地区生产总值 3505.99 亿元，按不变价格计算，比上年增长 6.3%，规上工业增加值增长 12.4%，固定资产投资增长 8.5%，社会消费品零售总额增长 5.4%。② 荆门市实现生产总值 2459.68 亿元，按不变价格计算，同比增长 6.7%；规上工业增加值、固定资产投资、社会消费品零售总额分别增长 11.0%、7.6%、5.5%。③ 恩施州地区生产总值突破 1600 亿元，社会消费品零售总额、规上工业增加值、固定资产投资分别增长 6%、12%、8%，增速分别居全省第 1 位、第 6 位、第 10 位。④

表 1　宜荆荆都市圈及辐射带动区地区生产总值及增速（2021~2024 年）

单位：亿元，%

城市	2021 年		2022 年		2023 年		2024 年	
	总量	增速	总量	增速	总量	增速	总量	增速
宜昌市	5022.69	16.8	5502.69	5.5	5756.35	7.1	6191.12	6.5
荆州市	2715.52	12.0	3008.61	5.1	3151.49	6.4	3505.99	6.3
荆门市	2120.86	10.8	2200.96	1.0	2272.30	6.7	2459.68	6.7
恩施州	1302.36	11.7	1402.20	3.3	1481.29	6.0	1661.36	5.8

资料来源：2022 年至 2024 年《湖北省统计年鉴》，以及各市、州人民政府网站。

（二）区域协同发展构筑"当枝松宜东"联盟

作为宜荆荆都市圈的核心区域，"当枝松宜东"联盟自 2022 年 3 月成

---

① 《湖北省政府工作报告中的"宜昌元素"》，《三峡日报》2025 年 1 月 17 日。
② 《荆州市 2024 年国民经济和社会发展统计公报》，荆州市人民政府网站，2025 年 3 月 25 日，https：//zwgk.jingzhou.gov.cn/40230/103220253/t125220253034/580087.shtml。
③ 《2024 年荆门市经济运行情况》，荆门市统计局网站，2025 年 1 月 23 日，http：//tjj.jingmen.gov.cn/art/2025/1/23/art_11497_1128183.html。
④ 《【恩施州两会传真】恩施州农村常住居民人均可支配收入增幅居全省第一》，《湖北日报》2025 年 1 月 5 日。

立以来，以产业互补、设施互联、政策互通为核心，持续深化区域协同发展。截至 2024 年 11 月，五地累计协同推进重点项目 156 个，完成投资 1036 亿元，签订共建协议 20 余项，实现跨域通办事项 500 余项①，初步构建起全方位、多层次的合作框架，为都市圈一体化发展注入强劲动能。交通互联方面，五地聚焦构建"半小时"城际交通网，加速推进当枝松高速、襄宜高速等关键性工程。产业协同发展呈现深度融合态势。五地以化工新材料、新能源、文旅等产业为重点，成立"化工新材料产业一体化发展联盟"，推动当阳经开区、枝江姚家港化工园等五大园区联动。松滋与宜都共建的半导体化学品园区首批用地已摘牌，探索跨区域化工园区管理新模式。枝江举办县域经济创新发展专场活动，促成产学研合作项目签约。文旅融合方面，举办"非遗文化节""四季村晚"等活动，松滋说鼓子、枝江吹打乐等地域文化 IP 通过国家级平台直播，吸引超万人次参与跨区域研学旅行，助推"宜荆荆恩"文旅品牌共塑。体制机制创新持续突破。五地建立"联席会议+专项小组"协作机制，发布《民营经济协同发展倡议书》，推动区域供应链体系、人才培育和信用体系共建。五地将以《宜荆荆都市圈"当枝松宜东"三年行动方案》为纲，深化"四个一体化"建设，加速松宜协同发展示范园落地，推动磷化工、高端装备制造等产业集群向千亿级迈进。

（三）交通一体化加速都市圈同城化

宜荆荆都市圈交通建设进入全面提速阶段，以"打造全国性综合交通枢纽"为目标，推动高铁、高速公路、跨江通道等重大工程加速落地。随着 2024 年 12 月 8 日荆门至荆州高铁正式开通运营，两地实现半小时直达，标志着都市圈迈入"高铁同城化"新阶段。当前，汉宜高铁武汉至宜昌段进入联调联试阶段，荆荆高铁与当枝松高速公路（含枝江百里洲长江大桥）、武松高速江陵至松滋段（含观音寺长江大桥）等工程同步推进，预计 2025 年底将初

---

① 《以 18%土地和人口贡献 30%地区 GDP "当枝松宜东"联盟三年项目投资逾千亿元》，《湖北日报》2024 年 11 月 12 日。

步形成覆盖都市圈的"半小时高铁通勤圈"和"1小时高速交通网"。与此同时，三峡翻坝运输体系持续完善，依托长江黄金水道推动港口资源整合，荆州盐卡港与宜昌白洋港联动效应初显，多式联运效率显著提升。根据《宜荆荆全国性综合交通枢纽建设三年行动方案》，都市圈内机场一体化运行机制加快探索，荆州沙市机场与宜昌三峡机场的航线网络逐步互补，区域物流成本同比下降12%。随着交通骨架的全面铺展，宜荆荆都市圈正加速从"地理相邻"向"发展相融"转变，为长江中上游城市群高质量发展提供强劲支撑。

（四）数字化转型构建产城智联新生态

2024年，宜荆荆都市圈以数字化转型为引擎，加速推进区域智慧化协同发展，全面赋能产业升级、社会治理与民生服务。作为都市圈核心节点，宜昌市率先实现城市数字公共基础设施平台全域覆盖，并以此为枢纽，联动当阳、枝江、松滋、宜都、东宝五地构建跨区域数据共享机制。依托"一网统管"城市治理体系，五地协同推进智慧城管、交管、应急等12类应用场景互联互通，建成覆盖市县乡三级的城市运行管理综合平台，实现重大项目监管、成品油综合管理等事项"一屏统览、一键指挥"。特别是在流域综合治理领域，搭建长江宜昌段生态环境智慧监测系统，通过物联网设备实时采集水质、大气等数据，预警处置效率提升40%以上。民生服务数字化取得显著突破，"荆州E家"APP功能迭代升级，集成智慧医疗、跨域通办等68项高频服务，与"宜格服务""荆门市民云"实现用户互认、服务互通，累计办理异地事项超50万件。聚焦"15分钟生活圈"建设，整合教育、养老等公共服务数据，建成智慧社区示范点135个，实现社区O2O服务覆盖率90%以上。在产业数字化领域，宜昌市数字经济核心产业营收突破700亿元，国家高新技术企业增至1700家，23项科技成果获湖北科技奖，获国家专利金奖1项①，为都市圈创新链与产业链深度融合注入强劲动能。枝江姚

---

① 《加快建设长江大保护典范城市 打造世界级宜昌 奋力谱写中国式现代化宜昌篇章——政府工作报告摘登》，《三峡日报》2025年1月6日。

家港化工园建成全省首个 5G+工业互联网全连接工厂。三宁化工通过数字孪生技术实现生产能耗降低 18%。当阳经开区打造绿色建材产业云平台，促成 23 家上下游企业产能协同。松滋临港工业园与宜都化工园共建危化品物流智能调度系统，车辆周转效率提升 30%。

（五）现代产业集群打造增长新引擎

宜荆荆都市圈以绿色化工、新能源汽车、装备制造、生命健康等万亿级产业集群为引擎，加速构建"黄金三角"产业协同发展新格局。磷化工产业作为区域特色优势领域持续领跑，松滋依托全国磷资源富集地和产业集聚优势，吸引史丹利、云图控股等龙头企业深度布局。史丹利与湖北宜化联合投资 110 亿元的新能源新材料项目全面启动，涵盖磷矿开发至新能源材料前驱体全链条，一期建成后预计年销售收入达 61 亿元，成为区域经济跃升的重要支点。在省级统筹推动下，海格斯新能源磷酸铁及磷酸铁锂项目加速落地，宜昌、荆州、荆门三市以"磷为纽带"深化跨域协作，合力打造世界级磷化工产业集群，产业链韧性显著增强。新能源汽车与装备制造领域呈现多点突破态势。宜昌依托广汽新能源汽车量产项目夯实产业根基，并崛起为全省最大新能源船舶建造基地。荆门动力储能电池总产能攀升至188.6GWh，跻身全国锂电产业三强，长城汽车荆门基地年产整车超 15 万辆[1]，荆州百亿级美的智能家电产业园加速释放产能，推动传统制造业向高端化跃迁。生命健康产业产值突破千亿元，新增仿制药一致性评价品种 11个，数量居全省首位[2]，创新药研发与产业化链条日趋完善。产业转型升级步伐加快，荆门石化 60 万吨环烷基特种油项目开建；荆州经开区获评国家级绿色园区，13 家企业入选湖北企业百强，5 家企业入选湖北制造业企业百强。[3] 先进制造业竞争力持续提升。通过"产业同链、园区共建、要素共

---

① 王文华：《协同并进，数说湖北三大都市圈》，《支点》2025 年 1 月 15 日。
② 王文华：《协同并进，数说湖北三大都市圈》，《支点》2025 年 1 月 15 日。
③ 《湖北百强企业发布！沙市经济开发区这家企业入选！》，沙市区人民政府网站，2024 年 12 月 13 日，http://www.shashi.gov.cn/ssqxw/ssyw/202412/t20241216_976824.shtml。

享"机制，宜荆荆三地已形成百亿级龙头企业引领、专精特新企业集群支撑的梯度发展格局。

二 当前存在的问题

一是产业结构趋同现象明显，优势产业"大而不强"。宜昌、荆门、荆州均以化工为核心支柱产业，缺乏差异化分工，导致重复建设与资源分散，未能形成具有国际竞争力的产业集群。化工产业仍以传统加工为主，高附加值产品占比偏低，部分领域存在技术同质化竞争，产业链上下游协同效应尚未充分释放。文化旅游、装备制造等优势产业虽具备一定规模，但品牌影响力和市场渗透力不足，跨区域产业联动机制尚未健全，制约了整体能级提升。

二是科技创新能力有所欠缺，企业技术创新活力和研发投入水平与高质量发展要求尚存差距。区域内规模以上工业企业研发投入强度、高新技术企业数量及专利产出等关键指标仍低于全省平均水平，核心技术攻关能力相对薄弱，重大原创性成果和行业引领型科技企业偏少。部分重点产业领域关键技术对外依存度较高，科技成果本地转化率有待提升，创新链与产业链衔接不够紧密。科技创新平台载体能级不足，缺乏国家级战略科技力量布局，产学研协同创新机制尚未有效贯通。

三是绿色生态屏障的构建仍面临现实挑战。区域内部分流域综合治理尚未全面覆盖。沮漳河流域是湖北省16个二级流域单元之一，经荆门、襄阳、宜昌和荆州四地协同立法，分别出台《荆门市沮漳河流域保护条例》《襄阳市沮漳河流域保护条例》《宜昌市沮漳河流域保护条例》《荆州市沮漳河流域保护条例》，并于2025年1月1日起同步实施，强化了流域综合治理和统筹发展的制度支撑，但其他二级流域片区的生态安全仍需加快推进。清江片区等水域虽推进生态修复工程，但部分支流水质提升效果尚未稳定达标，流域协同监管机制仍需深化。工业污染治理压力持续存在，荆门市磷石膏历史堆存量近6000万吨，规模化消纳能力不足的问题依然突出，环境风险隐患

尚未彻底消除。生态保护与产业发展的协同性不足，磷化工产业集群生产过程中外排废水有机磷含量仍存在波动，个别企业排放指标接近控制上限，对长江干流岸线生态修复形成潜在压力。

三 趋势与展望

作为长江中游城市群协同发展的重要支点，宜荆荆都市圈正处于区域竞合格局重塑、产业升级动能转换、生态治理效能提升的关键机遇期。当前，三地需以深化协同创新、强化要素聚合、放大比较优势为核心路径，加快破解产业同质竞争、创新资源分散等发展瓶颈。

（一）加快数字化进程，驱动数字经济发展

紧扣数字公共基础设施共建、数据要素跨域流通、智慧应用场景共创三大行动，加速构建数实融合发展新格局。以长江中游算力枢纽节点建设为牵引，推动武汉超算中心宜昌分中心等新型基础设施落地，实现算力资源集约化布局与区域协同调度，夯实化工、新能源等特色产业数字化转型的算力底座。深化磷化工全产业链智能化改造，加快新能源领域数字孪生、智能运维等技术应用，依托龙头企业打造具有行业影响力的工业互联网标杆平台。强化数据要素流通枢纽功能，推动政务数据、产业数据跨域共享与融合应用，在生态治理、智慧物流等领域开展多主体数据协同创新试点。聚焦智慧城市群建设，统筹布局交通、医疗、应急等全域性数字化应用场景，建立政企协同的场景开发与迭代机制。通过完善数字技能培训体系、强化数字技术创新联合体建设等配套措施，力争到 2025 年数字经济规模突破 2000 亿元，形成中部地区数字赋能实体经济的示范样板。

（二）引资引才，构建科创供应链

立足产业基础与创新资源，设立专项产业基金和科技金融产品，定向支持重点产业链关键技术攻关与科技成果转化。加快建设区域性科创中心、重

点实验室和产业研究院，吸引国内外高校院所、龙头企业设立联合创新平台，推动产学研深度协作。实施高层次人才引育工程，优化"安居+医疗+教育"一体化人才服务政策，建立以企业需求为导向的柔性引才机制。聚焦装备制造、绿色化工、生物医药等优势领域，培育专精特新企业和产业链"链主"企业，构建基础研究—中试孵化—产业化应用全链条创新体系，形成覆盖科创主体、创新要素和产业载体的供应链生态圈。

（三）产业错位布局，锻造核心竞争力

立足各城市资源禀赋，深化差异化布局，强化优势产业集群能级。宜昌要聚焦绿色智能船舶、高端精细化工及生物医药等特色领域，依托"电化长江"战略加快新能源船舶全产业链布局，推动磷化工向动力电池、氟基新材料等高端领域延伸，支持龙头企业构建药物研发与仿制药技术平台，打造国家级绿色化工与生命健康产业高地。荆州要发挥石油石化装备与汽车零部件产业优势，以"智改数转"推动电动压裂装备、转向系统等产品技术迭代，强化"荆州味道"区域公用品牌矩阵，延伸稻米、水产等农产品精深加工链条，建设长江中游大宗农产品物流枢纽。荆门要巩固高端装备制造与新能源动力电池产业领先地位，依托航特装备、亿纬动力等企业扩大汽车轻量化底盘、储能电池等产品优势，深化"荆品名门"品牌赋能，推动高油酸油菜、漳河小龙虾等特色农产品标准化、规模化发展，构建研发—制造—服务一体化装备产业链。三地需协同推动宜昌蜜桔、荆州鱼糕、荆门高油酸菜籽油等地理标志产品品牌整合与市场拓展，依托电商矩阵与全媒体传播提升产业附加值，形成"区域协同创新+产业链垂直整合"的双轮驱动格局，实现优势产业高端化、集群化、绿色化跃升。

（四）生态协同治理，共筑绿色屏障

着力构建跨区域、多主体联动的长效协作机制，强化顶层设计与制度保障。深化生态环境共保联治工作机制，联合召开生态环境联保共治联席会议，签订生态环保合作协议，完善联合执法、信息共享、区域预警的协作机

制，推动建立跨区域生态保护联盟，制定统一的环境监测网络与信息共享平台，实现水质、大气等环境数据实时互通与联合调度。推进流域综合治理与生态补偿，协同实施沮漳河流域横向生态补偿机制，联合推动流域水生态环境保护协同立法，推动长江荆江段及洪湖流域山水林田湖草沙一体化保护修复等重点工程，探索生态产品价值转化路径，促进上下游利益平衡。强化政策协同与标准衔接，统筹制定生态治理专项规划，统一生态修复、污染治理等领域的标准框架，同时结合区域特点允许差异化调整，提升治理精准性。加快推动"无废都市圈"建设，统筹工业污染源治理与农业面源污染防治，推广绿色生产技术，严格环保监管，防止污染转移。构建社会共治格局，完善公众参与渠道，鼓励企业、社会组织及公众参与生态监督，依托统一监督信息平台公开治理进展，建立跨域环境问题追责机制，形成多方协同约束力，确保生态治理效能最大化。

B.11
湖北与粤港澳大湾区产业协作对策研究

邓 为 叶学平 傅智能 夏 梁 许洁君*

摘 要： 深化湖北与粤港澳大湾区产业协作，是奋力推进中国式现代化湖北实践的重要路径。当前，两地产业协作呈现科技创新成为新动能、新质生产力成为新领域、体制机制创新成为新活力三个新趋势。湖北应充分利用两地比较优势，在传统产业、战略性新兴产业和未来产业三个领域与粤港澳大湾区开展协作，重点在招商引资、营商服务、承接产业转移、产业链供应链协同发展、科创生态生成、国际市场合作、协作利益共享风险分担等七个方面构建跨区域产业协作新机制。

关键词： 粤港澳大湾区 科技创新 新质生产力 产业协作 湖北

深化湖北与粤港澳大湾区产业协作，是奋力推进中国式现代化湖北实践的重要路径。当前，两地产业协作呈现科技创新成为新动能、新质生产力成为新领域、体制机制创新成为新活力三个新趋势。湖北应充分利用两地比较优势，在传统产业、战略性新兴产业和未来产业三个领域与粤港澳大湾区开展协作，重点在招商引资、营商服务、承接产业转移、产业链供应链协同发展、科创生态生成、国际市场合作、协作利益共享风险分担等七个方面构建

---

* 邓为，文学博士，湖北省社会科学院党组成员、副院长，研究领域为新闻传播；叶学平，经济学博士，英国剑桥大学访问学者、博士后，湖北省社会科学院经济研究所所长、研究员，全面深化改革研究中心执行主任，主要研究领域为宏观经济、产业经济、房地产金融、第三方评估；傅智能，湖北省社会科学院农村经济研究所所长、副研究员，研究领域为湖北经济、发展规划、第三方评估等；夏梁，经济学博士，湖北省社会科学院经济研究所副所长、副研究员，主要研究领域为宏观经济、经济体制改革等；许洁君，湖北省社会科学院办公室副主任，研究领域为马克思主义。

跨区域产业协作新机制。

党的二十届三中全会通过的《中共中央关于进一步全面深化改革 推进中国式现代化的决定》指出，"完善产业在国内梯度有序转移的协作机制，推动转出地和承接地利益共享。""构建跨行政区合作发展新机制，深化东中西部产业协作。"粤港澳大湾区是我国经济活力最强、开放程度最高的区域，被赋予"一点两地"（新发展格局的战略支点、高质量发展的示范地、中国式现代化的引领地）的重要使命。湖北作为"中部地区崛起重要战略支点"，与粤港澳大湾区文化相通、人缘相亲、使命相融，产业发展之间的分工协作日益加深，充分利用粤港澳大湾区国际化资本市场、商品市场、技术市场、消费市场的优势，加强与全国"高质量发展动力源"的产业协作，是湖北奋力推进中国式现代化湖北实践的重要路径。2023年12月以来，湖北省社会科学院课题组先后赴香港、澳门、广州、深圳实地调研，与政府部门、投资企业、商会协会、专业人士等进行面对面交流，在专题研讨的基础上形成了本研究报告，为进一步推动两地产业协作提供参考。

一 湖北与粤港澳大湾区产业协作新趋势

通过对2020年以来，湖北与粤港澳大湾区50余次重要经贸活动以及相关数据资料的分析发现，当前湖北与粤港澳大湾区的产业协作开始呈现三个较为明显的趋势。

（一）科技创新成为两地产业协作的新动能

长期以来，湖北与粤港澳大湾区的经济联系，以劳动力输出、招商引资、对外贸易、对口支援等传统方式为主。数据显示，湖北劳动力输出最多的目的地省份是广东，且几乎每个县市区都在广东常驻招商引资队伍；香港是湖北省最大的境外投资目的地、最大的外资来源地和重要贸易伙伴；澳门是湖北与葡语国家进行经贸合作交流的重要窗口。随着新一轮科技革命和产业变革的加快，科技创新在跨区域产业分工与协作中的推动作用明显增强，湖北与粤港澳大湾区产业协作的驱动因素更多转移到技术与市场上来。调查发现，湖北在粤港澳大湾区以提供土地、劳动力等优惠条件招商引资的难度越来越大，粤港澳大湾区的企业更多地希望通过技术合作、人才交流、新技术场景应用等方式开拓内地市场。据不完全统计，2020 年以来湖北与粤港澳大湾区的交流合作中，科技事项达到 20 次以上。2024 年 3 月，湖北省人民政府在广州以"科创引领、区域协同"为主题举办"对接大湾区 服务湖北高质量发展大会"，旨在链接粤港澳大湾区高端创新要素，融合湖北创新需求，推动构建鄂粤协同创新网络，得到两地企业的热烈回应，这正是湖北与粤港澳大湾区合作驱动力转变的生动体现。

（二）新质生产力成为两地产业协作的新领域

在两地发展动力同时转向科技创新的情形下，加快以科技创新引领新质生产力成长，为两地产业协作提供了同频共振的广阔空间。香港方面，金融、贸易和旅游等服务业占香港地区生产总值的 90% 以上，近年来特区政府重点鼓励发展先进制造、创新科技、生命健康、绿色环保、数字经济等新兴产业，以减轻对传统服务业的过度依赖。澳门方面，澳门特区政府 2023 年 11 月公布的《澳门特别行政区经济适度多元发展规划（2024—2028年）》中，明确提出到 2028 年特区高新技术产业发展取得实质进展，更好融入国家科技发展战略。广东方面，新质生产力发展布局早、速度快、总量大、体系相对完整，重点产业新质生产力发展生态链正在形成。《2024 广东企业新质生产力发展调研报告》显示，广东企业发展新质生产力呈现"4 个90%"的现象：约 90% 的科研机构、90% 的科研人员、90% 的研发投入、90% 的发明专利申请均来自企业。粤港澳大湾区新质生产力发展集群度高，特别是技术、资本、人才、数据等新质生产力发展要素质量高、流动快、辐射带动力强，为新质生产力在两地的渗透和扩散奠定了坚实的基础，也为湖北发展新质生产力提供了学习样本。

（三）体制机制创新成为两地产业协作的新活力

湖北与粤港澳大湾区产业协作机制呈现中央政策牵引、省级合作机制落实、县市区政府积极对接、企业和行业协会商会等全面跟进的特点。中央层面，近年来有关部门以《粤港澳大湾区发展规划纲要》为统领，不断完善"1+N+X"政策体系，重点包括《横琴粤澳深度合作区总体发展规划》《前海深港现代服务业合作区总体发展规划》《关于支持横琴粤澳深度合作区放宽市场准入特别措施的意见》《粤港澳大湾区国际一流营商环境建设三年行动计划》等政策，湖北在国家推进内地省份与粤港澳大湾区合作方面面临新的时代机遇。省级层面，湖北积极推动与香港、澳门建立正式的合作会议机制，升级在广东的联系机制（或联络基地）。2021年11月，湖北省人民政府与香港特别行政区政府签署《关于"鄂港合作会议"机制的安排》《鄂港高层会晤暨"鄂港合作会议"第一次会议备忘录》，鄂港两地在武汉正式建立合作会议机制，成为首个也是目前唯一与香港成立合作会议机制的中部地区省份。当前湖北又积极推动建立"鄂澳合作机制"，持续深化与澳门高质量合作。2024年3月，湖北在深圳设立粤港澳大湾区企业（楚商）服务中心和大湾区"9+2"城市分中心，建立大湾区楚商有关信息和诉求的收集、协调、解决、反馈"闭环"工作机制。企业层面，在中央和省相关政策的牵引下，两地相关部门和地区积极推动企业和行业协会商会合作交流，企业日益成为两地产业协作的最直接受益者。

二　湖北与粤港澳大湾区产业协作的领域与模式选择

湖北与粤港澳大湾区产业协作需要落实到具体的区域和产业上，根据两地产业协作基础、比较优势及发展趋势，可以将两地产业协作划分为传统产业、战略性新兴产业、未来产业三个领域，并根据各领域的特点设计协作模式。

（一）传统产业协作

湖北传统产业主要有特色农业、制造业以及服务业（见表1），主要分布在广大农村地区、资源枯竭地区、产业衰退地区以及文旅资源丰富的城市。推动湖北传统产业与粤港澳大湾区的协作，应重点推动两地龙头企业、消费市场、销售渠道、交易平台等精准对接，通过错位发展、优势互补、协作配套，促进传统产业绿色化、数字化、高端化转型，为这些地区和产业注入新的活力。

表1　湖北与粤港澳大湾区传统产业协作

协作领域	协作平台	协作模式
稻米、茶叶、柑橘、香菇、生猪、油菜、水产等特色农业	15个国家级特色农产品优势区	总部+生产基地
汽车、钢铁、化工、冶金、纺织、电子信息等制造业	28个国家级、省级承接产业转移示范区	市场+特色产品企业+文创资源
科技研发、质检技术、法律咨询、人力资源、电子商务、总部经济、文化旅游、创意设计、会议展览、健康养老等服务业	5个国家历史文化名城现代服务业示范园区和集聚区	产业转移模式服务外包模式

（二）战略性新兴产业协作

战略性新兴产业是以重大技术突破和重大发展需求为基础，对经济社会全局和长远发展具有重大引领带动作用的产业。湖北与粤港澳大湾区均将战略性新兴产业作为培育新质生产力的重中之重（具体协作领域、平台和模式见表2），两地在战略性新兴产业方面的协作应分别发挥湖北核心技术攻关、工业设计、生产制造等方面的优势，以及粤港澳大湾区龙头企业、国际化发展、品牌塑造等方面的优势，重点加强关键核心技术协同攻关和产业链上下游配套协作，积极谋划战略腹地和产业备份建设，共同推动相关联的战略性新兴产业集群化、高端化、特色化发展，满足国家重大发展战略需求。

表2　湖北与粤港澳大湾区战略性新兴产业协作

协作领域	协作平台	协作模式
万亿级:新一代信息技术、大健康	2个国家先进制造业集群	链群协同模式
五千亿级:高端装备、先进材料、节能环保、数字创意及科技服务业	4个国家战略性新兴产业集群 16个国家创新型产业集群	飞地经济模式龙头带动模式
千亿级:新能源、新能源与智能网联汽车、航空航天(低空经济)与北斗、网络安全	5大湖北优势产业等有关产业基地	共建产业园模式

163

（三）未来产业协作

根据《湖北省加快未来产业发展实施方案（2024—2026年）》，湖北将前瞻性布局未来制造、未来信息、未来材料、未来能源、未来空间、未来健康等六大产业，向包括粤港澳大湾区在内的地区拓展全球创新网络和市场边界，是湖北培育发展未来产业取得成功的必要条件，而粤港澳大湾区在发展未来产业的规划中，也非常看重湖北在科教、产业、人才方面的雄厚基础实力。因此，两地在未来产业方面的协作，主要是通过创新思维的碰撞、创新资源的整合、创新成果的应用，加快科技创新向现实生产力转化，协同优化未来产业发展的时空布局、场景应用、产业生态。湖北与粤港澳大湾区未来产业协作的领域、平台、模式如表3所示。

表3　湖北与粤港澳大湾区未来产业协作

协作领域	协作平台	协作模式
数字制造技术、人形机器人、智能制造系统	未来技术学院，未来产业科技园，未来产业先导区，原创性、颠覆性技术早期试验场景，概念验证中心、小试中试基地、技术转移中心、标准认证中心等公共服务平台	数智化驱动模式 "研究+制造"模式 "研究+场景应用"模式 "科学家+企业家"模式 全链条孵化模式
6G、新型计算、虚拟现实、人工智能		
非晶合金材料、生物医用新材料、低维电子材料、第四代半导体材料、超导与超构材料		
氢能、新型储能、零碳负碳、太阳能、新型核能		
空天与低空利用、深海探采、深地探采		
脑科学与脑机接口、AI+生物医药、基因与细胞治疗、数智病理、生物制造、生物育种		

三　湖北与粤港澳大湾区产业协作的阻碍因素

（一）营商环境仍存在差距

粤港澳大湾区是我国营商环境高地，深圳、香港的营商环境更是居于全球领先水平。相对来说，湖北与粤港澳大湾区在营商环境方面差距较为明显。调研发现，一方面，粤港澳大湾区企业家到湖北投资，常常以"深圳速度"的标准来考量湖北投资环境，一些企业家反映湖北政务服务速度慢、效率低，投资信息服务欠缺，企业有内迁意愿但不知道往哪迁，土地、资金等优惠政策需要层层签字审批、兑现难，而深圳等地多为"免申即享"。湖北各地招商引资优惠条件缺乏统筹，甚至"内卷式"竞争，也没有针对粤港澳大湾区招商引资进行整体性、系统性规划。另一方面，湖北一些企业家到粤港澳大湾区投资或洽谈合作，缺乏国际化视野和冒险精神，面对"两种制度、三个关税区、三种货币"，以及两地在市场理念、商业传统、地域文化等方面的历史性差异，难以快速进入粤港澳大湾区市场。

（二）产业链、供应链精准对接能力有待加强

一是产业配套能力不够强。湖北在优势产业领域形成了众多行业龙头企业，粤港澳大湾区一些企业希望通过与湖北龙头企业合作，在上下游形成产业配套进入湖北乃至中部市场，由于缺乏政策引导和支持很难实现；湖北一些专精特新企业希望与粤港澳大湾区龙头企业合作形成上下游，也困难重重。二是供应链服务体系不健全。在信息共享平台建设、供应链物流体系建设等方面需进一步加强衔接，目前湖北的供应链平台体系，特别是供应链龙头企业，对粤港澳大湾区的辐射能力有限。三是产业链、供应链对接缺乏政策引导。两地对对方的产业结构和企业情况了解不深，合作层次较低，目前两地在产业链、供应链合作方面尚未尝试联合制定相关规划或签订相关协议。

（三）双向市场准入壁垒仍有待突破

投资方面，目前湖北对于粤港澳地区社会资本、国际资本的投资领域仍然有不少限制。比如交通、电力等基础设施建设，以及金属冶炼、食品加工、文化传媒等制造业和服务行业，亟须通过一些制度创新或试点平台建设，加快探索创新型国际投融资体制。飞地建设方面，飞出地与飞入地行政壁垒难以打破，政策协同不足，利益分享、成本分担和风险防控方面存在分歧，导致合作效率较低。人才流动方面，引进粤港澳大湾区尖端科研人才和

技术、管理人才，存在职业或执业资格证不适用问题。产品和服务市场方面，两地市场的检验检测、认证评级等标准不一致，例如外资企业计划在武汉采购数字化服务，但是没有权威的认证评级机构，难以达成采购协议。

（四）产业转移承接能力仍有待提升

产业转移是跨区域产业协作的重要形式，目前在湖北荆州、随州、恩施、襄阳、宜昌、十堰、黄石、荆门等地分布有国家级承接产业转移示范区1个、省级承接产业转移示范区 27 个，主要涵盖纺织服装、电子电器、新材料、有色金属、现代中药、现代农业、智能家居、应急装备等行业。虽然湖北省产业转移示范区建设取得了较为明显的进展，但从以产业转移示范区为载体推动湖北与粤港澳大湾区合作的视角来看，其承接能力仍有待提升：示范园区平台不强，特色不突出，配套设施不足，难以形成高水平的产业承接空间；部分产业链较短、产业链缺失，尤其对粤港澳大湾区新兴产业和产业链关键环节承接较少；技术、资本、人才等各类要素整合不够，创新能力不足，高端人才缺乏；一些外资或合资企业转移过来后，相关的专业性服务，如会计、法律、咨询等欠缺，导致经营成本偏高，企业获得感不强。

（五）国际产业合作渠道仍有待拓展

一是与粤港澳大湾区开放型制度衔接不够。粤港澳大湾区在贸易、投资、金融等制度，以及制造业和服务业开放发展标准体系等方面与国际接轨，而目前湖北在这些方面仍然缺乏有效的学习借鉴机制。二是对粤港澳大湾区的开放平台利用不够。广东的跨境电商平台、保税交易平台，横琴、前海、南沙、河套四个引领粤港澳全面深化合作平台，香港和澳门搭建的国际金融平台、航运平台、文化交流平台等，是全国的重要开放平台，例如全国跨境电商 70%[①]的出口经过华南地区走向世界各地，但是湖北目前利用粤港澳大湾区开放平台

---

① 《中国 70% 的跨境电商聚集在华南，华南 80% 的跨境电商聚集在深圳》，https：//news.sohu.com/a/538846140_121320797。

"出海"的途径并不多。三是与粤港澳大湾区开放型产业对接和吸收不够。大湾区的制造业、服务业与东盟、日本、韩国、葡语国家的相关产业结合紧密，正探索构建区域产业链分工体系，而湖北目前仍缺少通过与粤港澳大湾区产业配套、品牌合作等方式进入相关区域产业链、供应链的有力举措。

四　全面构建湖北与粤港澳大湾区产业协作新机制

（一）构建新型招商引资机制

全面对标 2024 年国家《关于规范招商引资行为促进招商引资高质量发展的若干措施》《公平竞争审查条例》《关于完善市场准入制度的意见》等文件要求，及时废止湖北有违全国统一大市场建设精神的招商引资政策，倒逼各地出台更加符合产业转移规律和现代化产业体系建设需求的招商引资政策。加大产业链招商、产业基金招商、创新生态招商、专业服务招商等新型招商引资制度供给力度，加强全省招商引资优惠条件的统筹和打包整理，建立涉企优惠政策目录清单，增强湖北招商引资议价能力。以产业配套为重点，梳理粤港澳大湾区适合湖北投资的区域和产业，建立湖北企业深度融入全国统一大市场的导引机制，引导湖北优势企业投资粤港澳大湾区、深耕粤港澳大湾区细分市场。以招商引资政策创新为切入点，全面构建湖北与粤港澳大湾区、京津冀、长三角跨区域协同发展的政策体系。

（二）构建新型营商服务机制

依托粤港澳大湾区企业（楚商）服务中心和大湾区"9+2"城市分中心，建立便捷、主动、高效的前沿服务网络，深度挖掘两地园区、企业、机构合作机遇以及新技术应用场景，对重点区域和机构可采取长期"蹲点"服务。推动各地驻深办、招商专班转变传统招商引资思维，加快相关机构职能转变和人才队伍培训，强化信息服务，促进政企对接，及时解决产业联动发展落地中的实际问题。建立"湖北机遇"在粤港澳大湾区的宣传推广机

制，编制粤港澳大湾区企业湖北投资指南和湖北企业粤港澳大湾区投资指南，编写湖北与粤港澳地区产业协作/科技合作年度报告。加强两地媒体合作，以中部首个国家级广播影视内容媒体基地——长江文创产业园为载体，积极引进深圳音视频产业、香港国际文化传媒产业，做强做大中国（湖北）网络视听产业园，为两地产业协作营造良好的社会氛围。

（三）构建有序承接产业转移合作机制

以湖北省国家级、省级承接产业转移示范区为主体，科学制定全省产业承接规划，构建产业结构优化、开放体系完善、载体多点支撑、营商环境一流、带动效应明显的承接产业发展新格局。择机实施第三批产业协作示范区建设，以新质生产力或新兴产业、未来产业合作为主，共建未来产业社区。积极发展"飞地经济"，在吸引粤港澳大湾区企业来鄂发展的同时，以逆向孵化和逆向创新为目标，支持湖北企业到粤港澳大湾区建立"反向飞地"、离岸创新中心，如在深圳购买房产（厂房），吸引深圳企业入驻，然后反向在湖北注册公司，深圳公司成为分支机构。制定产业备份清单，通过与粤港澳大湾区共建产业园区、合作项目等方式，实现战略性产业的优势互补和协同发展。

（四）构建产业链、供应链协同发展机制

供应链是产业链生成的重要基础和推动力量。湖北推进与粤港澳大湾区产业协作在上下游形成配套，应大力延伸各省级供应链平台，吸引粤港澳大湾区企业加入湖北省供应链平台，构建跨区域联动发展的产业协作生态。围绕大宗商品、汽车、纺织、医药、集成电路等重点领域，支持楚象、国控、长江汽车供应链、华纺链、九州医药、长江船舶、国发供应链等向粤港澳地区拓展业务，通过加强供应链管理提高两地产业链运营效率，降低产业链运营成本，促进产业链创新，提升产业链韧性与安全水平。

（五）构建全链条科技创新生态生成机制

加强武汉具有全国影响力的科技创新中心与粤港澳大湾区综合性国家科

学中心和国际科技创新中心的政策联动,优势互补共同构建全链条科技创新生态体系。发挥湖北高校院所在基础研究方面的优势,推动两地开放共享大型科学仪器,协同开展基础研究,研发关键核心技术,提升产业核心竞争力。聚焦新能源汽车、集成电路和生命科学等多个新兴领域,加强两地院士专家团队合作和博士后联合培养,通过整合丰富的创新资源与人脉网络,提供从项目孵化到市场推广的全面支持。积极向粤港澳大湾区企业推介湖北科创供应链天网平台,组织科技成果到粤港澳大湾区路演,加强在技术开发、成果转化、知识产权保护等全方位的合作。探索省财政科研资金过境,打造湖北与港澳联合实验室,吸引粤港澳大湾区及海外知名理工类大学来湖北办学,或吸引香港大学、澳门大学、澳门科技大学产学研示范基地,以及相关国家重点实验室在光谷设立分部,在产业合作示范区开展高校科技成果的转化及产业化。

(六)构建国际市场合作机制

高度重视粤港澳大湾区国际元素对湖北现代化发展的价值,加强两地开放高地的合作,如推进湖北自贸区、鄂州花湖国际机场与横琴、前海、南沙、河套等四个引领粤港澳全面深化合作重要平台的合作,借力推动花湖国际自由贸易航空港建设。大力吸引粤港澳大湾区的外向型企业,如深圳传音、广州跨境通等跨境电商企业,到湖北设立区域总部,或共建跨境电商产业园,加深两地在出口通道方面的合作,进一步与国际市场联通。学习借鉴粤港澳大湾区国际标准体系,加速推进内外贸一体化,助力湖北产品走向海外市场。借助香港、澳门的国际交流平台,加强与欧洲、葡语国家的联系,吸引金融、会计、法律、贸易等领域国际化领军人才到湖北执业、创业。支持高科技企业利用香港、澳门的国际平台向海外市场推广。加强与相关对冲基金、私募基金的合作,推动湖北金融机构加大海外业务布局和资产专业化配置,助推湖北企业转型为跨国公司。

(七)构建利益共享和风险分担机制

一是探索建立统计指标共享机制。在产业转移示范区、飞地经济园区、科技创新园区等地，对于产业转入地和转出地，可将项目产生的经济数据在双方之间根据贡献度进行分配。二是探索建立税收共享机制。在符合国家政策要求的前提下，允许部分参与协作的地区根据项目的实施地和注册地，按照约定的比例分享由项目产生的增值税、营业税、企业所得税以及个人所得税。三是探索建立风险分担机制。在全面评估产业协作风险的基础上，确定双方风险分担原则和比例，如设立风险基金或保险机制，确保在风险发生时有充足的资金应对。

民营经济篇

B.12

2024年湖北民营经济发展报告

摘　要： 本研究以2024年湖北民营经济为对象，利用数据、案例及政策文本，分析湖北民营经济占比、市场主体、创新投入强度、外贸贡献及就业主渠道等显性特征。研究发现，2024年以来，湖北民营经济呈现稳中有进态势，仍面临融资分化、国际贸易压力、区域创新不平衡及成果转化效率不足等问题。民营经济已成为湖北经济增长的核心引擎，仍需通过深化金融普惠、强化创新生态、推进区域协同、精准政策支持及提升国际竞争力等措施，进一步释放发展动能，推动2025年预期目标的实现。

关键词： 民营经济　创新能力　外贸　营商环境　湖北

---

* 孙红玉，管理学博士、博士后，湖北省社会科学院经济研究所副研究员，主要研究方向为国民经济、民营经济、公共经济等；伍绍钦，湖北省社会科学院经济研究所；迟玉姣，湖北省社会科学院经济研究所。

171

2024 年，湖北省委、省政府坚定不移贯彻落实习近平总书记重要讲话精神，全面系统学习贯彻党的二十大精神，坚定"两个毫不动摇"的方针，持续为民营经济和民营企业的发展提供有力支持，促进民营经济不断发展壮大，科学把握"稳中求进、以进促稳、先立后破"工作节奏。湖北省委、省政府全力推动各项政策措施落地生根，持续优化营商环境，全省民营经济骨干企业实力显著提升、创新能力稳步增强、社会责任意识持续彰显，呈现"稳中有进、稳中向好"的良好发展态势。

2024 年，湖北全省实现地区生产总值 60012.97 亿元，同比增长 5.8%；2023 年，湖北民营经济在地区生产总值中的占比达到 54.1%（见图 1），稳居全省经济总量的主导地位，成为支撑湖北经济发展的核心力量，在推动经济增长、促进产业升级、保障就业稳定以及改善民生福祉等方面发挥了不可替代的关键作用。

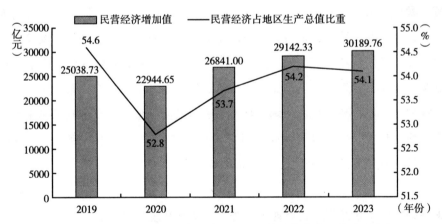

图 1　2019~2023 年湖北民营经济增加值及占地区生产总值比重变化

资料来源：《湖北省 2023 年国民经济和社会发展统计公报》，湖北省统计局网站，http：//tjj. hubei. gov. cn/tjsj/tjgb/ndtjgb/qstjgb/202403/t20240327_5135863. shtml。

一　2024年湖北民营经济总体运行情况

（一）发展稳中有进，整体实力不断提升

2024年湖北省委、省政府持续推进促进民营经济发展工作，2月中旬，湖北召开了民营经济发展工作会议，强调要以控制成本为核心，优化营商环境，推进市场化改革示范、法治化建设升级等行动，完善政企常态对接沟通机制，同时要求各部门优化服务，促进惠企政策落地见效，破除隐性壁垒，支持民企公平参与市场竞争，解决拖欠企业账款问题，依法保护民营企业产权和企业家权益，不断增强企业信心、稳定市场预期。

2024年湖北民营经济市场主体持续蓬勃发展，民营经济活力进一步释放。截至2023年12月底，湖北全省新登记民营市场主体160.63万户，全省民营市场主体总数达834.88万户，占全部市场主体总数的98.8%。① 全国工商联2024年10月发布的《2024中国民营企业500强调研分析报告》数据显示，湖北省共有14家企业成功入选2024年中国民营企业500强榜单，入选企业数连续七年稳居中西部地区首位，并持续位列全国前十。其中，卓尔控股、九州通分列第53位、第55位，营收均超1500亿元。卓尔控股、九州通医药集团连续8年跻身中国民营企业100强。②

从湖北省内情况来看，2024年10月湖北省工商业联合会发布的湖北省民营企业百强榜单显示，湖北民营企业100强入围门槛为46.72亿元，比上年增长2.7%（见图2）。榜单前三名为卓尔控股、九州通医药集团和恒信汽车集团。2024年全省民营企业百强营业收入达17238.3亿元，比上年降低0.46%，有40家企业营收总额超过100亿元、58家企业营收总额为50亿元

---

① 《湖北民营经营主体达823万户》，《楚天都市报》2024年2月29日，https://ctdsbepaper. hubeidaily. net/pc/content/202402/29/content_264576. html。

② 《2024中国制造业民营企业500强榜单》，中华全国工商业联合会官网，2024年10月12日，https://www. acfic. org. cn/lqfw/jjfw/dzxqyrtfz/202410/t20241012_318712. html。

至 100 亿元。闻泰科技股份有限公司以 1111.39 亿元营收总额位居 2024 年湖北民营企业制造业 100 强榜单榜首，该榜单第二名、第三名分别是稻花香集团和金澳科技（湖北）化工有限公司。2024 年全省民营企业百强税后净利润为 563.5 亿元，同比增长 4.06%。①

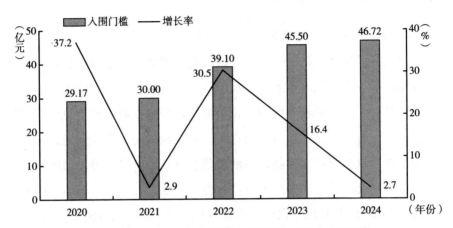

图 2　2020~2024 年湖北民营企业百强入围门槛变化趋势

资料来源："湖北民营企业百强系列榜单"，湖北省工商业联合会，https：//www. hbsgsl. gov. cn/。

（二）民营企业成为拉动全省外贸增长的中坚力量

2024 年，湖北进出口总值持续稳定增长，全年进出口总值达到 7058.4 亿元，同比增长 9.6%，再次刷新历史纪录。其中，出口额为 4863 亿元，增长 12.4%；进口额为 2195.4 亿元，增长 3.7%。湖北的进出口总值在全国省区市中排名第 14 位，较 2023 年提升 1 位，在中部省份位居第一。进出口总体增速、出口增速和进口增速均继续高于全国平均水平。②

民营企业活力充分迸发，进出口总值占比近七成。湖北省统计局 2024

---

① 《2024 中国制造业民营企业 100 强榜单》，中华全国工商业联合会官网，2024 年 10 月 12 日，https：//www. acfic. org. cn/lqfw/jjfw/dzxqyrtfz/202410/t20241012_318713. html。

② 《2024 年湖北省外贸进出口情况》，湖北省人民政府网，2025 年 1 月 20 日，https：//www. hubei. gov. cn/hbfb/xwfbh/202501/t20250120_5511290. shtml。

年度统计数据显示，民营企业对外贸易总额达 4874.0 亿元，同比增幅达 10.1%，占本省外贸总规模的比重提升至 69.1%，较上年同期扩大 0.4 个百分点（见图3）。民营经济对全省进出口整体增长贡献率达 73.9%。湖北民营企业外贸发展持续向好，已成为全省外贸发展的中坚力量。

图3 2020~2024 年湖北民营企业进出口总额变化趋势

资料来源：武汉海关，http://wuhan.customs.gov.cn/wuhan_customs/506390/fdzdgknr64/bgtj30/index.html#shuju。

（三）民间投资持续稳定增长，投资信心明显增强

2024 年湖北省地区生产总值60012.97 亿元，按不变价格计算，比上年增长 5.8%。其中，民间投资发挥着不可替代的作用。2024 年度全省固定资产投资（不含农户）比上年增长 6.5%，民间投资增长 5.5%，占全部投资的 55.2%。第四季度，民间投资持续发力，民营企业家信心指数为 60.0%，环比上升 0.1 个百分点，同比上升 1.1 个百分点，均创 2020 年以来新高，呈逐季上升态势，表明民营经济处于扩张态势，投资信心显著提振。2024 年四个季度，湖北民营经济景气指数分别为 51.9%、51.9%、52.1%、52.2%，呈逐季稳中上升态势，连续 14 个季度处于景气区间；民营企业家信心指数为 59.1%、59.4%、59.9、60.0%，呈逐季上升态势，为 2018 年

以来最高水平，表明民营经济处于扩张态势。① 2024 年，制造业民间投资增长 15.7%，高于全省平均水平 10.2 个百分点。湖北民营经济整体呈现稳中有进、稳中向好的态势。②

（四）民营企业创新能力不断增强，创新投入强度逐步提升

湖北民营企业的创新能力不断迈上新台阶，有力支撑湖北数字经济强省建设。工信部发布的 2024 年第六批国家级专精特新"小巨人"企业名单显示，湖北共 72 家企业入围此次评选，占全国总数的 2.39%，排名全国第 9 位、中部第 2 位，专精特新"小巨人"企业总数达到 678 家，继续保持中部第一、全国第 7 位。全省累计认定五批省级专精特新"小巨人"企业，共 4500 多家企业入围。③

湖北民营企业持续聚焦关键核心技术攻关和创新能力的提升。2024 年，全省新认定省级以上企业技术中心 91 个、国家级企业技术中心 7 个。湖北省共有 810 家湖北省企业技术中心、75 家国家企业技术中心，绝大部分都在民营企业。④

湖北民营企业深入推进创新驱动发展战略，数字化转型初见成效。从技术创新情况看，2024 年湖北省民营企业百强榜单中，集团体系内成员单位共集聚 212 家高新技术资质企业、98 家科技创新型中小企业，其中 24 家入选国家级专精特新"小巨人"企业名录，76 家获评省级专精特新企业，群体研发经费投入总量达 237.4 亿元，较上年同期净增 41.8 亿元，创新投入呈现显著增长态势。36 家企业的研发人员占比比上年提高，研发人员占员工总数超过

---

① 《2024 年第四季度监测分析报告出炉：湖北民营经济运行延续向好态势》，《湖北日报》2025 年 1 月 28 日。

② 《2024 年湖北经济运行情况》，湖北省统计局网站，2025 年 1 月 22 日，http://tjj.hubei. gov. cn/tjsj/tjfx/qstjfx/202501/t20250122_5514992. shtml。

③ 《2024 年第六批国家级专精特新"小巨人"》，湖北省经济和信息化厅网站，2024 年 9 月，https://www. sme. gov. cn/。

④ 《省发改委办公室关于 2024 年湖北省企业技术中心拟认定名单的公示》，湖北省发展和改革委员会网站，2024 年 11 月 6 日，https://fgw. hubei. gov. cn/fbjd/xxgkml/jgzn/nsjg/gjsc/tzgg/202411/t20 241106_5403170. shtml。

10%的企业有 32 家，研发经费投入强度超过 3%的企业有 26 家。闻泰科技股份有限公司以 42.89 亿元的研发投入居首位。2024 年湖北省民营经济主体在权威创新榜单中表现突出：18 家民营企业入围"全国民营企业研发经费专项 500 强排名"，22 家民营企业跻身"民营企业专利创新力 500 强名录"，另有 2 家市场主体获评"科技创新示范企业"，2 家产业园区上榜民营企业"科技创新园区"名单，6 家企业上榜民营企业标准"领跑者"。[1]

（五）民营企业仍是稳定就业的主渠道

随着湖北经济状况不断优化，民营经济持续向好，全省的就业格局也逐渐发生变化，民营企业已成为稳就业的重要载体。在一系列促进民营企业降本减负、纾难解困的政策措施刺激下，湖北全省民营经济社会贡献日益彰显，对全省经济增长的贡献率不断提高，全省新增城镇就业人口 90%以上在民营企业。2024 年湖北百强民企为 49.1 万人提供就业岗位。其中，15 家民营企业为数万人提供就业机会。[2]

（六）民营企业积极履行社会责任

2024 年湖北民营企业积极履行社会责任，在助力乡村振兴、践行低碳环保等方面作出突出贡献。

广大民营企业积极参与"春风行动""万企兴万村"行动，通过就业帮扶、产业帮扶、消费帮扶、直接参与乡村建设等方式，助力社会就业、乡村振兴。截至 2024 年 12 月底，在湖北"万企兴万村"专项工程实施过程中，全省范围 5140 家民营企业主体与 4868 个行政村建立结对帮扶关系，累计实施产业帮扶项目 6408 项，实现资本投入 1030.26 亿元。其中社会公益捐赠

---

[1] 《2024 研发投入前 1000 家民营企业创新状况报告》，人民政协网，2024 年 9 月 24 日，https://www.acfic.org.cn/ztzlhz/2024_chuangxin/news_2024/202409/t20240924_204456.html。

[2] 《2024 湖北民营企业百强榜单发布　入围门槛 46.72 亿元》，中国网，2024 年 10 月 31 日，http://hb.china.com.cn/2024-10/31/content_42952661.htm。

总额达 81.7 亿元，涵盖基础设施建设和公共服务提升等民生领域。①

湖北民营企业主动履行环保责任，通过提高原材料综合利用率、采取绿色办公节能措施、对工业废料进行综合再利用等实现资源节约利用。武汉市通过"无废城市"建设项目，积极推动工业绿色低碳发展，促进工业领域减排增效。聚焦重点行业企业，组织推动重点企业实施资源利用效率对标和生产设施设备提标改造，全面加强工业固废综合利用。截至 2024 年 12 月底，武汉市国家级绿色工厂数量累计达到 50 家，其中武汉市蔡甸区的冠捷显示科技（武汉）有限公司入选国家级绿色工厂，蔡甸经济开发区拟入选国家级绿色工业园区。②

二　2024年湖北民营经济运行环境分析

好的营商环境是生产力、竞争力，更是吸引力。2024 年，湖北省聚焦市场主体关切，以成本管控为主线深化营商环境改革，着力构建区域发展成本优势区和营商服务品质标杆区。省级党政部门通过制度创新打造"三位一体"优质营商环境体系，重点推出"民营经济双轮驱动"改革方案——既制定促进民营经济发展的专项法规，又推出突破发展瓶颈的配套政策。在政企协同方面，创新建立"双轨对话"机制：一方面搭建"楚商对话会"等政企交流平台，另一方面创设企业家季度恳谈制度，构建常态化政企沟通网络。这些改革举措有效提振了市场主体预期，在多个关键领域形成发展支撑力：支撑经济平稳运行、激发科技创新活力、保障外贸稳健发展、维护就业民生稳定等方面成效显著，充分彰显民营经济作为湖北高质量发展主力军的作用。

---

① 《湖北持续三年实施"万企兴万村"行动》，湖北文明网，2024 年 7 月 8 日，http://www.hbwmw.gov.cn/c/2024/07/58511.shtml。

② 《省经信厅公布 2024 年湖北省绿色制造名单及动态调整名单的通知》，湖北省经济和信息化厅网站，2024 年 7 月 19 日，http://jxt.hubei.gov.cn/fbjd/zc/qtzdgkwj/gwfb/202408/t20240812_5299676.shtml。

（一）全面深化成本控制，建设综合成本洼地

2024年湖北全省优化营商环境大会上，《深化以控制成本为核心 全力打造营商环境新高地"五大行动"工作方案》发布。2024年，湖北致力于推动全省营商环境建设实现新突破，持续围绕控制成本这一核心要点发力。通过五大行动、25项具体任务从多个维度协同推进营商环境优化，促使营商环境建设朝着更深入的层次、更广阔的领域以及更高的水平稳步前行，为企业发展营造更加优质的环境，助力经济高质量发展。[1]

一是持续深化减税降费。湖北省对符合条件的民营企业实施增值税减免政策，有效减轻企业的税收负担；对于符合高新技术企业认定标准的民营企业，给予所得税减免的优惠政策，鼓励企业加大研发投入；实施上限税率减免政策，减征小微企业资源开发调节税、城市维护建设税、不动产持有税、城镇建设用地使用税、商业契约税（证券交易相关印花税除外）、农地占用调节税，同时减免教育专项附加及地方教育发展附加，形成"六项主体税种与两项附加费"的精准减负政策组合，即"六税两费"；同时，湖北省还降低了民营企业的失业保险、工伤保险等社保费用，进一步减轻企业的用人成本。减税降费政策直接降低了民营企业的经营成本，提高了企业的盈利能力。[2] 据统计，2024年前三季度，湖北省累计为各类经营主体降低成本761亿元以上，其中包括物流、用能、融资成本等多个方面。[3] 减税降费政策使得民营企业有更多的资金用于技术创新和市场拓展，从而增强企业的市场竞争力。2024年湖北民营企业100强入围门槛、资产总额、税后净利润和经营效率均呈现上升态势。[4]

---

① 《湖北全力打造营商环境新高地》，《湖北日报》2024年1月26日。

② 《湖北省人民政府办公厅印发〈关于加力助企解难推动中小企业稳健发展的若干措施〉的通知》，湖北省经济和信息化厅网站，2025年5月23日，http://jxt.hubei.gov.cn/bmdt/rdjj/202505/t20250523_5660180.shtml。

③ 《1至9月全省新登记经营主体141万户 增速居全国第一》，《湖北日报》2024年10月11日。

④ 《湖北民营经营主体达906万户》，楚天都市报极目新闻，2025年1月16日，https://www.cnr.cn/hubei/gstjhubei/20250116/t20250116_527042565.shtml。

　　二是加大专项补贴与产业扶持力度。对数字化转型、绿色技术改造项目提供最高30%的财政补贴;①"光芯屏端网"产业集群企业享受研发费用加计扣除比例提升至120%;针对物流、能源成本压力,推出阶段性电费补贴和交通费减免政策。②县级以上政府将统筹运用财政税收、金融扶持、环境保护、土地规划以及产业政策等多种手段,加速淘汰落后技术和装备,削减过剩产能,推动产业结构优化升级,实现资源与能源的高效利用。同时,政府大力支持民营经济组织对生产工艺、设备等进行绿色低碳改造,推动柔性制造快速发展,增强企业应急情况下扩产和转产能力,增强产业链的抗风险韧性。同时,政府积极鼓励民营经济组织设立各类科技创新平台,比如企业技术中心、企校联合创新中心、科研实验基地、博士后科研平台等;也鼓励其与国内外高等院校、科研机构、大型企业开展合作,构建产学研用深度融合的研发机构。此外,政府还引导民营经济组织依据自身实际情况,积极向核心零部件研发、高端制成品设计等领域拓展,加大基础性、前沿性研究的投入力度,促进科研成果的高效转化。在技术创新领域,政府支持行业协会、商会以及自主研发实力强劲的企业,牵头建立共性技术研发机构,带动广大民营经济组织共同参与,提升整个行业的技术创新水平。着力构建全要素生产率提升路径,驱动产业体系能级跃升与资源要素配置效率优化,实现经济发展质量变革。针对市场主体清洁生产技术改造,政府部门通过政策激励工具包引导建立环境友好型生产体系,重点培育敏捷制造能力。通过构建应急产能调节机制,增强产业链供应链风险缓冲能力,形成动态适应性生产网络。在创新生态系统建设方面,政策着力点包括:引导设立梯度化创新载体矩阵(涵盖企业级研发中枢、产教融合创新联合体、基础研究实验平台及高端人才工作站);构建知识转化闭环系统,促进跨地域产学研用协同网络建设(链接全球高校智力资源、科研院所技术储备及产业链领军企业应

①　《最高1000万元补助 武汉加速中小企业数字化转型》,21世纪经济报道,2024年9月11日,https：//home. wuhan. gov. cn/mtbd/202409/t20240911_2453342. shtml。

②　《四部门：芯片企业研发费用加计扣除比例提高到120%》,IT之家,2023年9月18日,https：//www. ithome. com/0/719/871. htm。

用场景）。在创新要素配置层面，政策导向聚焦两大维度：一要基于要素禀赋优势，推动市场主体向关键基础部件自主研发、高端产品系统集成等战略领域延伸，强化原始创新投入；二要构建成果产业化通道，完善从基础研究到商业应用的价值转化链条，特别在产业共性技术领域，着力培育行业组织与创新领军企业主导构建产业技术协同创新体，通过生态化协作网络实现全行业技术代际跃迁。

三是拓宽融资渠道，普惠金融政策发力。中小微企业贷款增速保持15%以上，政府性融资担保费率降至1%以下；供应链金融平台（如"鄂融通"）覆盖超5000家企业，应收账款融资成本下降2个百分点。直接融资渠道拓展。武汉区域股权市场专精特新专板挂牌企业突破800家，股权融资规模同比增长30%①。降低综合融资成本。持续发挥贷款市场报价利率（LPR）改革效能和存款利率市场化调整机制的重要作用，推动中小企业综合融资成本稳中有降。加大财政资金支持力度，符合条件的小微企业申请创业担保贷款，给予贷款实际利率50%的财政贴息。②

（二）持续深化改革，打造可感知的营商环境

经营主体对营商环境的优劣有着最为直观的感受。湖北省通过开展市场化改革示范行动，切实推动营商环境优化，使优化成果切实可感，全方位让经营主体切实享受到优化后的红利。

一是促进市场公平竞争。重点围绕"竞争中性原则"建立全周期制度保障架构，确保多元所有制市场主体在资源要素获取（涵盖土地、资本、技术等核心要素）、市场行为规制（包含资质准入审查、经营过程监管）、公共资源分配（政府采购全流程电子化、招投标负面清单管理）等

---

① 《新跳板｜武汉"专精特新"专板开板　全国9个区域性股权市场之一》，武汉格林环保，https：//baijiahao. baidu. com/s？id＝17736509788263694446&wfr＝spider&for＝pc，2023年8月8日。

② 《湖北省人民政府办公厅印发〈关于加力助企解难推动中小企业稳健发展的若干措施〉的通知》，湖北省人民政府网，2025年5月23日，http：//jxt. hubei. gov. cn/bmdt/rdjj/202505/t20250523_5660180. shtml。

关键领域享有制度性保障。通过构建"要素市场化配置改革方案+公平竞争审查制度+法治化营商环境建设"三位一体的制度矩阵，特别是在行政许可标准化、行业标准制定程序、市场监管执法规范等23项关键制度环节，严格执行《优化营商环境条例》关于所有制中性的法定要求，建立信用监管与法律救济衔接机制，形成覆盖市场主体全生命周期的平等权益保障闭环系统。在市场监管方面，严格遵循法治原则。若没有法律、行政法规或者国务院明确规定作为依据，严禁针对不同所有制形式的经营者实施不合理的差别化对待举措，坚决杜绝设置不平等的市场准入与退出条件，以及推行歧视性的要素供给政策和监管规则等行为。建立常态化的市场干预行为管理机制，定期发布市场干预行为负面清单，对现行政策进行及时梳理和清理。在执法监督层面，加大对不正当竞争行为的打击力度。依据法律法规，严肃查处垄断协议、经营者滥用市场支配地位等违法行为，同时进一步强化对滥用行政权力排除、限制竞争行为的查处工作，切实维护公平有序的市场竞争秩序，为各类经营主体创造良好的市场环境。

二是持续完善金融服务。为助力民营经济蓬勃发展，系统构建银行机构与非公有制经济主体的服务适配体系。围绕《金融支持民营经济发展指导意见》的政策导向，重点培育四大创新增长极：第一，打造包容性金融产品体系，破解中小微企业融资难题；第二，构建低碳转型金融服务方案，配套碳账户融资工具与 ESG 评价机制；第三，完善科技创新全周期金融支持机制，试点知识产权证券化与研发费用补偿融资模式；第四，深化产业链金融协同创新，依托区块链技术构建商业信用流转体系。通过这四维创新矩阵，形成政策引导—产品创新—科技赋能—生态构建的产融良性循环生态，全面提升金融服务实体经济的制度性交易效率。根据民营经济组织的特性和需求，量身定制专项信贷规划，并研发适配的信贷产品。针对民营中小微企业的实际需求，着力构建与之相契合的金融服务体系，主动为陷入困境的民营经济组织提供金融支持与帮助。在政策实施过程中，中国人民银行湖北省分行充分发挥宏观调控职能，创新建立"政银企协"四方协同机制，通过搭建多层次对话平台，整合市场主体、金融供给端与行业监管部门的资源要素，构建常态化信息共享与业务对接渠道。重点实施"信用培育工程"，运用大数据征信与风险画像技术，精准识别企业融资需求痛点，提供定制化融资解决方案，有效破解融资信息不对称与信用评估难题，显著提升金融服务实体经济质效。

三是推进"高效办成一件事"改革。湖北省政府深入推进"高效办成一件事"改革，通过优化政务服务流程、减少办理环节和时间、精简材料等方式，显著提升办事效率，实现多项重点事项的全省推广落地。湖北省政府注重数字技术在政务服务中的应用，通过构建大数据能力平台、推动政务数据直达基层和高效应用等措施，实现线上线下融合办理业务。① 依托"鄂汇办"加强各类移动政务服务整合，推动更多事项掌上办。不断完善政务服务体系，推动线下"只进一门"和线上"一网通办"的深度融合，企业可以通过线上平台或线下窗口便捷地办理各类业务。

（三）以诚为本，建设信用民营经济

诚信是市场经济的基石，也是民营经济发展的重要保障。湖北以诚信建设为重心，通过加强诚信体系建设，提高市场主体的诚信意识和信用水平，鼓励企业诚信经营，加大对失信者行为的惩戒力度，形成"守信者处处受益、失信者寸步难行"的良好氛围，让诚信成为湖北民营经济营商环境建设的亮丽底色。

一是健全政府履约工作机制。在优化营商环境、构建良好政商关系的进程中，湖北各级政府积极作为，全力健全政府履约工作机制。针对"新官不理旧账"、企业账款拖欠等突出问题，展开全面且系统的排查。在排查基础上，系统构建整改任务实施体系，明确界定问题整改的责任归属主体、具体实施标准及阶段性完成时限。建立问题—责任—标准—时限四维管控机

---

① 《关于进一步优化政务服务提升行政效能 推进"高效办成一件事"的实施意见》，湖北省自然资源厅网站，2024 年 5 月 31 日，https：//zrzyt. hubei. gov. cn/bmdt/ztzl/hbszrzrlyxytxjszl/xyjs/zcfg1/202406/t20240605_5227958. shtml。

制，实现整改任务的项目化分解、标准化推进和节点化考核，确保各项整改措施可执行、可量化、可评估，有条不紊地推进整改工作。通过这一系列举措，湖北各级政府旨在塑造诚实守信的政府形象，让民营企业切实感受到政府的担当与作为，进而增强民营企业对政府的信任，为民营经济的发展营造更加稳定、可靠的政务环境，促进地方经济持续健康发展。

二是推进政府引导与政策支持。湖北省政府及相关部门积极推动民营企业践行"以诚为本"理念。通过制定和实施《全面推进"信用湖北"建设的若干措施（2024年版）》等相关政策法规，强化民营企业廉洁自律意识，规范内部管理，积极引导民营企业着力构建内部廉洁防控体系。要求民营企业定期开展内部清廉建设的自我检查，从而及时发现并纠正潜在问题，防患于未然。此外，积极促进民营企业将企业文化建设、职业道德教育与廉洁文化建设有机融合，使廉洁理念融入企业日常经营和员工行为准则之中，形成具有企业特色的廉洁文化氛围，增强员工廉洁从业的自觉性，进而推动企业健康、稳定、可持续发展。加强对经营主体信用培育，通过分类指导施策，综合运用信用承诺、适用容缺、容错受理等措施，便利经营主体修复信用，降低制度性交易成本，为守信者提供更宽松的监管环境。

三是建设社会信用体系。加强民营企业信用体系建设，建立民营企业信用档案，进一步健全和完善信用激励引导机制；探索发挥行业商协会作用，通过制定行业自律公约、公布信用承诺、商业道德监督等方式，大力引导会员企业加强合规建设和清廉建设。在加强企业诚信建设上"两手抓"，既强化正面引导，鼓励企业加强内部信用管理，完善生产经营信用档案；同时建立失信清单，对于企业在生产、经营以及服务环节出现的失信行径，会依据相关的法律法规，将其全面归入联合惩戒的范畴，激励企业守信。强化源头治理、系统治理的数据治理工作机制，对湖北省域内企业信用信息公示系统及跨部门监管协同平台所归集的市场主体数据进行系统性核查与优化。重点围绕数据完整性、准确性、及时性和规范性四个维度开展专项治理，通过建立数据采集—清洗—校验—更新的全流程质控机制，夯实信用监管工作的数据基础支撑。同时，创新构建"数据治理能力评估指标体系"，从数据标准化程度、信息共享效率、风险预警精准度等关键指标入手，全面提升信用监管的数字化治理效能，为构建以信用为基础的新型监管机制提供高质量数据保障。以全面、准确、完整、及时的数据夯实信用监管工作基础，提升信用监管数据治理水平和管理能力。

（四）打造法治化营商环境，护航民企壮大

法治是优化升级营商环境的有效手段。通过不断深化"放管服"改革举措，湖北省已全面修订并优化了相关地方法律法规体系，确保各类市场主体及企业家合法权益得到法律的平等与充分保护。在此期间，积极强化涉外法律服务，致力于构建一个既遵循市场规律又符合国际标准的法治化营商环境。

一是持续增强法治保障。湖北省深入贯彻实施《优化营商环境条例》及《湖北省民营经济发展促进办法》等20余部地方性立法，着力构建要素保障法治化支撑体系。通过建立立法评估—动态清理—系统修订三位一体的法治保障机制，对现行有效的省级地方立法、行政规章及规范性文件开展全面清理与优化更新。重点围绕降低制度性交易成本、平等保护市场主体权益、破除体制机制壁垒三大目标，打造立法精准供给+执法规范透明+司法公正高效的法治化营商环境建设体系，为市场主体提供稳定、公平、透明、可预期的制度环境，持续提升区域营商环境法治化水平。精准识别法治环境建设中的薄弱环节与关键问题，采取针对性措施，综合治理，以坚实的法治力量支撑民营企业稳健前行。

二是保护企业核心竞争力。严厉打击侵犯商业秘密、仿冒混淆等不正当竞争行为，完善知识产权保护制度、加大知识产权执法力度，为民营企业的原始创新提供有力的法治保障。加强民营企业商业秘密保护，创新监管方式，加强对企业的指导和培训，提高企业的商业秘密保护意识和能力；同时建立健全商业秘密保护机制，推动商业秘密保护从事后维权向事前预防转变，激发企业创新活力。

三是深化惠企服务举措。2024 年，湖北省持续规范收费主体收费行为，坚决查处乱收费、乱罚款、乱摊派；坚持和发展新时代"枫桥经验"，在矛盾纠纷多元化解机制建设中，着力构建预防—调解—诉讼全链条治理体系。针对涉法涉诉信访事项，建立快速响应与闭环管理机制，确保处置时效性与有效性双达标。其中，市场主体信访事项严格执行"7 日程序性回复"制度，实现回复覆盖率 100% 的刚性约束。在立案服务创新方面，全面推行互联网+立案审核模式，建立申请提交—材料补正—审核办结 7 个工作日限时办结机制。同步完善立案监督体系，畅通不立案投诉渠道，实行"双百"工作标准（100% 督办落实、100% 满意度回访）。在审判效能提升方面，优化繁简分流机制，重点扩大简易程序、速裁程序及小额诉讼程序的适用范围，构建"简案快审、繁案精审"的差异化审理模式，全面提升司法效率与群众获得感，以更及时、更快捷的方式，降低当事人的诉讼成本，提高诉讼效益，保障当事人能够高效地实现自身诉权，省法院涉企案件平均审理时长进一步缩短。

三　2025年湖北民营经济发展展望

（一）民营经济主体地位逐步提高

2025 年，湖北省将进一步巩固民营经济在全省的主体地位，展现其更为强劲的发展势头。我们预计，这一年，民营市场主体数量将持续增长，在全省市场主体总数中的占比有望超过 99%，更加稳固地占据经济发展的核心位置；民间投资增长预计将维持在 15% 以上的稳健水平，显示出民营资本对湖北经济发展的坚定信心。民营经济对外贸易规模将持续扩大，民营企业对湖北外贸进出口增长的贡献度预计将超过 85%，成为拉动湖北外贸增长的关键力量。民营经济增加值占 GDP 的比重预计将稳定在 60% 以上，持续为湖北经济发展提供重要支撑。个体私营经济从业人员数量将持续增加，民营企业将继续作为就业的主要渠道，提供 90% 以上的新增就业岗位，为社会稳定和民生改善作出重要贡献。同时，民营经济也将继续是税收的主要来源，为政府财政收入的稳定增长提供有力保障。2025 年，湖北省民营经济整体结构将进一步优化升级，服务业在三次产业增加值中的占比预计将超过 53%，整体竞争力将显著增强。在持续推动民营经济高质量发展的同时，湖北省将更加注重促进制造业向高端化、智能化、绿色化方向转型升级，鼓励和支持民营企业加大研发投入，突破关键核心技术，加快新旧动能转换步伐，为经济的高质量发展注入更加强劲的动力和活力。

（二）民营经济营商环境持续优化

2024 年 10 月 9 日，湖北召开全省优化营商环境工作推进会，印发《关于进一步优化营商环境更好服务经营主体的若干措施》，聚焦"三不一重"突出问题提出 15 条具体举措，让企业更敢闯市场，真心实意为企业进一步"减压赋能"，促进全省营商环境持续优化升级。未来，湖北各地各部门将继续深入学习贯彻党的二十大精神和中央经济工作会议内容，以习近平总书记在民营企业座谈会上的重要讲话精神为根本遵循，始终坚持"两个毫不动摇"，以一以贯之的坚定态度，帮助民营企业纾困解难，打造公平竞争环境，推动民营企业增总量、扩规模、提质效。政策体系强基行动位列五大行动之首，彰显湖北以常态长效的机制持续优化营商环境的决心。

为推动民营经济营商环境迈上新高度，湖北省对省、市、县三级现行有效的优化营商环境政策文件展开精细化梳理工作，按照政策类别进行系统汇编，形成完备的政策手册，方便企业查阅与运用。在法规完善方面，加速推进与《湖北省优化营商环境条例》要求不符的法规修订和废止进程。对于在实践中成效显著、具有复制推广价值，且经合法性审查符合法律规定的改革创新举措，及时将其转化为法律条文，增强政策的权威性和稳定性。湖北省积极总结提炼获得国家肯定的经验以及 2024 年全省优化营商环境改革先行先试成果，并在全省范围内广泛推广，促进各地相互学习借鉴，整体提升营商环境质量。在政策服务上，推行"一企一策"定制化服务，根据企业的不同需求和特点，为其打造专属政策套餐。同时，充分发挥"多规合一"

平台、投资项目绩效综合评价平台、工程建设项目审批监管系统的作用，加快部门业务流程优化再造，进一步完善湖北省中小微企业诉求响应系统，确保企业的各类诉求能够得到及时有效的回应。此外，湖北省强化督导检查机制，定期针对政策落实情况、资金拨付进度、机制运转效能等进行全面检查评估，针对突出问题，狠抓整改落实。持续开展全省营商环境评价工作，并加强评价结果的应用，将其作为改进工作、优化政策的重要依据，推动全省营商环境持续优化。

（三）民营经济发展实力不断增强

2025 年，随着政策支持和市场需求的推动，民营企业有望在高端制造、数字经济等领域取得更大突破。

在全球化 4.0 时代背景下，技术创新能力已演变为企业构建可持续竞争优势的战略性支撑要素。随着数字经济的纵深发展，基于创新驱动的价值创造模式正重塑企业核心竞争力体系，技术创新不仅成为企业应对市场不确定性的关键变量，更是实现高质量发展的核心引擎。在这一进程中，企业技术创新能力的培育与提升，直接关系到其在全球价值链中的位势与话语权。对于湖北省的民营企业而言，加大研发投入力度迫在眉睫。一方面，要积极引进高端人才，构建完善的人才培养体系，为企业创新注入源源不断的动力；另一方面，应加强与科研院所、高校的深度合作，充分整合各方资源，加速科技成果的转化与应用进程。在发展路径上，湖北省民营企业亟须加速推进发展模式转型与产业能级提升。重点围绕产业链现代化体系建设，在供应链协同优化、技术创新链整合、物流网络重构等战略领域，深化企业间战略联盟与合作创新机制。通过构建资源共享—能力互补—价值共创的协同发展生态，推动形成大中小企业融通创新格局，全面提升产业链供应链的韧性与竞争力，为区域经济高质量发展注入新动能。通过这种方式，优化企业间的资源配置，实现优势互补，共同攻克技术难题，提升整体创新能力。随着"61020"全链条技术攻关的深化，光电子信息、新能源与智能网联汽车、高端装备等领域的创新成果将加速转化，进一步提升民营企业的竞争力。通过这一系列举措提升产品的附加值，使产品在市场中更具差异化竞争优势，进一步提高市场占有率，增强民营企业在国内外市场的综合竞争力，推动湖北省民营经济实现高质量发展。

（四）民营经济内畅外联格局打开

随着全球经济的复苏和国际贸易的回暖，中国将坚定不移地实行对外开放政策。近年来，湖北深入研究国家密集推出的扩大对外开放新政策，结合省情，全力打造升级版对外开放新格局。湖北省民营企业积极抓住机遇，加大国际市场开拓力度，在对外贸易中的表现日益突出。湖北民营企业100强出口总额为85亿美元，比上年增长4.7亿美元，[①] 充分展现了湖北省民营企业不断增强的国际竞争力。2024年湖北入选全球"独角兽"的9家企业中，7家是民营企业，可见湖北民营企业已成为外贸发展的主要力量。[②] 2025年，湖北将继续推动优势产业拓展海外市场，深化产业链供应链国际合作。通过对外开放的深入推进，民营企业的国际竞争力将进一步提升，为湖北省的经济发展作出更大贡献。

然而全球经济复苏仍面临不确定性，贸易保护主义和关税挑战对湖北民营企业出口造成一定压力。面对挑战和机遇，湖北省还需从以下几方面持续发力。首先，应抓住全球化带来的机遇，积极融入全球产业链，倡导民营企业强化与国际市场的深度连接。鼓励民营企业踊跃投身国际贸易活动，拓展海外市场份额；加大对外投资力度，优化全球资源配置；深化国际技术合作，吸收先进技术经验；利用鄂州花湖机场等专业货运枢纽的物流网络，加速产品走向国际市场。其次，强化品牌建设和市场拓展。品牌是企业走向世界的名片。湖北省民营企业应注重品牌培育和推广，提升品牌知名度和美誉

---

① 《湖北民营企业100强，揭晓！》，《湖北日报》2024年12月12日，https：//mp. weixin. qq. com/s?__biz＝MzIzMzE5M. jM3Mg＝＝&mid＝2653273922&sn＝5/d7108e99f230bac9832082c52a8cae&chksm＝f3587199c42ff88fct6649ba0acd5f60b381d9d53ezf027ad6a811ac6257fc9a87fd7446e926&scene＝27。

② 《民营经济2024年发展报告出炉 龙头民营企业成为发展新质生产力的生力军》，《湖北日报》2025年1月28日，http：//jxt. hubei. gov. cn/bmdt/rdjj/202501/t20250127_5523225. shtml。

度。同时，主动探寻新兴市场领域，借助多样化的市场战略，降低因过度依赖单一市场而产生的潜在风险。最后，加强区域协同发展。湖北省应积极参与长江经济带发展、中部地区崛起等国家战略，深化与周边省份的交流协作，实现资源共享、优势互补。通过区域协同发展，提升湖北省民营经济的整体实力和竞争力。

B.13
湖北中小制造企业数字化转型面临的问题和对策研究

袁莉　张双*

摘　要： 推动中小制造企业数字化转型是实现其自身快速成长和高质量发展的重要路径，也是湖北实现新型工业化和培育新质生产力的有力抓手。当前，湖北中小制造企业数字化转型面临"不敢转""不会转""不想转"等问题，应从以需求为导向创新数字化转型业务模式、提升中小企业数字化转型公共服务质效、培育企业数字化转型良好氛围等方面发力，进一步促进湖北中小制造企业数字化转型升级发展。

关键词： 中小制造企业　数字化转型　湖北

推动中小制造企业数字化转型是实现其自身快速成长和高质量发展的重要路径，也是湖北省实现新型工业化和培育新质生产力的有力抓手。当前，湖北中小制造企业数字化转型面临"不敢转""不会转""不想转"等问题，应从以需求为导向创新数字化转型业务模式、提升中小企业数字化转型公共服务质效、培育企业数字化转型良好氛围等方面发力，进一步促进湖北省中小制造企业数字化转型升级发展。

习近平总书记指出："传统制造业是现代化产业体系的基底，要加快数字化转型，推广先进适用技术，着力提升高端化、智能化、绿色化水平。"[1]

---

* 袁莉，湖北省社会科学院经济研究所副研究员，主要研究领域为民营经济、公共政策评价等；张双，湖北省社会科学院经济研究所。

[1] 习近平：《当前经济工作的几个重大问题》，《求是》2023年第4期。

2024 年 5 月 11 日召开的国务院常务会议审议通过的《制造业数字化转型行动方案》强调，制造业数字化转型是推进新型工业化、建设现代化产业体系的重要举措，也是新质生产力构建的重要途径。

近年来，湖北坚定不移走制造强省之路，在"技改提能、制造焕新"的政策引领下，传统产业向高端化、智能化、绿色化转型升级稳步推进，取得了较为显著的成效。其中，中小企业的数字化转型是推进的重点和难点。湖北省制造业中，中小企业数量占企业总量比例达 80% 以上，它们的转型速度和质量将对湖北省新型工业化的实现以及新质生产力的培育产生重要影响。围绕当前湖北中小制造企业的数字化转型发展情况、面临的问题和困难，2024 年 4 月，湖北省社会科学院课题组前往宜昌、荆门、襄阳等地开展实地调研，同时，对参加座谈的 20 余家典型中小制造企业开展了问卷调查，通过对调研获取资料和问卷统计结果的分析发现，全省至少 70% 的制造业企业仍处于数字化转型的探索或初步应用阶段，只有 10% 左右头部企业在产品全生命周期直至产业全链条做到了数智融合与创新发展。而面广量大的中小制造企业在转型过程中存在着"不敢转""不会转""不想转"等突出问题和困难，迫切需要得到解决。

一　中小制造企业数字化转型面临的问题和困难

（一）综合实力较弱——"不敢转"

与东南沿海地区相比，湖北制造业总量规模偏小、综合实力不强。目前，湖北中小制造企业大多具有所处产业层次不高、生产工艺落后、产品档次低、利润微薄等特点，基本处于价值链中低端，它们的数字化转型建设主要集中在自动化生产线改造、企业管理模块的单项应用，处于数智融合与创新发展阶段的企业极少，全线生产和企业管理环节的数字化、网络化、智能化程度较低。大多中小企业经营者抱有小富即安的思想，满足于现状，转型升级的意愿并不强烈。特别在当前严峻复杂的宏观形势下，市场出现不同程度的萎缩，企业危机意识增强，生产经营更加保守谨慎，加之技术、管理的创新投入大，回报周期长，试错成本高，企业更加缺乏转型升级发展的动力。在被问到数字化转型难的原因时，有33.3%的被调查企业认为自身承担的风险较大，转型升级动力不足。

（二）创新资源短缺——"不会转"

湖北省中小制造企业本身创新基础和创新能力不足。全省有超过50%的中小制造企业尚未完成基础的设备数字化改造，多数开展数字化转型的企业也基本仅处于"上云"阶段，对深度的业务"用数赋智"推进不够。数字化转型服务机构、共性服务设施供给不足，数字化环境建设的设计、仿真、测试、验证等环节往往需要企业自己投入，转型门槛比较高。中小企业一般没有负责信息化建设的专职部门和人员，少数企业即使有，也是由其他部门兼顾，专业度不够，当企业在数字化转型过程中遇到难点堵点时，问题无法得到及时解决。调研数据显示，有45%的被调查企业感到数字化转型难，究其原因，除了33.3%的企业认为转型动力不足之外，还有23.3%的被调查企业认为是创新人才的缺乏，有15%的企业认为技术服务平台偏少，难以获取创新资源，有13.3%的企业表示投入资金不足。很多企业反映，数字化转型咨询、技术服务配套不完善，企业在做数字化转型规划时缺乏专业机构的指导，各方面资源要素的供给与企业转型需求不匹配，无法支撑其完成数字化转型。

（三）转型认知不足——"不想转"

调研发现，由于自身缺乏战略眼光，同时受到传统思维和经营模式的制约，许多企业还没有意识到数字化转型的重要性和紧迫性。目前，湖北省化工、有色金属等行业企业数字化转型意愿比较强、积极性比较高，但农产品加工等行业中小型企业对数字化转型观望较多。一些企业对数字经济相关知识的学习不深入，对数字化转型的认知不足，认为"数字化转型＝业务信息化"，对转型建设内容、目标期望不清晰。此外，很多中小企业没有掌握数

字化转型所需的先进技术和工具，自身也无法完成数字化转型各个环节的协同和整合，转型能力非常有限，这导致企业对数字化转型的概念、方法和路径都缺乏正确的理解和认识。由于不重视、不了解，湖北省许多中小制造企业目前仍未将数字化转型纳入企业战略规划中，这是当前湖北省中小制造企业数字化转型过程中面临的一个重要问题。

二　进一步推动中小制造企业数字化转型升级的对策建议

（一）以需求为导向创新数字化转型业务模式

指导各类主体面向不同行业、不同阶段、不同规模的中小企业数字化转型需求，分类探索转型路径，破解中小企业数字化改造"千企多面"需求与个性化解决方案成本高的矛盾。推广"N+X"（行业共性需求+企业个性需求）改造模式。细化"精选细分行业—厘清需求清单—开发应用场景—打造样本企业—批量复制推广—探索市场机制"的实施路径，在全省遴选县（市、区）开展试点，区分细分行业、企业规模，梳理行业共性和企业个性需求，通过培育企业样本，推动企业"看样学样"，加快进行复制推广，并探索数字化改造工程总承包、标准合同范本、统一监理验收等创新机制。依托工业互联网平台，大力推广云化服务，创新服务及收费模式，降低企业转型成本。探索推广"链主引领+配套跟进"的"链式"转型模式，充分发挥链主企业引领示范作用，带动产业链上下游和产业集群内中小微企业协同数字化转型，加强专精特新中小企业对产业链、供应链的支撑和引领。将链上企业均纳入协同平台，实现系统共享、数据互通。

（二）提升中小企业数字化转型公共服务质效

一是完善数字化转型公共服务平台。按照政府搭平台、平台引机构、机构服务企业的模式，建立"政府+企业+服务商+金融机构+智库"的中小企业数字化转型公共服务体系。扎实推进平台建设，汇集数字化转型资源，面向中小企业提供政策解读、转型评估、方案咨询、专项培训、供需对接、绩效评价、融资增信、应用推广和成果展示等公共服务。持续推动引导中小制造企业深度用云，培育更多"云上企业"。建立完善全省"1+N"平台体系，形成行业级、区域级、企业级等特色专业型平台梯度培育，推动基础性平台和特色专业型平台、企业形成紧密互补合作关系。

二是建立数字化服务商资源池。选择重点行业和相关中小企业，梳理行业共性和企业个性需求，遴选一批具有细分行业经验和能力的数字化转型服务商，建立服务商资源池，落实动态调整机制，引育一批优质数字化服务商。[1] 支持数字化服务商为被改造企业提供诊断、咨询等服务，建立产品库，按需推广、开发"小快轻准"产品和解决方案，供企业自愿选择，开展数字化改造。同时，总结集成通用性强、效果好的数字化解决方案，推动跨区域复制推广，放大政策效果。[2]

三是健全数字化转型金融服务体系。强化金融供给，构建高频常态化政金企对接机制，将数字化转型企业纳入"白名单"。在依法合规、风险可控前提下，支持金融机构结合中小企业数字化转型的融资需求和特点，创新各种专项贷产品，帮助中小企业更好地获得资金支持。[3] 探索通过工业互联网对中小企业全流程全周期数据的采集、汇聚、处理、分析，以数据为依据为中小企业提供增信赋信的服务和产品，开展基于实时数据的企业信用精准画像，智能识别企业运营情况及信用等级，为中小企业提供高效、个性化的供应链金融服务。

（三）培育企业数字化转型良好氛围

一是强化数字化转型宣传指导。政府部门、行业协会等应以多种形式进

---

[1] 《财政部工业和信息化部关于开展中小企业数字化转型城市试点工作的通知》，《中华人民共和国财政部文告》2023年6月15日。

[2] 《财政部工业和信息化部关于开展中小企业数字化转型城市试点工作的通知》，《中华人民共和国财政部文告》2023年6月15日。

[3] 郭博昊：《发挥财税政策作用　推动中小企业数字化转型》，《证券时报》2023年6月26日。

行企业数字化转型升级宣传,开展数字化转型主题培训,提高企业对数字化转型的概念、方法和路径的认识和理解。各市州结合产业特色和发展实际,分行业开展相关系列推广活动。推行智能制造顾问制度,通过政府采购,省、市、县对规上中小工业企业协同开展智能制造免费诊断服务,组织专家团队深入企业工位、产线、车间,为企业数字化转型"把脉问诊",形成企业数字能力画像,建立"一企一档"。

二是开展数字化转型评估。制定并持续优化湖北省中小制造企业数字化转型评估指标体系。借鉴国家数字化转型成熟度模型与评估标准,结合湖北省制造业发展需求和实践,提出湖北省中小制造企业数字化转型达标指标。按年度开展规模以上中小制造企业数字化转型评估,以"各市州中小制造企业数字化发展指数"作为评价各市州数字化转型进展成效的重要依据,实现以评促转、以评促用。

三是持续引培中小企业各类人才。积极拓宽引智渠道,每年组织重点企业赴国内相关专业高校招才引智,将数字经济相关高校和科研院所的人才联络图、引才工作站等引智渠道向社会免费开放,支持项目、人才对接。优化升级湖北人才网,汇集全省各级公共就业岗位信息,提供集岗位发布、简历投递、视频面试等功能于一体的"一站式"云聘服务,为中小企业提供招聘用工等信息服务。

B.14
湖北依法保护中小微企业产权的
路径与对策研究

叶学平　邓沛琦　冯铨*

摘　要：　党的二十届三中全会《决定》明确提出，依法平等长久保护各种所有制经济产权。本课题组针对湖北省中小企业产权司法保护情况展开调研后发现，目前，湖北省中小微民营企业产权案件主要集中在债权纠纷、知识产权侵权和物权争议三方面，存在制度支撑薄弱、执法效能不足等现实问题。为推动湖北省经济社会高质量发展，建议从产权保护顶层制度设计、提升中小微民营企业知识产权申请与应用效能、构建防范和化解企业欠款问题的长效机制、强化产权的应急援助机制以及整合平台对接等方面加以着力。

关键词：　中小微企业　产权保护　制度创新　湖北

党的十八大以来，以习近平同志为核心的党中央将我国各类所有制经济的产权保护工作置于极为重要的位置。2015 年 11 月召开的党的十八届五中全会明确提出"推进产权保护法治化，依法保护各种所有制经济权益"这一重要论断。到了 2016 年 11 月，中共中央、国务院发布了《关于完善产权

---

* 叶学平，经济学博士，英国剑桥大学访问学者、博士后，湖北省社会科学院经济研究所所长、研究员，全面深化改革研究中心执行主任，主要研究领域为宏观经济、产业经济、房地产金融、第三方评估等；邓沛琦，经济学博士，社会政策学博士，湖北省社会科学院经济研究所助理研究员，主要研究领域为宏观政策、民营经济和社会保障；冯铨，国家税务总局武汉市武昌区税务局一级行政执法员，主要领域为宏观经济学、税务征缴。另外，湖北省社会科学院经济研究所硕士研究生刘健、聂子怡、侯梦飞、程书航、邵婷婷参与了调查问卷资料收集和整理等工作。

保护制度依法保护产权的意见》，确立了全面、平等保护各类产权的原则，对产权保护立法、执法、司法、守法等各个程序和环节进行了系统而全面的部署。2022年10月，党的二十大报告指出，要"优化民营企业发展环境，依法保护民营企业产权和企业家权益，促进民营经济发展壮大"，与此同时，报告还指出，"完善产权保护、市场准入、公平竞争、社会信用等市场经济基础制度，优化营商环境"。这些举措充分表明，优化民营企业的整体发展环境，对于推动民营经济持续健康发展至关重要。党的二十届三中全会在此基础上进一步强调"加强产权执法司法保护，防止和纠正利用行政、刑事手段干预经济纠纷"。这意味着要杜绝行政权力和刑事司法的滥用，避免对正常市场秩序和企业经营活动造成不必要的干扰，确保市场经济的健康运行。这一系列举措彰显了党和国家对民营经济发展的高度重视与坚定支持，为民营经济的持续健康发展提供了坚实保障。

本研究聚焦民营经济高质量发展与湖北省营商环境优化双重背景，针对湖北省中小微民营企业产权等问题，广泛收集相关数据案例资料，设计了"关于中小微企业产权保护的调查问卷"，深入走访武汉、宜昌、荆门、襄阳等地的15家中小微民营企业以及相关政府部门，与民营企业负责人和相关政府工作人员就湖北省中小微民营企业的产权保护现状和相关问题进行座谈。调研发现，湖北省中小微民营企业产权保护存在四个亟须解决的突出问题。为纾解中小微企业难题，切实帮助中小微民营企业渡难关，进而推动经济社会高质量发展，本文将为中小微民营企业产权保护路径探索提供对策参考。

一 湖北中小微民营企业产权保护存在的突出问题及原因分析

（一）突出问题

课题组在对调查问卷和访谈资料整理之后发现，湖北省多数民营企业产权保护问题主要集中在债权和知识产权方面，仅有少数涉及物权方面的问题。当前存在的突出问题具体表现在如下方面。

1. 知识产权存在维权困难和制度短板

企业反映的主要问题是商标与配方工艺遭受侵权。针对这一问题，多数企业通过向法院起诉的途径来维护自身权益，同时也有部分企业采取向相关部门投诉、信访并通过网络媒体报道的方式进行维权。而维权失败的企业大多是因为自身法律意识淡薄，并且配方工艺专利难以界定。

2. 债权存在清偿梗阻与执法效能不足问题

企业遇到的主要为债务违约纠纷，即债务人不履行债务导致应收账款难以收回。受访民企表示，它们的应收账款收账压力大，欠款单位主要是政府投资的平台国企、一般国有企业，还有少量私企，这严重影响了企业的正常经营和发展。针对这一问题，企业采取向法院起诉或者相关部门投诉、信访等的方式进行维权。维权失败的企业主要受自身法律意识较弱与执法不严格或者执法推进缓慢的影响。

3. 物权存在保障缺陷与合同履约风险

在调研中发现，宜昌市部分民营企业遭遇的环保搬迁补偿争议折射出两个方面的制度性问题。其一，现行补偿机制存在明显缺陷。民企负责人称，在厂房设备搬迁的实际执行过程中存在补偿标准偏低，赔偿金额普遍低于市场价值的30%，远低于《国有土地上房屋征收评估办法》的规定，且未涵盖设备残值、停产停业损失等法定补偿项目，这些需要搬迁民企的合法物权没有得到相应的保障。其二，"以租代购"合同履行存在潜在风险。需要重点核查两类核心条款：一是合同是否约定地价浮动调整机制（如租金递增系数与CPI挂钩条款），二是产权转移触发条件是否与土地性质变更（如工业用地转为商业用地）明确挂钩，若无相应条款约束，企业可能面临地价上涨而导致的预期收益受损风险。

（二）原因分析

1. 中小微民营企业自身能力的限制

一是中小微民营企业缺乏对产权保护重要性的认识。绝大部分中小微民企管理层将重心置于生产经营、压缩成本和拓展市场方面，而忽视了产权保

护的重要性。由于缺乏对产权价值的充分认识，这些企业没有建立起完善的产权管理体系，从而在面临产权纠纷时处于被动地位。二是中小微企业在产权管理上存在系统化和规范化缺失。调查显示，58%的民营企业没有专职产权保护的法务人员，42%把相关法务事项全部外包给第三方机构，8%既没有专职也没有外聘的法务人员。由于缺乏专业的法律团队，难以有效维护自身权益。三是中小微民营企业对相关法律法规了解不深入或是信息滞后。例如，在部分民营企业的实际运营过程中，由于普遍存在诉讼风险防范意识缺失情况，当陷入诉讼纠纷后，这些企业往往无法以合法且有效的途径来妥善处理。部分企业采取了拖延诉讼进程、故意逃避法律责任等不当方式，甚至进一步导致损失的持续扩大。这种不理智的处理方式使得企业所遭受的损失愈发严重，对企业的正常生产经营活动产生了极为重大的影响。四是中小微民营企业在经营过程中可能缺乏对潜在法律风险的防范意识，导致在产权保护方面存在漏洞。例如，部分企业签订合同或者履行合同的初期阶段，便已经察觉对方企业的行为存在异常情况。然而，由于种种原因，这些企业未能及时采取行之有效的应对措施，随着时间的推移，损失不断扩大，甚至到了无法追回的境地。

2. 产权保护政策制度尚存在完善空间

一是产权保护地方性法规、政府规章及相关制度存在信息更新滞后、覆盖面不足或执行力度不足的问题。以宜昌市为例，部分企业在面临地方政府因环保要求而提出搬迁时，其生产设备或其他资产的弃置与损耗无法得到妥善补偿。二是公平竞争审查制度应得到进一步优化。防止市场垄断和不公平竞争现象的发生，保护中小微企业的合法权益。三是知识产权相关政策保障力度不足。例如，荆门市经信局表示知识产权保护在实际执行中，存在知识产权专利认定标准不合理、申请维护成本高、本地知识产权机构业务能力不强，以及涉外涉密知识产权保护力度不足等问题。

3. 产权保护司法机制不健全、不公正

一是维权成本较高。即便中小微民营企业意识到自己的权益受到侵害，但在维权过程中面临成本高、证据收集难、法律程序长等问题，高昂的维权成本导致这些企业的维权意愿相对较弱，从而助长了侵权行为的蔓延。二是跨区域产权协调保护不足。司法单位存在跨区域跨部门协调和联动机制尚不健全、信息资源共享不足、司法保障资源存在较大的地域差距等问题。三是保障中小微民营企业产权的司法服务延伸不足。需要将司法服务延伸至市场主体前沿，以强化企业产权保护。四是冤错案件纠正机制不健全。存在冤错案件有效防范和常态化纠正机制不完善的问题，影响司法权威和公信力。

4. 产权保护执法不严格或者执法推进缓慢

一是保障中小微民营企业产权的行政执法不严格。例如，执法部门或人员未能切实履行执法职责，该检查的不检查，该立案的不立案，立案后久查不结，该处罚的不处罚，对行政执法中发现的涉嫌犯罪案件该移送的不移送，或者以罚代刑。二是执法不规范。主要表现为：执法制度建设不足，执法标准不明确，执法权责不统一。部分执法人员办案质量不高，证据收集不充分、手段不合法，执法文书制作不规范；行政执法过程不透明，没有充分保障当事人的知情权、陈述申辩权、申请回避权等权利。三是执法推进缓慢。例如，对涉及中小微民营企业产权的行政执法问题解决不及时，推诿扯皮、拖延处理；对企业投诉举报的涉及产权保护的行政执法案件依法该受理的不受理，或者拖延办理、超时限办理；对部门联合执法、协同执法不支持、不配合，办事拖沓、被动应付，这在客观上也对基层执法部门保障中小微民营企业产权造成了一定的压力。

综上所述，中小微民营企业产权保护面临诸多挑战，原因涉及企业自身能力、政策制度、司法机制以及执法环节等多方面。解决这些问题，需要各方协同发力，只有多管齐下，才能切实改善中小微民营企业产权保护现状，为企业的健康稳定发展筑牢坚实保障，营造良好的市场环境，推动经济持续健康发展。

二 湖北省加强中小微民营企业产权保护的对策建议

在当今经济全球化和市场竞争日益激烈的背景下，中小微民营企业在国民经济中发挥着至关重要的作用。然而，在湖北省中小微民营企业发展过程

中，产权问题一直是制约其进一步发展的瓶颈。针对这些问题，本课题组提出以下五点对策建议。

（一）深化中小微民营企业产权保护的顶层制度设计

为了进一步完善中小微民营企业产权保护机制，湖北省可以借鉴其他省市所积累的成熟经验，把相关政策举措落实到地方性法规。例如，北京市制定《北京市中小企业知识产权集聚发展区认定和管理办法》，加强对科技型中小企业集聚区知识产权工作的引导和规范，培育一批掌握核心专利技术的知识产权优势企业，这为其他地区的中小微企业知识产权发展提供了参考范例。具体而言，通过制定中小微民营企业产权保护等政策措施和相关法规，来切实保障中小微民营企业的合法权益。这不仅有助于营造良好的营商环境，更能为这些企业的创新发展和提质增效提供有力的支持和保障。湖北也可积极探索适合本地的知识产权保护路径，通过立法及相关实践经验借鉴等方式，为中小微企业发展保驾护航。

（二）提升中小微民营企业知识产权申请与应用效能

首先，要为中小微民营企业提供知识产权咨询辅导和专业培训服务，从申请阶段开始给予全方位的支持，例如，为企业详细解读知识产权相关政策、讲解申请流程、分享申请技巧等，以此提升中小微民营企业知识产权保护意识。同时，推进中小微民营企业参加知识产权保险试点工作，对于符合条件的企业，给予保费补贴。这不仅能减轻企业在申请知识产权保护中的经济负担，也有助于分散企业在知识产权方面可能面临的风险，使其更安心地投入创新和发展之中。其次，针对中小微民营企业品牌推广和专利转化能力薄弱的现象，需要搭建展销推介平台，整合各方面资源，为中小微企业提供展示自主品牌的机会，从而促进品牌建设。此外，鼓励并支持中小微民营企业和行业组织参加国内外展览展销活动，充分发挥桥梁和纽带的作用，为企业的专利、版权等转化创造条件，让企业找到合适的合作机会，实现最大限度维护知识产权。最后，借助财政贴息等方式，为中小微企业以商标、专利知识产权担保融资提供保障，通过这种方式降低资金成本，使中小微民营企业能够利用自身知识产权优势获得发展所需的资金。

（三）构建防范和化解企业欠款问题的长效机制

首先，准确界定民营企业合法债权的内涵和外延。民营企业的债权包括合法债权和非法债权，其中合法债权受法律保护，从事非法活动获得的债权为非法债权，不受法律保护，如放高利贷款项、赌债、走私货物款项等。其次，进一步落实拖欠账款的常态化机制。各级法院应通过积极审理借款合同、民间借贷、担保合同、保理合同、票据纠纷以及建筑工程施工合同纠纷等案件，确认合法债权，保护民营企业的权益。政府投资项目立项前应开展财力论证，明确资金来源，严禁无预算、超预算项目立项前开展建设。完善拖欠账款清理与巡视、审计、督察的常态化对接机制。对民营企业当事人的诉讼请求具体明确、法律关系清晰、证据充分的案件，及时做出生效判决，不能久拖不判。

（四）构建中小微民营企业产权的应急援助长效机制

鉴于中小微民营企业在市场竞争中面临较多产权纠纷，且自身维权能力相对薄弱，当下迫切需要强化应急援助机制建设，构建并完善产权救济工作协调机制，从而形成多部门协同合作的工作格局。同时，要对中小微民营企业产权风险进行全面分析，并做出精准评估。通过定期走访、数据分析、风险监测等手段，全面了解企业产权状况、识别潜在风险点。同时，根据风险评估结果完善预警体系，及时向企业发出风险提示，帮助企业提前做好应对准备。在风险发生时，要为中小企业提供指导和服务，助力其有效运用各种合法手段实施救济，如法律诉讼、仲裁调解等，确保企业产权得到有效维护。

（五）构建中小微民营企业产权需求

针对当前支持中小微民营企业政策较为零散、服务能力有待提升的现状，搭建一个兼具综合性与专业性的中小微民营企业公共服务平台显得尤为迫切。各地应以积极对接企业需求为出发点，充分统筹规划，着力建设产权公共服务平台。该平台需要整合涵盖政府有关部门、市场化服务机构、行业协会、商会、产业联盟等各类服务资源，形成一股强大的协同服务合力，通过协同合作推动产业的整体发展。借助这个综合性平台，企业能够享受一系列精准、高效的服务。例如，在政策解读方面，平台可以邀请专家对政策内容进行详细讲解，通过案例分析等方式帮助企业理解政策要点；在服务对接方面，平台可以建立在线预约、精准推荐等功能，为企业与服务机构搭建便捷的沟通桥梁。

总而言之，中小微民营企业的产权问题是一个复杂而系统的工程，需要全社会共同努力，多维度的解决方案必须协同推进、落实到位。

参考文献

黄光：《加强中小企业知识产权保护的几点思考》，《中华商标》2021年第4期。

燕瑛：《营造金融法治环境　助力民营经济高质量发展》，《北京观察》2023年第4期。

北京市知识产权局：《北京市中小企业产权集聚发展区认定和管理办法的通知》，2024年4月25日。

改革开放篇

B.15
湖北全面深化改革报告

高慧　王禹祺*

摘　要：　　本报告以 2024 年湖北省全面深化改革为对象，涵盖经济体制、科技创新、生态环境、社会民生等领域。通过政策分析、案例研究及统计数据，系统总结了改革成果与经验，分析了当前存在的问题和面临的挑战，并提出未来改革的方向与建议，为推动湖北省持续深化改革提供参考依据。研究发现，湖北省在经济统筹、国资国企改革、科技创新平台建设、生态环境治理等方面改革成效显著，但仍存在经济增长压力增大、科技成果转化效率不足、区域发展失衡、生态环境治理难点突出、民生短板及体制机制障碍等问题。为此，建议通过推动传统产业升级与新兴产业培育、完善科技成果转化服务体系、加强区域产业协同与基础设施建设、深化生态环境精准治理、补齐教育医疗养老等民生短板、破除体制机制改革阻力等措施，进一步提升改革效能，助力湖北实现高质量发展与区域竞争力提升。

---

* 高慧，管理学博士，湖北省社会科学院经济研究所研究员，研究领域为高等教育管理与政策、科技创新与管理；王禹祺，湖北省社会科学院经济研究所。

关键词： 全面深化改革 经济增长 高质量发展 湖北

一 2024年湖北省全面深化改革成果

2024 年，湖北省紧扣党中央决策部署，围绕经济、科技、生态、民生等多个领域深入推进全面深化改革，在发展中不断创新，呈现诸多亮点，积累了宝贵经验。

（一）经济体制改革：强化统筹，激发市场活力

1. 完善统筹机制，优化资源配置

规划统筹协同发展。构建以省域战略规划为引领的多规合一体系，强化交通、产业、城乡等规划间的协同。例如，武汉在城市规划中，将轨道交通线路规划与沿线产业园区、商业区布局紧密结合，实现交通枢纽与经济发展节点的高效对接，促进区域经济发展。

建设大财政体系，完善"七项机制"。湖北深入推进大财政体系建设，着力打造以战略规划为引领、以国有资本要素为依托、以科学债务配比为基准、以供应链平台体系为支撑的财金投一体化运作模式。在建立健全财政统筹机制方面，推动财政从"小财政"向"大财政"转变，在更大范围配置资源。[①] 例如，黄石市通过一系列改革举措，在 2024 年取得亮眼成绩，地区生产总值达到 2305.8 亿元，增长 7.1%，增速居湖北省第一；规模以上工业增加值增长 12.6%，增速为湖北省第二；一般公共预算收入 190 亿元，位居湖北省第四，增长 12.2%，增速居湖北省第五；完成进出口总额 606.6 亿元，增长 26%，均居湖北省第二；固定资产投资增长 7.9%，高于全省 1.4

---

① 《财政统筹 经济发展动力足》，湖北省人民政府网，https：//www.hubei.gov.cn/zwgk/hbyw/hbywqb/202412/t20241215_5462207.shtml，2024 年 12 月 25 日。

个百分点。① 在专项债券项目方面，湖北省 2024 年地方政府专项债项目审核通过率较上年提高 16 个百分点。② 来凤县在 2024 年共上报 49 个项目，专项债券资金需求 40 亿元，其中 38 个项目成功通过评审，通过率 78%；资金需求通过金额 30.65 亿元，通过率 77%，在全州八县市均排名首位，这些项目涵盖基础设施建设、产业升级、生态保护、民生改善等多个领域。③ 松滋市 2024 年专项债券需求项目共申报两个批次，涉及 21 个项目，获国家两部委审核通过的发行项目共 10 个，已成功发行项目 4 个，涉及新能源充电桩、荆松一级公路改扩建及社会事业等投向领域。④ 同时，湖北省重点建立健全"七项机制"，包括规划统筹机制、财政统筹机制、投资项目绩效综合评价机制等，为构建高水平社会主义市场经济体制实践体系奠定基础。

优化投资项目管理。完善省市县贯通、全生命周期覆盖的投资项目绩效综合评价平台，对投资项目进行有效管控。湖北省 2024 年地方政府专项债项目审核通过率较上年提高 16 个百分点，项目按时开工率、竣工率比改革前提高近 10 个百分点，政府投资项目结算率、决算率比改革前提高近 20 个百分点，有效提升投资效益，减少无效、低效投资。⑤

2. 推进国资国企改革，增强企业实力

统筹盘活国有"三资"。积极开展国有资产、资源、资金的清查与整合，推动资源向资产、资本转化。截至 2024 年 10 月底，已盘活省属企业存

---

① 《2025 年政府工作报告》，黄石市人民政府网，https://www.huangshi.gov.cn/xxxgk/fdzdgknr/qtzdgk/gzbg/202502/t20250211_1192112.html，2025 年 2 月 11 日。

② 《财政统筹　经济发展动力足》，湖北省人民政府网，https://www.hubei.gov.cn/zwgk/hbyw/hbywqb/202412/t20241215_5462207.shtml，2024 年 12 月 15 日。

③ 《湖北省 2024 年专项债券信息》，中国地方政府债券信息公开平台，https://www.celma.org.cn/zqxx/index.jhtml，2024 年 9 月 27 日。

④ 《松滋市财政局：稳步推动专项债券发行工作，做好专项债券全过程管理》，《湖北日报》2024 年 8 月 16 日，https://news.hubeidaily.net/mobile/c_3003025.html。

⑤ 《财政统筹　经济发展动力足》，湖北省人民政府网，https://www.hubei.gov.cn/zwgk/hbyw/hbywqb/202412/t20241215_5462207.shtml，2024 年 12 月 15 日。

量资产 1300 多亿元，AAA 级企业达到 14 家，撬动金融资源 5000 亿元。[①]
在盘活国有存量土地方面成果突出，成立由省领导牵头、多部门参与的联席
会商机制，推动武钢集团、湖北交投集团等央地国企盘活存量土地价值超
900 亿元。[②] 武钢集团将闲置的工业用地重新规划，一部分建设为工业遗址
公园，发展工业旅游，另一部分与科技企业合作，打造创新创业园区，既实
现了土地的高效利用，又为企业带来新的经济增长点。[③] 黄石市通过清理盘
点、编制总账、细化确值、分类盘活等举措，稳步做大国有"三资"，并引
导融资平台提供有效资产清单，实行金融"点单"与国企"派单"相结合，
撬动大量金融资源，为经济发展提供资金支持。[④]

不断壮大资产规模与骨干企业。湖北省国资监管企业发展态势良好，截
至 2024 年 5 月末，国资监管企业资产总额首次突破 10 万亿元，"千亿骨干
国企"总数达 17 家，6 家企业入围中国企业 500 强。[⑤] 如湖北交投集团，作
为省属重要国有企业，在交通基础设施建设领域持续发力，不断拓展业务版
图，实现资产规模稳步增长，不仅参与省内多条高速公路、铁路等重大项目
建设，还积极涉足交通关联产业，推动企业多元化发展，自身实力和行业影
响力显著提升。

定位企业功能，提升绩效。明确国有企业"引领、带动、保障、调
控"功能，先后组建湖北水利发展集团、健康养老集团、人才集团、征信

[①] 《湖北以系统思维和创新性举措统筹推动国资国企高质量发展》，国务院国资委网站，
http://www.sasac.gov.cn/n4470048/n29955503/n30329277/n30329323/c31850280/content.html，
2024 年 10 月 16 日。

[②] 《湖北以系统思维和创新性举措统筹推动国资国企高质量发展》，国务院国资委网站，
http://www.sasac.gov.cn/n4470048/n29955503/n30329277/n30329323/c31850280/content.html，
2024 年 10 月 16 日。

[③] 《"工业锈带"蝶变"产业秀带"——武钢老厂房重生记》，湖北省国资委网站，https://
gzw.hubei.gov.cn/gzyw/qtxx/202402/t20240220_5088717.shtml，2024 年 2 月 2 日。

[④] 《财政统筹 经济发展动力足》，湖北省人民政府网，https://www.hubei.gov.cn/zwgk/hbyw/
hbywqb/202412/t20241215_5462207.shtml，2024 年 12 月 25 日。

[⑤] 《湖北以系统思维和创新性举措统筹推动国资国企高质量发展》，国务院国资委网站，
http://www.sasac.gov.cn/n4470048/n29955503/n30329277/n30329323/c31850280/content.html，
2024 年 10 月 16 日。

公司等一批功能性企业。探索建立功能性绩效评价机制，"一企一策"设定评价指标。① 2024 年省属企业实施亿元以上重点项目 500 余个、完成各类投资 2500 亿元，带动社会投资超万亿元。② 湖北水利发展集团在重大水利工程建设中发挥关键作用，保障全省水利需求，推动区域水利事业发展。

优化产业布局与培育新质生产力。聚焦湖北省优势产业和新兴特色产业，落实"链长+链主+链创"机制。2023 年以来，省属企业新设重要产业主体 20 余家，省市国资新增上市公司 9 家，带动社会资本 430 亿元，2024 年谋划布局重大战略性新兴产业项目 194 个，计划总投资 1971 亿元。③ 2024 年，长江产业集团积极布局，即将控股凯龙股份，连同此前控股的广济药业、万润科技、双环科技、奥特佳，将控股 5 家上市公司。凯龙股份作为湖北省民爆行业龙头企业，产品涵盖合成氨、硝酸铵及复合肥、民爆器材等，长江产业集团控股凯龙股份，增加了在民爆行业的市场份额，也为产业布局和未来投资奠定基础。此外，2024 年湖北省属国资企业成功收购奥特佳、上海雅仕、微创光电和润农节水 4 家上市公司，并完成股权变更，持续推进国资优化与整合。④

企业市场化改革不断推进。湖北文旅集团积极推进改革深化提升行动，坚持机制改革和内部改革双轮驱动。构建战略决策层—资产运营层—价值执行层的分层式治理架构，形成总部聚焦资本配置效能、二级公司强化资产运营质量、三级公司（事业部）深耕市场价值创造的现代化企业管控体系，

---

① 《湖北以系统性思维和创新性举措统筹推动国资国企高质量发展》，国务院国资委网站，https：//www. sasac. gov. cn/n4470048/n29955503/n30329277/n30329323/c31850280/content. html，2024 年 10 月 16 日。
② 《湖北省属企业 2024 年完成投资超 2700 亿元　同比增长 18%》，湖北省国资委网站，https：//gzw. hubei. gov. cn/gzyw/qtxx/202501/t20250121_5511996. shtml，2025 年 1 月 21 日。
③ 《湖北以系统思维和创新性举措统筹退工国资国企高质量发展》，湖北省国资委网站，http：//www. sasac. gov. cn/n4470048/n29955503/n30329277/n30329323/c31850280/content. html，2024 年 10 月 16 日。
④ 《湖北国资整合持续活跃　长江产业集团控股上市公司有望达到 5 家》，《湖北日报》2025 年 1 月 5 日，http：//news. cnhubei. com/content/2025-01-05/content_18826782. html。

强力推进子公司"轻重分离",试点推行"职业经理人""事业合伙人"制度,推进区域子公司专业条线的整合重组,新成立"三部一中心",组建文旅创意创新研究院和专家智库,推进运营前置、策划先行的投建管运分离改革。2024年春节假期期间,集团旗下景区、酒店、旅行社累计接待游客量约130万人次,较2023年、2019年分别增长87%、180%;实现营收约7700万元,较2023年、2019年分别增长46%、167%①,改革成效显著,有效激发了企业经营生机与活力。

3. 构建供应链平台,畅通双循环

建设发展供应链平台。大力推动供应链平台体系建设,湖北国贸、国控、楚象等供应链企业发展迅速。2024年,湖北进出口总值达到7058.4亿元②,在光电子信息、农产品供销等领域新组建多个供应链平台,促进产业与市场深度融合。例如,湖北国贸通过业务拓展和模式创新,整合产业链资源,提升供应链整体效率,推动产业升级。

优化营商环境,促进市场主体增长。深化商事制度改革,出台集成化政策精简行政审批流程、降低企业经营成本。2024年1~9月,湖北省新登记经营主体141万户,增长16%,其中企业46.7万户,增长24.3%,市场活力不断增强。③以武汉为例,推行"一网通办""一窗受理"等改革,企业开办时间缩短至1个工作日以内,吸引众多企业入驻。④

推进内外贸一体化发展,畅通双循环。积极组织企业参加国内外展会,拓展国际市场,推进内外贸一体化发展。阳逻港作为长江中游航运中心的核

① 《湖北文旅集团:把握新使命新定位 改革争先开新局》,湖北文化旅游集团官网,http://www.hbctic.com/xwzx_1/mbjj/202403/t20240305_115757.shtml,2024年3月5日。
② 《再创历史新高 增速中部第一 湖北外贸突破7000亿元》,《湖北日报》2025年1月21日,http://www.hubei.gov.cn/zwgk/hbyw/hbywqb/202501/t20250121_5512048.shtml。
③ 《1至9月,湖北省新登记企业增速全国第一》,九派新闻,https://baijiahao.baidu.com/s?id=1814432021368116610&wfr=spider&for=pc,2024年10月31日。
④ 《武汉以便企利民为核心推行"四办"改革 打造全国政务服务最优城市》,湖北省人民政府网,https://www.hubei.gov.cn/zhuanti/2021zt/Tjgxbcyjs/202111/t20211111_3858366.shtml,2021年11月11日。

心港口，集装箱吞吐量持续增长，2023 年达 230 万标箱，进出口货物总量占全省比重为 65%，外贸集装箱运输量占全省比重为 80%，[①] 通过水铁公空一体化集疏运体系，与国内外多个港口和内陆城市互联互通，有力推动湖北在国内国际双循环中发挥节点作用。

（二）科技创新体制改革：协同发展，攻克关键技术

1. 创新体制机制，激发创新活力

优化决策与统筹机制。组建省委科技委并召开首次全体会议，强化党对科技工作的统一领导，制定工作规则与运行机制，全面提升科技厅管理服务能力，为科技改革提供坚实组织保障。出台《关于统筹推进教育科技人才一体化发展的意见》，打破部门间的壁垒，促进教育、科技、人才协同发展，推动创新资源的高效配置。[②]

革新评价与激励机制。深入推进科技人才评价综合改革，打破唯论文、唯职称、唯学历、唯奖项的"四唯"倾向，更加注重科技成果的实际应用价值和对产业发展的贡献，在 26 个单位开展试点，探索建立以创新能力、质量、实效、贡献为导向的科技人才评价体系。积极推行职务科技成果赋权改革，赋予科研人员不低于 10 年的成果使用权，提高科研人员成果转化积极性，湖北省高校院所科技成果转化现金奖励总额较上年度增长 54.7%。[③]研究制定科技创新容错领域的政策文件，营造激励创新、包容试错、接纳失败的政策环境，激发科研人员的探索精神。

2. 建设创新平台，提升区域创新能级

加速建设武汉科创中心。武汉市成功获批国家知识产权保护示范区建设

[①] 《阳逻国际港为武汉融入全球经济格局提供有力支撑》，武汉市人民政府网，https://www.wuhan.gov.cn/sy/whyw/202411/t20241122_2488274.shtml，2024 年 11 月 22 日。

[②] 《"新"潮澎湃"新"路领航——写在 2025 年湖北省科技创新大会召开之际》，《湖北日报》2025 年 1 月 6 日。

[③] 《湖北：奋力打造具有全国影响力的科技创新高地》，湖北省发展改革委网站，https://fgw.hubei.gov.cn/fbjd/xxgkml/jgzn/nsjg/gjsc/gzdt/202501/t20250106_5490669.shtml，2025 年 1 月 6 日。

城市，为科技创新提供更有力的知识产权保护。① 东湖科学论坛、科创金融总部一期等标志性项目建设提速，为科技创新交流与金融支持搭建重要平台。科创大走廊 100 项重点任务开工率达 97%，加速创新要素集聚与流动。获批中央引导地方科技发展专项资金 3.22 亿元，位居全国第 4；湖北省自然科学基金联合基金达到 16 只，总经费 1.25 亿元，② 为科研项目提供充足资金支持。根据《2024 年全球创新指数》，武汉科技集群位列全球第 13、全国第 5，彰显出强大的区域创新实力。

新型研发机构蓬勃发展。新备案 10 家新型研发机构，③ 这些机构以市场需求为导向，整合高校、科研院所和企业的创新资源，开展技术研发、成果转化和企业孵化等工作，成为科技创新的重要力量。例如，九峰山实验室成立仅 3 年，便诞生了全球首片 8 英寸硅光薄膜铌酸锂光电集成晶圆，吸引近 30 家半导体链条企业集聚，形成产业集群效应，推动光电子信息产业的技术创新与产业升级。④

3. 加强关键技术攻关，增强创新策源能力

重大项目取得突破。实行"尖刀"项目"里程碑"式管理，29 项"尖刀"项目全部实现阶段性目标，在存储芯片、心肌旋切等一批关键技术上打破国外垄断，产出全球首台搭载 AI 芯片的智能数控系统"华中 9 型"、全球首款穿戴式头盔全数字 PET 等一系列标志性成果。首次以产业链专项方式组织省科技计划项目，部署 27 个专项 161 个方向的研发攻关，聚焦产

① 《为打造具有全国影响力的科技创新高地提供强力支撑 武汉发布 2024 年知识产权发展与保护状况白皮书》，武汉文明网，http：//hbwh. wenming. cn/rdjj/202504/t20250426_8895053. html，2025 年 4 月 26 日。

② 《湖北主要创新指标稳步增长 武汉科创中心建设成效显著》，中国科技网，https：//www. stdaily. com/web/gdxw/2024-09/13/content_229442. html，2024 年 9 月 13 日。

③ 《2024 年度湖北省新型研发机构备案公示》，湖北省科学技术厅网站，https：//kjt. hubei. gov. cn/kjdt/tzgg/202411/t20241126_5428451. shtml，2024 年 11 月 26 日。

④ 《九峰山实验室中试平台：激发"耦合效应"，突破共性难题》，《电子工程专辑》中国版官网，https：//www. eet-china. com/mp/a372430. html，2024 年 12 月 18 日。

业发展的关键技术需求，促进科技与产业的深度融合。①

基础研究成果丰硕。在全国科技大会、国家科学技术奖励大会、两院院士大会上，武汉大学李德仁院士荣获国家最高科学技术奖，湖北省主持通用项目获奖数居全国第 2，实现历史性突破，攻克"玉米籽粒脱水分子机制"等一批基础研究难题，为科技创新提供了坚实的理论基础。②

4. 加快科技与产业融合，促进成果转化

提升成果转化效能。制定促进科技成果转化行动方案，出台加快未来产业发展实施方案，举办医工交叉创新发展大赛、乡村振兴实用技术大赛等，激发创新主体的积极性，促进科技成果向现实生产力转化。湖北省技术合同成交额达 5500 亿元，位居全国第三，科技成果就地转化率从 5 年前的 37%提高到 67%，技术交易市场活跃，科技成果转化效率显著提升。③

创新载体不断完善。认定省级科技企业孵化器 26 家、众创空间 40 家。58 家孵化器获火炬中心绩效评价良好以上等次，规模位列全国第 5，为科技型中小企业提供了良好的孵化环境和发展空间。遴选第 4 批科创"新物种"企业 951 家，"新物种"企业总数达 2908 家，培育了一批具有高成长性和创新能力的科技企业。④

5. 发展创新主体与人才，夯实创新根基

壮大创新企业队伍。湖北省高新技术企业新增注册申报 5448 家，同比增长 18.5%；科技型中小企业达 4.5 万家，⑤ 通过完善激励政策，强化梯度培育，激发企业的创新活力，推动企业成为创新主体。

① 《湖北主要创新指标稳步增长 武汉科创中心建设成效显著》，中国科技网，https：//www. stdaily. com/web/gdxw/2024-09/13/content_229442. html，2024 年 9 月 13 日。
② 《湖北主要创新指标稳步增长 武汉科创中心建设成效显著》，中国科技网，https：//www. stdaily. com/web/gdxw/2024-09/13/content_229442. html，2024 年 9 月 13 日。
③ 《2025 年湖北省政府工作报告》，湖北省经信厅官网，https：//jxt. hubei. gov. cn/bmdt/rdjj/202501/t20250124_5519234. shtml，2025 年 1 月 24 日。
④ 《2024 年湖北科创"新物种"企业榜单发布 951 家企业入选》，湖北省人民政府网，https：//www. hubei. gov. cn/hbfb/bmdt/202408/t20240830_5320912. shtml，2024 年 8 月 30 日。
⑤ 《1—7 月湖北主要创新指标稳步增长》，新华网湖北频道，http：//hb. news. cn/20240912/12136df4048c4b6eaa7dad4b17545476/c. html，2024 年 9 月 12 日。

人才队伍建设成效显著。湖北省"国家特支计划"入选人数同比增长10%，青年拔尖人才扶持数量提升48%，博士后科研工作站新入站研究人员数量较上年同期增长33.2%。[1] 实施"武汉英才"计划、"学子聚汉"工程，为高层次人才提供最高500万元的科研启动资金、100万元的安家补贴，以及子女入学、配偶就业等全方位服务保障，吸引和培育了大量优秀人才，优化了人才结构。[2]

（三）生态环境领域改革：精准治理，严格监管

1. 大气和水环境质量显著改善

空气质量明显提升。2024年，湖北省空气质量整体向好，环境空气质量平均优良天数比率和主要颗粒物浓度均有明显改善。4月，17个市州环境空气质量优良天数的平均占比达到95.1%，较上年同期提高了12.2个百分点；可吸入颗粒物（PM$_{2.5}$）平均浓度为30μg/m³，同比降幅达到7.1%；可沉降颗粒物（PM$_{10}$）平均浓度为51μg/m³，较上年同期实现降幅10.5%。上半年，17个重点城市的细颗粒物（PM$_{2.5}$）平均浓度为39μg/m³，较上年同期下降了11.4%；优良天数占比为82.1%，较上年同期提高了4.8个百分点。其中，13个国考城市（13个地级市）PM$_{2.5}$平均浓度为42μg/m³，较上年同期下降6.7%；优良天数的平均占比达到79.4%，较上年同期提升3.4个百分点。[3] 通过加强工业废气排放监管、推进机动车尾气治理、开展扬尘污染防治等一系列措施，有效减少了大气污染物排放，提升了空气质量。

地表水环境质量优化。2024年1~4月，湖北境内长江、汉江、清江三大一级流域的干流水质稳定保持优良状态。4月，湖北省地表水环境质量总

[1] 《湖北：奋力打造具有全国影响力的科技创新高地》，湖北省发展改革委网站，https://fgw.hubei.gov.cn/fbjd/xxgkml/jgzn/nsjg/gjsc/gzdt/202501/t20250106_5490669.shtml，2025年1月6日。

[2] 《连续6年人才净流入！武汉如何留住大学生?》，《湖北日报》2024年7月17日，https://news.hubeidaily.net/mobile/c_2877819.html。

[3] 《湖北省4月环境质量公布，全省地表水环境质量总体为优》，荆楚网，http://news.cnhubei.com/content/2024-05/29/content_17973389.html，2024年5月29日。

体为优，在省控监测断面中，达到国家优质水体标准（Ⅰ~Ⅲ类）的监测断面占比突破九成，较上年同期上升 8.1 个百分点；重度污染水体（劣Ⅴ类）的断面占比降至 0.3%，较上年同期下降 1.3 个百分点。湖北省河流断面优良水质的比例为 91.6%，较上年同期上升 6.9 个百分点；重度污染水质断面占比 0.4%，较上年同期下降 1.4 个百分点。上半年，省控监测断面水质为Ⅰ至Ⅲ类的断面占 91.7%，较上年同期上升 4.0 个百分点；无劣Ⅴ类水质断面，较上年同期下降 0.3 个百分点，水质总体为优，达到"十四五"以来同期最好水平。其中，国控断面水质为Ⅰ至Ⅲ类的断面占 93.2%，较上年同期上升 4.8 个百分点。[1] 通过严格控制工业废水排放、加强生活污水处理设施建设与运行管理、推进农业面源污染治理等举措，实现了地表水环境质量的稳步提升。

排污口整治与水质提升。以十堰为示范，推行"一口一策"，累计将1104 个入河入库排污口纳入整治范围，长江入河排污口整治完成率达 99%，丹江口库区入库排污口整治完成率为 93.69%，重点流域入河排污口整治完成率 80%，[2] 丹江口水库水质稳定达标。湖北省建立长效监管机制，提升水环境质量。

2. 污染防治技术创新突破

卫星遥感与无人机监测应用助力污染防治。2024 年，湖北省生态环境监测部门广泛应用卫星遥感和无人机监测技术，助力污染防治工作。在水体监测方面，常态化开展水体叶绿素浓度反演工作，成功预警了汉江、梁子湖等重点水体的藻类水华情况，为地方水华防治工作提供科学依据。例如，在斧头湖利用遥感技术成功预测春末夏初菹草的暴发生长趋势，及时提出水草打捞建议，避免了菹草大规模集中死亡引发的水质恶化问题；

---

① 《2024 年 6 月湖北省地表水环境质量月报》，湖北省生态环境厅官网站，https://sthjt.hubei.gov.cn/fbjd/xxgkml/gysyjs/sthj/hjzl/dbsh/202407/t20240719_5273027.shtml，2024 年 7 月 19 日。

② 《生态环境综合执法成效明显 十堰入选全国生态环境非现场监管执法试点》，湖北省生态环境厅网站，https://sthjt.hubei.gov.cn/dtyw/dfdt_1/202501/t20250109_5494772.shtml，2025 年 1 月 9 日。

在洪湖地区，通过追溯近 20 年的水生植被消亡过程，为生态修复工作提供评估依据。在大气监测方面，通过卫星遥感精准高效监测秸秆焚烧火点，全年共监测到秸秆焚烧火点 2255 个，累计报送日报 268 份、周报 40 份，实现对秸秆焚烧行为的大尺度、高精度监控。无人机在人类活动生态斑块破坏、秸秆焚烧、水华应急等领域发挥重要作用，通过无人机核查县域动态斑块约 200 个，进行水华应急等航飞 17 次，提升监测效率，提供直观、准确的现场数据。①

3. "无废城市" 建设成效初显

湖北省组织开展 "无废城市" 建设，有关市州积极推进，涌现一批具有地方特色的模式与范例。宜昌市在磷石膏污染治理方面，按照 "前端减量、中端提级、末端应用、全程治理" 要求，探索出磷石膏全链条综合治理新模式，2023 年综合利用率达到 71.6%，处于全省领先水平。通过构建技术标准体系，制定相关标准规范；拓展规模，利用市场渠道，开发推广 10 大类 35 种磷石膏建材新产品，仅 2023 年全市建筑领域消耗磷石膏超 110 万吨；加大配套政策支持力度，采用磷矿开采奖励指标措施，8 个磷石膏项目获中央、省预算内资金支持 1.2 亿元，2024 年 17 个项目被列入省级磷石膏治理专项支持项目名单；高规格开展宣传推广，在多项全国性大会上宣介其经验做法，受到行业关注和认可。黄石市中化学大江环保科技股份有限公司致力于工业固废、危险废物利用，探索形成工业固体废物利用行业 "厂内+厂外" 双循环模式，每年可处理铜冶炼炉渣 120 万吨，2023 年铅回收率≥88%、锌回收率≥90%、铜回收率≥85%，远高于同行资源化利用水平。潜江市将 "无废城市" 建设与小龙虾产业绿色发展相结合，依托小龙虾产业技术研究院探索虾稻鳝等立体种养模式，获评 2023 年省乡村振兴实用技术大赛一等奖和全国优秀 "三新" 科技成果；依托全国唯一淡水甲壳素精深加工基地，年处理废弃虾壳能力达 15 万吨，

① 《湖北：科技助力污染防治，守护绿水青山》，湖北省生态环境厅网站，https：//sthjt. hubei. gov. cn/dtyw/stdt/202502/t20250202_5526650. shtml，2025 年 2 月 2 日。

基本实现加工废弃物全量利用；开展养殖污染治理，3000 亩养殖尾水达标排放，10500 亩养殖虾稻田进行标准化改造，抗生素类药物使用同比减少 10%以上；布局 1850 亩综合性农旅融合项目，2024 年上半年全市累计接待游客450 万人次。①

（四）社会民生领域改革：以人为本，共享发展成果

1. 就业创业成果显著，青年发展机遇增多

就业目标超额完成。2024 年，湖北省城镇新增就业表现出色，上半年已达到 53.84 万人。在促进高校毕业生就业创业方面成效显著，各地人社部门积极作为，引导人才服务机构与高校紧密对接，将招聘活动细分，提升精准性，扩大覆盖面。截至 2024 年底，已实现新增高校毕业生就业创业人数超 40 万的目标，大量高校毕业生在湖北开启职业生涯，为经济发展注入新活力。②

青年发展环境不断优化。扩大青年发展型城市（县域）试点，积极打造青年友好城市空间范例。建设"青年之家旗舰店" 100 个、"青年夜校"基地 100 个，为青年提供社交、学习、成长的平台。在武汉青年人才之家，来汉就业的青年人通过小程序预约，可享受 7 天免费住宿，有效降低求职成本，吸引更多青年人才留鄂发展。③

2. 教育资源均衡发展，办学条件持续改善

教联体建设全面推进。大力推进省级示范性教联体建设，武汉、宜昌义务教育教联体覆盖率超过 90%，襄阳、孝感等地覆盖率超过 80%。以应城市田店镇畅马村为例，镇中心小学与市里的蒲润实验学校共建教联体，村里

① 《2024 年度湖北省"无废城市"建设优秀案例》，湖北省生态环境厅网站，https：//sthjt. hubei. gov. cn/fbjd/zc/zcwj/sthjt/tzgg/202412/t20241223_5471616. shtml，2024 年 12 月 23 日。
② 《急难愁盼事项大多完成过半任务 100%背后的民生温度》，湖北省人民政府网，https：// www. hubei. gov. cn/hbfb/bmdt/202407/t20240727_5281491. shtml，2024 年 7 月 27 日。
③ 《建 100 个青年之家旗舰店、100 个青年夜校基地 服务青年乐业乐享有暖心实招》，荆楚网，http：//m. cnhubei. com/content/2024-02/01/content_17357096. html，2024 年 2 月 1 日。

孩子能享受到和市里孩子一样的优质教育资源,城乡教育资源差距进一步缩小。①

办学条件优化升级。新改建中小学校舍100万平方米,为学生提供了更宽敞、舒适的学习环境。加大城乡教师交流轮岗力度,促进优质师资均衡配置,提升了整体教育教学水平,让更多学生受益于优秀教师的教导。②

3. 提升医疗服务水平,健康保障更加有力

远程诊疗与结果互认。加快建设省级统筹远程诊疗服务平台,建成50个数智化病理科,推进湖北省医疗机构检验检查结果互认。镇卫生院可通过远程请应城市人民医院专家会诊,及时制定治疗方案,使村民享受相应医疗服务,充分体现了远程诊疗服务在基层医疗中的重要作用。

疾病筛查与医疗资源扩充。累计为2000万群众免费提供高血压、糖尿病、高脂血症等慢性疾病和心脑血管疾病的筛查服务,同时完成适龄女性宫颈癌与乳腺癌公益检测330万例;为14岁女生提供免费自愿接种2剂次2价HPV疫苗,加强4价、9价HPV疫苗供应保障、便捷接种。新增10家县级三级医院,"口子县"三级医院覆盖率达到80%以上,提升了基层医疗服务能力,让群众在家门口就能享受到优质医疗服务。③

4. 住房保障持续加强,居住品质不断提高

保障性住房建设加速。新增保障性住房7万套(间),其中武汉筹集建设保障性租赁住房5万套(间),截至2024年6月,湖北省已新建(筹集)保障性租赁住房4.67万套(间),占年度目标的66.7%,其中武汉市为

---

① 《愿景变实景 生活又进阶 2024湖北十大民生项目提前完成》,湖北省人民政府网,https://www.hubei.gov.cn/zwgk/hbyw/hbywqb/202412/t20241226_5475568.shtml,2024年12月26日。

② 《愿景变实景 生活又进阶 2024湖北十大民生项目提前完成》,湖北省人民政府网,https://www.hubei.gov.cn/zwgk/hbyw/hbywqb/202412/t20241226_5475568.shtml,2024年12月16日。

③ 《奋楫前行、提速竞进,推动湖北发展迈上新台阶——政府工作报告解读(下)》,湖北省人民政府网,https://www.hubei.gov.cn/zwgk/hbyw/hbywqb/202401/t20240131_5069315.shtml,2024年1月31日。

2.86 万套（间）。一批集生活居住、社交共享和创业发展等功能为一体的"青年社区"为新青年、新市民提供了理想住所。①

老旧小区改造成效显著。改造老旧小区 4000 个、城中村 3.1 万户以上，推动老旧小区既有住宅电梯"愿装尽装"，完成加装电梯 2000 台以上。截至 2024 年 6 月底，湖北省开工老旧小区改造项目个数超年度目标 100%，提前完成年度目标，改善了居民的居住条件，提升了居民的生活品质。②

5. 养老服务日益完善，老年生活更加幸福

积极推进适老化改造与设施建设。推动街道整合现有社区服务空间，打造适老化改造示范空间，为 2.5 万户特殊困难老年人家庭提供适老化改造服务。同步推进 100 个社区养老服务综合体的构建，完成 200 个农村互助照料中心的升级改造，着力提升与扩大老年助餐服务质量与覆盖面，力争市、县两级中心城区覆盖比例达到 50%。宜昌市在社会救助改革创新中，通过调整社会救助标准，包括低保、特困人员供养标准等，让困难老人的生活得到更好保障。③

老年教育与文化生活不断丰富。建成乡村健身广场 200 个，建设基层骨干老年学校 100 所，丰富了老年人的精神文化生活，让老年人能够老有所学、老有所乐，享受充实的晚年生活。④

6. 城市环境持续优化，居民生活更加舒适

口袋公园建设成果丰硕。新建嵌入式城市口袋公园 220 个，截至 2024 年 6 月底，湖北省已新建嵌入式城市口袋公园 160 个，占年度目标的

① 《省住建厅承办的湖北十大民生实事项目进展》，湖北省住房城乡建设厅网站，https://zjt. hubei. gov. cn/bmdt/dtyw/gzdt/202407/t20240708_5262257. shtml，2024 年 7 月 8 日。

② 《省住建厅承办的湖北十大民生实事项目进展》，湖北省住房城乡建设厅网站，https://zjt. hubei. gov. cn/bmdt/dtyw/gzdt/202407/t20240708_5262257. shtml，2024 年 7 月 8 日。

③ 《构建老年友好型社会完成家庭适老化改造 2.5 万户以上"老有颐养"如何让老人安享晚年》，荆楚网，http://news. cnhubei. com/content/2024-01/31/content_17350934. html，2024 年 1 月 31 日。

④ 《构建老年友好型社会完成家庭适老化改造 2.5 万户以上"老有颐养"如何让老人安享晚年》，荆楚网，http://news. cnhubei. com/content/2024-01/31/content_17350934. html，2024 年 1 月 31 日。

72.7%，新增绿地面积约 82 万平方米。夷陵区建成的口袋公园，根据地块特点和市民需求，种植各类花草树木，增加步道、休息椅等便民设施，成为周边居民休闲娱乐的好去处，拓宽了城市绿色公共空间。①

全民健身设施不断完善。新建全民健身设施补短板工程项目 200 个以上，推动 100 个文化广场提档升级，为居民提供了更多健身、休闲的场所，满足了居民日益增长的健康生活需求。②

二 湖北省全面深化改革的经验

（一）坚持党的全面领导，强化顶层设计

在各项改革中，湖北省充分发挥党的领导核心作用。以科技创新体制改革为例，省委高瞻远瞩，组建省委科技委，构建从决策到执行的高效领导体系。在该体系下，武汉光电国家研究中心承担的光通信领域科研项目攻克了多项"卡脖子"技术难题，推动湖北光电子信息产业达到新高度。③ 在教育改革方面，在党的政策推动下，应城市田店镇畅马村小学与蒲润实验学校组建教联体，实现优质师资、教学资源共享，提升了乡村教育质量，让农村孩子也能享受到优质教育资源，形成了湖北省教联体建设的典型示范，实现教育改革在基层的稳步推进。④

（二）以问题为导向，精准施策

针对各领域的突出问题，湖北深入调研分析，制定针对性强的改革措

---

① 《省住建厅承办的湖北十大民生实事项目进展》，湖北省住房城乡建设厅网站，https：//zjt. hubei. gov. cn/bmdt/dtyw/gzdt/202407/t20240708_5262257. shtml，2024 年 7 月 8 日。

② 《湖北省 2024 年十大民生项目清单》，湖北省人民政府网，https：//www. hubei. gov. cn/zwgk/hbyw/hbywqb/202402/t20240208_5081767. shtml，2024 年 2 月 8 日。

③ 《瞄准"卡脖子"技术，"独树一帜"的武汉光电子信息产业率先实现突破》，《长江日报》2023 年 3 月 5 日。

④ 《迈向教育强省 | 从城市到乡村 教联体重塑美好教育新格局》，湖北省教育厅网站，https：//jyt. hubei. gov. cn/bmdt/ztzl/jydh/cjxl/202502/t20250226_5555673. shtml，2024 年 12 月 31 日。

施。在生态环境领域，十堰市曾面临严重的水污染问题，当地政府以问题为导向，累计将 1104 个入河入库排污口纳入整治范围，通过"一口一策"的精细化治理，如对郧西县垭子湾村污水处理设施进行升级改造，解决了入河排污口问题，使丹江口水库水质稳定达到 Ⅱ 类及以上标准，全市水与大气环境质量均达到历史最好水平。[①] 在就业领域，为解决高校毕业生就业难题，湖北省人社部门深入调研，了解毕业生就业意向和企业人才需求，开展"才聚荆楚"等专项行动，组织线上线下招聘会，为毕业生和企业搭建对接平台，有效缓解了就业结构性矛盾。[②]

（三）注重政策协同，形成改革合力

湖北省注重各领域改革政策之间的协同配合。在教育科技人才体制改革中，出台《关于统筹推进教育科技人才一体化发展的意见》，打破部门界限，促进教育、科技、人才协同发展，实现创新资源的高效配置。武汉东湖高新区以该政策为指引，打造了集高校、科研机构、企业于一体的创新生态圈。武汉大学、华中科技大学等高校的科研成果在高新区内快速转化，企业为高校学生提供实习和就业机会，形成了人才培养、科技创新、产业发展的良性循环。[③] 在经济体制改革中，黄石市通过建立国有"三资"统筹机制，整合各类资源，推动资源向资产、资本转化，为重大项目建设提供资金支持，促进经济发展。[④]

（四）强化执行监督，确保改革落地

建立健全改革执行与监督机制，保障改革措施有效落实。在老旧小区改

---

① 《生态环境综合执法成效明显 十堰入选全国生态环境非现场监管执法试点》，湖北省生态科技厅网站，https://sthjt.hubei.gov.cn/dtyw/dfdt_1/202501/t20250109_5494772.shtml，2025年1月9日。

② 《"才聚荆楚"工程做法获国务院办公厅通报表扬——4年吸引超171万名高校毕业生留鄂来鄂就业创业》，《湖北日报》2025年1月24日。

③ 《国家高新区含"新"量这样提升》，《湖北日报》2025年2月27日。

④ 《财政统筹 经济发展动力足》，湖北省人民政府网，https://www.hubei.gov.cn/zwgk/hbyw/hbywqb/202412/t20241215_5462207.shtml，2024年12月25日。

造中，襄阳市明确住房城乡建设部门牵头，社区、施工单位等协同配合的责任体系，加强进度跟踪和质量监督。通过定期督查、第三方评估等方式，对老旧小区改造项目进行严格把控，确保改造后的小区基础设施完善、居住环境舒适，提升居民生活品质。在生态环境执法中，十堰市联合公检法司开展"三打"专项行动，打击危险废物、自动监测数据弄虚作假等违法犯罪行为，立案 40 余起，其中 2 起案件被列为部督案件，有效震慑了环境违法行为，确保环保政策得到有效执行。①

（五）鼓励地方创新，发挥示范引领

支持各地立足自身资源禀赋和产业特点，开展改革创新试点，并及时总结、推广行之有效的经验做法。地方实践的创新突破，为全省"无废城市"建设提供了重要借鉴和动力。例如，宜昌市针对磷石膏治理难题，探索建立了覆盖全生命周期的综合治理体系，以技术标准为引领、市场应用为驱动、政策激励为保障，显著提升了资源化效率。2023 年，其磷石膏综合利用率达到 71.6%，在全省处于领先地位。再如，黄石市中化学大江环保科技股份有限公司在工业固废资源化领域，构建了高效的厂内厂外协同循环体系。该模式实现了铜冶炼炉渣的高值化利用，年处理能力达 120 万吨，其中铅、锌、铜的回收率分别稳定在 88%、90% 和 85% 以上，远高于同行资源化利用水平。这些实践有力证明，技术创新与商业模式融合能够有效提升资源回收效率和产业竞争力。这些地方性的创新探索，不仅解决了本地固废治理的实际问题，更形成了可复制、可推广的有效模式，为全省"无废城市"建设的深化推进提供了示范引领。

（六）加强宣传引导，凝聚社会共识

通过多种渠道宣传改革政策和成效，提高公众对改革的认知度和支持

---

① 《生态环境综合执法成效明显　十堰入选全国生态环境非现场监管执法试点》，湖北省生态环境厅网站，https://sthjt.hubei.gov.cn/dtyw/dfdt_1/202501/t20250109_5494772.shtml，2025 年 1 月 9 日。

度。在就业创业政策宣传中，荆州市举办"创业大讲堂"系列活动，邀请创业成功人士分享经验，解读创业扶持政策，吸引了大量高校毕业生和创业者参与。同时，利用新媒体平台发布政策解读文章、短视频等，提高政策知晓度，激发了群众的创业热情。[①] 在教育改革中，武汉市通过社区宣传、家长会等形式，宣传教联体建设的意义和成果，引导家长和社会各界支持教育资源均衡发展，为改革营造良好的社会氛围。[②]

（七）强化民生保障，共享改革成果

始终将保障和改善民生作为改革的出发点和落脚点。在医疗改革中，远程诊疗服务在提升基层医疗服务水平中发挥重要作用。在养老服务改革中，宜昌市伍家岗区建设多个社区养老服务综合体，提供日间照料、康复护理、文化娱乐等一站式服务，丰富老年人精神文化生活，让老年人在"家门口"就能享受到优质养老服务，切实提高了老年人生活质量。[③]

三 在改革中遇到的困难与挑战

（一）经济增长压力增大

2024 年湖北地区生产总值增长目标为 6%，[④] 要在 2023 年的高基数上实现这一目标，难度显著增加。从产业结构来看，传统产业转型步伐较慢，部分传统制造业面临技术创新不足、市场竞争力下降的问题。例如一些钢铁、化工企业，在环保要求日益严格和市场需求变化的背景下，面临着设备更

---

① 《"荆州就业创业"线上线下齐发力 激发"互联网＋就业服务"新动能》，中工网，https：//rst. hubei. gov. cn/bmdt/dtyw/mtjj/202408/t20240830_ 5320156. shtml，2024 年 8 月 30 日。

② 《教联体：打造江岸教育"优质均衡"新高地》，《湖北日报》2024 年 6 月 18 日。

③ 《"伍家岗区养老导图"上线运行！》，澎湃新闻，https：//m. thepaper. cn/newsDetail_forward _29266197，2024 年 11 月 5 日。

④ 《湖北省提出 2024 年地区生产总值增长 6% 目标》，新华网湖北频道，http：//www. hb. xinhuanet. com/20240201/30ea5668069142fb8e030f7b8ab53a50/c. html，2024 年 2 月 1 日。

新、技术改造和产品结构调整的巨大压力，且转型所需的资金投入大、周期长，短期内难以完成。新兴产业虽有发展，但尚未形成强有力的经济增长极。在人工智能、生物医药等前沿领域，与东部发达地区相比，产业规模、企业数量和创新能力存在较大差距，产业生态不够完善，产业链关键环节缺失，制约了新兴产业快速发展，进而影响了整体经济增长速度。

（二）科技成果转化效率待提升

2024 年，尽管湖北省在科技创新方面持续发力，出台了《湖北省促进科技成果转化行动方案（2024～2026 年）》，[①] 但在科技成果转化环节仍存在诸多障碍。高校和科研机构的科研成果与市场需求对接不够紧密，部分科研项目过于注重学术理论研究，忽视市场应用前景，导致成果难以落地。在成果转化服务体系上，缺乏专业的技术转移机构和人才，在成果评估、技术交易、知识产权保护等方面存在不足，影响了科技成果转化的效率和质量，使得科技创新对经济发展的支撑作用未能充分发挥。

（三）区域发展不平衡加剧

2024 年，湖北区域经济发展不平衡问题凸显。2024 年湖北省全年全省实现生产总值 60012.97 亿元，武汉作为省会城市，在经济、科技、教育等方面资源集聚优势明显，贡献了全省 35% 的 GDP，而襄阳和宜昌合计贡献了 20% 的 GDP。[②] 在产业布局上，武汉拥有较为完善的产业体系和高端产业集群，而一些地级市产业结构单一，主要依赖传统产业，经济发展动力不足。在基础设施建设方面，武汉交通、通信等基础设施发达，但部分偏远地区基础设施建设滞后，制约当地经济发展和对外开放。区域间人才流动也

---

① 《省人民政府办公厅关于印发〈湖北省促进科技成果转化行动方案（2024-2026 年）〉的通知》，湖北省人民政府网，https：//www. hubei. gov. cn/zfwj/ezbf/202405/t20240517_5194425. shtml，2024 年 5 月 17 日。
② 《迈过 6000 亿大关，襄阳、宜昌顶起"金三角"格局》，九派新闻网，https：//baijiahao. baidu. com/s? id=1822298792833919291&wfr=spider&for=pc，2025 年 1 月 26 日。

不均衡，大量人才向武汉聚集，导致其他地区人才短缺，进一步影响区域协调发展。

（四）生态环境治理难点突出

随着经济发展和人口增长，2024 年生态环境保护压力持续增大。在大气污染防治方面，尽管空气质量有所改善，但在冬季等特殊时期，受不利气象条件和工业排放、机动车尾气等因素影响，雾霾天气仍时有发生，治理难度较大。在水污染防治方面，部分河流、湖泊存在水质污染问题，一些小型企业偷排污水现象时有发生，农业面源污染治理面临技术和资金难题。生态修复工作任务艰巨，如矿山生态修复、湿地保护等，需要大量资金和技术投入，且修复周期长，效果短期内难以显现。

（五）民生领域短板依然存在

在教育方面，2024 年教联体建设虽取得进展，但城乡教育资源不均衡问题依然突出。乡村学校师资力量薄弱、教学设施落后，优质教育资源相对匮乏，与城市学校存在较大差距。在医疗领域，基层医疗服务能力有待进一步提升，部分县级及以下医院设备陈旧、人才短缺，难以满足群众就医需求。在养老服务方面，养老服务体系不够完善，养老机构数量不足、服务质量参差不齐，特别是在农村地区，养老服务设施匮乏，难以满足日益增长的老龄化需求。

（六）体制机制改革推进遇阻

在推进各项改革过程中，面临既有体制机制的束缚和利益调整的阻力。2024 年国资国企改革涉及企业重组、人员安置等问题，部分企业职工对改革存在顾虑，担心自身利益受损，给改革推进带来一定困难。在行政审批制度改革中，一些部门之间存在职责不清、协调不畅的问题，导致改革措施落实不到位，影响改革整体效果。

四　未来改革方向与建议

（一）推动产业转型升级，增强经济增长动力

改造升级传统产业。设立传统产业转型专项资金，对钢铁、化工等传统制造业企业的设备更新、技术改造项目给予资金补贴和税收优惠，降低企业转型成本。建立产学研合作平台，引导高校、科研机构与企业合作，攻克关键技术难题，开发高附加值产品，提升市场竞争力。例如，鼓励武汉科技大学等高校与钢铁企业合作，开展绿色钢铁生产技术研发，推动企业节能减排和产品质量提升。

培育壮大新兴产业。制定新兴产业发展规划，明确人工智能、生物医药等重点领域的发展目标和扶持政策。设立新兴产业投资基金，吸引社会资本投入，支持新兴产业企业平稳度过初创期、顺利进入发展期。建设新兴产业园区，完善基础设施和配套服务，打造产业集群，促进产业链上下游企业协同发展。例如，在武汉东湖高新区建设人工智能产业园区，吸引相关企业和科研机构入驻，形成产业集聚效应。

（二）完善科技成果转化体系，促进科技创新与经济融合

持续加强产学研对接。建立科技成果供需对接平台，定期组织高校、科研机构与企业开展技术交流和成果推介活动，促进科研成果与市场需求的精准匹配。鼓励高校、科研机构设立技术转移办公室，配备专业人员，负责科技成果转化的全过程服务。例如，华中科技大学技术转移办公室积极与企业合作，推动科研成果在企业中的应用转化。

健全服务体系。培育和发展专业的技术转移机构，给予资金支持和政策优惠，鼓励其开展成果评估、技术交易、知识产权保护等服务。加强技术转移人才培养，开展相关培训课程和认证体系，提高人才的专业素质和服务能力。例如，设立技术转移人才培训基地，培养一批懂技术、懂市场、懂法律的专业人才。

（三）促进区域协调发展，缩小地区差距

推动产业协同发展。制定区域产业协同发展规划，明确各地区的产业定位和发展重点，引导产业合理布局。建立区域产业合作机制，推动武汉与其他地级市之间的产业转移和协作，实现优势互补。例如，武汉将部分劳动密集型产业向劳动力资源丰富的地区转移，同时带动相关配套产业发展，促进区域经济共同增长。

加强基础设施建设。针对欠发达区域实施基础性工程的战略倾斜，系统性优化道路交通、信息通信及能源供应等关键领域的网络布局。改善偏远地区的交通条件，降低物流成本，提高区域互联互通水平。例如，加快建设连接偏远地区的高速公路和铁路，加强与周边地区的经济联系。

（四）强化生态环境治理，提升可持续发展能力

持续加强大气和水污染防治。强化对工业污染源的监督管理，严格落实污染物排放限值要求，对存在超标排放行为的企业依法予以惩处。积极推进清洁能源的使用，逐步降低煤炭在能源消费结构中的占比，有效控制大气污染物的排放总量。加强机动车尾气治理，提高机动车排放标准，推广新能源汽车。在水污染防治方面，加强污水处理设施建设和运行管理，提高污水处理能力。开展农业面源污染治理，推广生态农业技术，减少化肥、农药使用量。例如，在农业生产中推广测土配方施肥技术，减少化肥使用量，降低农业面源污染。

加强生态修复。设立生态修复专项资金，强化矿区生态治理与湿地生态系统维护等项目的财政专项支持。同步推进生态修复技术攻关与成果转化应用，全面提升生态修复的科技含量与工程效益。例如，采用先进的矿山生态修复技术，对废弃矿山进行植被恢复和土地复垦，改善生态环境。

（五）补齐民生领域短板，增进民生福祉

推动落实教育公平。加大对乡村教育的投入，改善乡村学校的教学设施

和师资待遇。建立城乡教师交流机制，鼓励城市优秀教师到乡村学校支教，提高乡村教育教学质量。例如，实施"乡村教师支持计划"，提高乡村教师的工资待遇和职称评定比例，吸引优秀教师到乡村任教。

持续提升医疗服务水平。加强基层医疗卫生机构建设，改善医疗设备和条件。加大基层医疗卫生人才培养和引进力度，提高基层医疗服务能力。建立分级诊疗制度，引导患者合理就医，缓解大医院就医压力。例如，通过定向培养、招聘等方式，为基层医疗卫生机构充实专业人才。

加大养老服务投入力度。加大对养老服务设施建设的投入，建设一批公办养老机构和社区养老服务中心。鼓励社会力量参与养老服务，发展多元化的养老服务模式。加强养老服务人才培养，提高服务质量和水平。例如，开展养老服务人员培训课程，增强其专业技能和服务意识。

（六）深化体制机制改革，破除改革障碍

持续推动国资国企改革。加强对国资国企改革的宣传和解释工作，让企业职工充分了解改革的目的和意义，消除顾虑。制定合理的人员安置方案，通过转岗培训、再就业帮扶等方式，妥善解决企业职工的就业问题。例如，对因企业重组而失业的职工，提供免费的职业技能培训和就业推荐服务。

深入推动行政审批制度改革。通过科学界定各行政主管部门的职能边界，构建目录化管理机制，消除职能交叉与行政不作为风险。加强部门之间的协调配合，建立协同工作机制，提高行政审批效率。推进政务信息化建设，实现行政审批事项的网上办理和信息共享。例如，建立行政审批服务平台，实现一站式办理，提高服务效率。

B.16
湖北深入推进高水平对外开放报告

成丽娜*

摘　要：　本报告针对湖北省对外开放过程中所面临的挑战进行了深入分析，具体包括外资吸引力不足、区域发展不均衡、创新能力不强和人才资源短缺等问题。基于此，提出了一系列对策建议，旨在促进国际物流与贸易发展、深化制度型开放、优化区域合作机制、加强市场化改革、加速对外通道建设以及拓宽人才引进渠道。湖北省正依托其地理优势和发达的交通网络，致力于构建现代化产业体系和开放型经济结构，以期在全球经济格局中提升其地位和增强其影响力。

关键词：　高水平对外开放　区域协调　湖北

　　2024年11月，习近平总书记在视察湖北时强调，湖北要在全面深化改革和扩大高水平开放上勇于探索。抓好重点领域和关键环节改革，全面融入全国统一大市场建设，构建更加公平、更有活力的市场环境。坚持和落实"两个毫不动摇"，推动多种所有制经济相互促进、共同发展。坚持对内对外开放并重、打造内陆开放高地，深化区域合作，有序优化产业布局。深化内外贸一体化改革，积极参与高质量共建"一带一路"，系统提升开放枢纽功能。①

---

　*　成丽娜，湖北省社会科学院经济研究所助理研究员，主要研究方向为电子商务管理与应用、宏观经济、区域经济等。

　①　《习近平在湖北考察时强调　鼓足干劲奋发进取　久久为功善作善成　奋力谱写中国式现代化湖北篇章》，新华网，2024年11月6日。

一　湖北省对外开放总体情况

2024 年，湖北省在对外开放领域取得了令人瞩目的成就。作为中国中部地区的关键省份之一，湖北不仅积极地融入全球经济体系之中，而且在不断地拓展对外开放的广度与深度。这一系列的举措为湖北省的经济社会发展注入了强大的动力。数据显示，湖北省全年的进出口总额持续稳定增长，外贸规模达到了一个新的历史高度，这充分展示了湖北对外开放所具有的强大韧性和活力。

（一）对外贸易情况

1. 进出口规模稳步扩大

湖北省的进出口总值与上一年相比，增长相当显著。在这一过程中，出口和进口两个方面都实现了稳健的增长态势，这不仅展示了湖北在对外贸易领域均衡发展的良好态势，同时也彰显了该省在国际贸易中所展现的强劲动力和活力。2024 年，湖北省进出口总值为 7058.4 亿元，同比增长 9.6%，增速高于全国 4.6 个百分点，位居中部第一。其中，出口总额为 4863 亿元，同比增长 12.4%，增速高于全国 5.3 个百分点；进口总额为 2195.4 亿元，同比增长 3.7%，增速高于全国 1.4 个百分点。[①]

2. 与主要贸易伙伴保持密切往来

湖北省在全球范围内与众多国家和地区保持着紧密的贸易联系，其中与东盟、欧盟以及美国等传统贸易伙伴之间的贸易额呈现持续上升的趋势。与此同时，湖北省在对拉丁美洲、非洲等新兴市场的进出口业务上也取得了显著的增长。这些数据充分展示了湖北省在外贸领域所展现的多元化和国际化的发展态势。在湖北省的对外贸易伙伴中，东盟、欧盟和美国占据着较重要的位置。2024 年，湖北省与参与共建"一带一路"的国家（和地区）之间

---

① 《再创历史新高　增速中部第一　湖北外贸突破 7000 亿元》，《湖北日报》2025 年 1 月 21 日。

的进出口贸易额达到了令人瞩目的 3760 亿元。这一数字不仅体现了湖北省在全球贸易中的活跃状态，也展现了其在国际贸易合作中的显著增长。具体来看，湖北省与东盟国家之间的进出口贸易额实现了 38.7% 的显著增长，这表明东盟市场对于湖北省的出口产品有着极大的需求和接受度。与此同时，湖北省与拉美地区的贸易往来也取得了 10.3% 的增长，显示出双方经济合作的深化和市场的拓展。此外，湖北省对最不发达国家的进出口贸易额也实现了 13.9%[①] 的增长，这不仅有助于推动这些国家的经济发展，也为湖北省的商品和服务开辟了新的市场。这些贸易伙伴的积极表现，为湖北省的一般贸易进出口提供了更加广阔的市场空间，同时也为湖北省的经济增长注入了新的活力。

3. 出口商品结构不断优化

2024 年，湖北省的出口结构展现多元化和优化的趋势，这标志着该省在全球贸易中的竞争力正在逐步增强。其中，机电产品作为湖北省的主要出口产品，其出口额的增长尤为显著，相较于 2023 年，其在湖北省出口总值中所占的比重有了明显的提升。具体数据显示，机电产品的出口增长了 18.1%，并且在出口总额中占据了 53.7% 的比重，与上一年相比，这一比重提高了 2.6 个百分点。[②] 此外，一些具有竞争优势的出口产品，如手机和集成电路，它们的增速均超过了 30%，对整体出口的拉动作用更为显著。值得一提的是，汽车产业，包括汽车及其零部件，在出口方面实现了飞跃，其出口额接近 400 亿元，成为湖北省一个新的出口支柱产业。与此同时，平板显示模组、锂电池等产品的出口规模也接近百亿元的水平。至于劳动密集型产品，其出口额为 787.2 亿元，增长幅度为 1.7%，在出口总额中仍然占据了 16.2% 的比重。[③]

4. 民营企业进出口表现优异

民营企业在推动贸易增长方面发挥了至关重要的作用，成为拉动经济增

---

① 《再创历史新高　增速中部第一　湖北外贸突破 7000 亿元》，《湖北日报》2025 年 1 月 21 日。
② 《再创历史新高　增速中部第一　湖北外贸突破 7000 亿元》，《湖北日报》2025 年 1 月 21 日。
③ 湖北省人民政府新闻办公室：《2024 年湖北省外贸进出口情况》，2025 年 1 月 20 日。

长的主要力量。2024 年，湖北省的民营企业在进出口领域展现出令人瞩目的强劲增长势头。根据最新的统计数据，拥有进出口记录的外贸企业数量实现了显著增长，增幅达到了 8.6%。在这些企业中，民营企业占绝大多数，其数量占比超过了九成。不仅如此，民营企业的进出口值也占了相当大的比重，达到了令人瞩目的 4874 亿元，占湖北省同期进出口总值的近七成。更值得注意的是，民营企业对湖北省进出口增长的贡献率高达 73.9%①，这一数字充分展现了民营企业在湖北省外贸发展中的核心地位和不可替代的作用。湖北省民营企业不仅在数量上有所增加，而且在进出口总额上也实现了快速的增长，这表明了民营企业在湖北省外贸中的地位和作用日益凸显。它们为推动湖北省外贸的稳定发展做出了重要贡献，成为湖北省外贸增长的重要引擎。

（二）重点举措与成果

1. 利用外资与对外投资实现稳步增长

2024 年，湖北省采取了一系列积极措施，有效地吸引了外资的流入。根据官方数据，新设立的外商投资项目数量以及外商实际投资的金额都呈现稳步上升的趋势。这一增长不仅体现在数量上，更体现在质量上，因为外资主要流向了湖北省的制造业和服务业等关键领域。这些领域的投资为湖北省的经济发展注入了新的活力，促进了产业结构的优化升级。与此同时，湖北省的企业也积极拓展国际市场，实施"走出去"战略，在对外投资与合作方面取得了显著的进展和突破。在对外承包工程方面，完成的营业额和新签订的合同额都实现了大幅增长，这不仅证明了湖北企业在国际市场的竞争力，也显示了它们在国际舞台上的影响力。此外，非金融类对外直接投资也保持了稳定的增长态势，这进一步巩固了湖北企业在国际市场上的地位。

2. 开放平台及口岸建设不断加强

湖北自贸试验区，作为我国对外开放的重要平台之一，一直在不断地深

---

① 《去年湖北民营企业进出口达 4874 亿元》，中国新闻网，2025 年 2 月 25 日。

化制度创新，并致力于优化营商环境，吸引了众多企业的入驻。自贸试验区通过这些年的不懈努力，已经累计形成了多项制度创新成果，其营商环境也跃升至全国的前列，从而为湖北的对外开放提供了有力的支持和保障。除此之外，湖北还在不断地加强口岸建设，努力提升口岸通关的效率和服务水平。例如，武汉阳逻港作为中部地区港口物流集散转运中心，集装箱吞吐能力、吞吐量高速增长，截至 2025 年 2 月，阳逻港已开通 5 条国际直达航线、16 条长江主线航线和 8 条长江支线航线。这些航线与 40 条多式联运通道[①]"排列组合"，铁水公机"比翼齐飞"，持续织密通达全国、辐射全球的立体交通网络。湖北省积极推进花湖国际自由贸易航空港的建设工作，目标是将其打造成为国内大循环体系中的一个关键节点，以及国内与国际双循环体系中不可或缺的重要枢纽。鄂州花湖国际机场，作为亚洲地区首个专业货运枢纽机场，也是我国目前唯一的此类机场，已经成功开通了货运航线 90 条，其中国际货运航线 35 条、国内货运航线 55 条。[②] 这些航线的建立，有效地构建了一个"一夜之间货物可以送达全国、隔日即可连接世界各地"的高效快捷的货物物流网络，为湖北的对外开放提供了极为重要的空中通道。这些口岸还开通了多条国内外的集装箱航线，为湖北的外贸活动提供了极为便捷的物流通道。

3. 出台一系列具有前瞻性的政策措施

为了促进对外开放和外贸的进一步发展，湖北省政府制定并实施了一系列政策措施。这些措施旨在释放政策红利，为外资企业创造更加宽松的市场准入条件，同时加大知识产权保护力度，确保创新成果得到充分尊重和有效保护。一是开放更多领域。落实外资准入负面清单，推进科技服务、物流运输等重点领域开放创新，扩大《鼓励外商投资产业目录》湖北省目录范围。二是强化项目服务保障。对重点外资项目，依法依规给予项目规划、用地等政策支持，强化供应链、物流等服务保障，并列入国家相关清单争取要素保

---

① 《新春走基层｜武汉阳逻港：国际直达航线"连轴转"》，《湖北日报》2025 年 2 月 1 日。
② 《湖北鄂州花湖国际机场累计开通货运航线 90 条》，中国新闻网，2025 年 1 月 10 日。

障。三是政府产业基金引导。鼓励政府产业基金为外资项目提供资金支持，并开展合格境外有限合伙人（QFLP）试点，吸引境外资金集聚湖北。四是举办全球招商活动。定期举办"优选湖北"全球招商活动，聚焦重点产业链，吸引国际企业家投资湖北。五是优化营商环境。落实好外资准入后国民待遇，保障外资企业享受平等待遇，便利国际商务人员往来，优化外资企业金融服务。这些政策措施的实施，为外资企业在湖北的投资提供了良好的环境和条件，有助于吸引更多外资投入湖北。

4. 积极参与国际经济合作与交流

加强与共建"一带一路"国家和地区的经贸合作。通过举办经贸合作论坛、国际展会等丰富多彩的活动，湖北省政府不仅推动了湖北产品"走出去"，拓展了国际市场，还积极引进了更多优质外资和项目，促进了本地经济的多元化发展和产业升级。

二 湖北打造内陆开放新高地面临的机遇与挑战

（一）机遇

湖北拥有得天独厚的地理优势和交通网络，位于我国中部地区，承东启西、接南转北，是长江中游的要冲。随着"一带一路"倡议的深入推进和长江经济带的快速发展，湖北的枢纽地位日益凸显，为打造内陆开放高地提供了有力支撑。同时，全球治理体系和经贸规则的变动，特别是我国引领参与 RCEP、中欧投资协定谈判等取得的重大成果，为湖北加快"走出去"、更深入地参与国际供应链、产业链分工创造了有利外部环境。①

1. 地理位置优越，交通网络发达

湖北省位于我国中部地区，具有连接东部和西部、沟通南部和北部的区位优势。这种得天独厚的地理优势，使得湖北成为我国重要的交通枢纽和物

---

① 《打造强大市场枢纽　构建内陆开放新高地》，《湖北日报》2021 年 4 月 15 日。

流中心。此外，湖北还拥有花湖国际机场、中欧班列以及长江黄金水道等重要的开放性大通道。这些通道不仅加强了湖北与国内外的联系，而且为湖北打造内陆开放高地提供了坚实而有力的交通支撑。

2. 国家政策大力支持

当前，国家正积极推动中部地区崛起战略，并鼓励内陆地区加快开放步伐，以促进区域经济的均衡发展。作为中部地区的重要省份，湖北在国家政策的大力支持下，有望获得更多的发展机遇和资源。这不仅有助于湖北经济的快速发展，也将进一步提升其在全国乃至全球的影响力。

3. 产业基础和创新能力方面具有较强的实力

湖北已经建立起较为完善的产业体系，特别是在汽车、电子信息、生物医药等领域具有明显的优势。这些产业的发展不仅为湖北经济的增长提供了强大的动力，而且为湖北打造内陆开放高地提供了坚实的产业基础和创新支撑。此外，湖北还拥有众多的高等院校和科研机构，这些机构在人才培养和科学研究方面发挥着重要作用，为湖北的长远发展提供了源源不断的创新活力。

（二）挑战

湖北也面临着诸多挑战。区域竞争日益激烈，各地都在积极抢抓发展机遇，湖北需要不断创新思路、提升竞争力。开放不够仍是湖北最大的实际，与沿海发达地区相比，湖北在对外开放水平、外资吸引力等方面还有一定差距。在当前的国际经济环境中，形势尤为复杂且多变，各种经济政策和趋势呈现多样化的特点。特别是贸易保护主义和单边主义在全球范围内逐渐抬头，对国际经济合作与交流构成了挑战。这些国际趋势的上升无疑给湖北省的对外开放带来了不小的压力和挑战。湖北省作为中国内陆的重要省份，一直致力于扩大对外开放，吸引外资，促进国际贸易，但当前的国际经济形势无疑增加了其对外开放的难度，需要采取更加灵活和有效的策略来应对这些挑战。

1. 区域竞争压力

在当前全球经济发展的大背景下，各个地区都在积极地把握和抢抓发展

机遇，同时也在不断地加快自身的开放步伐。湖北作为中国众多省份中的一员，面临着与其他地区一样激烈的区域竞争，这种竞争态势无疑给湖北带来了巨大的压力和挑战。为了在这样的竞争环境中脱颖而出，实现自身的跨越式发展，湖北必须采取一系列有效的策略和措施。这些策略和措施需要精心设计，以确保湖北能够在区域竞争中占据有利地位，从而为全省的经济社会发展注入新的活力和动力。

2. 开放程度不足

通过对比沿海发达地区，可以清晰地看到，湖北在开放程度上还存在一定的差距。特别是在吸引外资和拓展国际市场方面，湖北还需加大力度，拓展开放型经济的广度和深度。为了实现这一目标，湖北需要进一步优化投资环境，加强与国际市场的对接，提高对外开放的质量和水平。

在对外贸易领域，湖北省正面临着一系列挑战，其中包括加工贸易的发展尚未达到理想状态，外经贸企业的整体竞争力还有待进一步提升。具体来说，出口商品的结构并不完全符合市场需求，特别是高科技以及高附加值产品的出口比例相对较低，这表明在产品创新和质量提升方面还有很大的进步空间。除此之外，服务贸易出口的发展也显得相对滞后，这可能与服务行业的国际化程度不高以及服务产品本身的竞争力不足有关。这些问题的存在，无疑对湖北省的外贸发展构成了制约。

在利用外资方面，湖北省同样面临着一系列挑战。这些挑战涵盖了多个方面，其中包括外资利用的渠道相对有限，外资规模较小，外资层次不高，引资方式较为单一，以及引资优惠政策的实施效果不够显著或持续性不强。具体来说，外资利用的渠道并没有得到充分的拓展，这限制了外资流入的多样性和广泛性。同时，外资规模相对较小，这可能影响到外资对经济发展的推动作用。此外，外资的层次并不高，这意味着外资的质量和效益可能有待提高。在引资方式上，方法较为单一，缺乏创新性和多样性，这可能限制了吸引外资的潜力。

虽然已经实施了一些引资优惠政策，但这些政策的效果并不总是显著的，且持续性不强，这影响了政策的长期效果和稳定性。此外，湖北省的投资环境还需要进一步改善和优化，以吸引更多的外资进入，促进经济的进一步发展。

3. 国际环境不确定性

在现今的国际经济格局中，复杂多变已经成为一个非常显著的特点。全球贸易保护主义的兴起以及单边主义的抬头，这两者共同作用，给全球经济的稳定性和可预测性带来了极大的不确定性。这种不确定性不仅影响了跨国公司的投资决策，也对各国的经济发展战略提出了新的挑战。这种不确定性给湖北的对外开放带来了一定的不确定性和风险。为了应对这些挑战，湖北需要加强对外经济合作的风险评估和管理，同时积极寻求多元化的国际合作，以降低单一市场依赖带来的风险。随着全球经济一体化的深入发展，国际市场竞争加剧，湖北在对外开放过程中面临着来自其他国家和地区的竞争压力。如何在激烈的国际市场中脱颖而出，成为湖北对外开放面临的一大挑战。为了应对这一挑战，湖北需要采取一系列的策略和措施，比如加强与国际市场的联系，提高本地企业的竞争力，优化投资环境，以及加强与国际组织的合作等。通过这些努力，湖北可以更好地融入全球经济体系，提升自身的国际地位和影响力，从而在国际竞争中占据有利位置。

综上所述，湖北打造内陆开放高地既有机遇也有挑战。为了抓住机遇、应对挑战，湖北需要继续深化改革开放，充分发挥其地理优势和产业优势，加强与国际社会的交流与合作，不断提升对外开放水平。

三　湖北打造内陆开放新高地面临的障碍

对外开放水平有待提升。尽管湖北在对外开放方面取得了一定成绩，但与国际先进水平相比，其对外开放水平仍有待进一步提升。湖北打造内陆开放新高地面临的障碍可以从多个角度进行分析。

（一）对外开放思想落后与管理体制多元

在湖北省对外开放的进程中，部分部门和干部面对省委、省政府的开放

政策时，存在"不敢开放、不愿突破"的现象。一些工作人员因担心承担风险，仅限于对内开放，而回避对外开放；仅限于对国有企业开放，而排斥民间资本和外资；仅限于在部分领域开放，而避免全面开放；仅限于在政策明确的领域开放，而不敢涉足需要探索的领域。商务和招商等管理部门众多，管理范围重叠，权限和职责界定不清，政策的连贯性不足，这些管理体制中的深层次问题在一定程度上限制了企业的发展。

（二）外贸竞争力不足

湖北省在外贸领域的整体竞争力表现并不强劲，其外贸实力与全省的经济总量在全国的排名并不相称。具体来看，湖北省的进出口总额以及出口总额的排名均落后于其地区生产总值在全国的排名。进一步分析，湖北省在高新技术产品的出口方面与科技强省建设的目标存在明显的不匹配现象，其高新技术产品的出口量甚至低于全国平均水平。这种情况揭示了湖北省在对外贸易结构方面存在的问题，即传统的劳动密集型产品的比较优势正在逐渐减弱，湖北省在国际贸易中的竞争地位可能正面临着一定的挑战和转变。与此同时，高科技和高附加值产品的出口比重仍然偏低。

（三）外资招引和服务问题

湖北省在吸引外资方面面临着一些挑战和问题。首先，从外资招引的角度来看，力度还不够大，需要进一步加大。具体来说，湖北省缺乏能够产生巨大吸引力的大项目和优质项目，这些项目往往能够成为外资投资的亮点和焦点。其次，服务外资企业的意识和水平也需要提升。在一些地区和政府部门中，项目推进的效率并不高，存在项目进展缓慢、落地实施困难的情况。这些问题不仅影响了外资企业对湖北省投资环境的整体印象，也削弱了它们对湖北省投资的信心和意愿。

（四）区域协调发展不足

湖北省在推进区域协调发展方面面临着一些挑战和问题。尽管拥有像武汉这样的具有重要影响力的中心城市——它在经济发展、科技创新和交通枢纽等方面都扮演着举足轻重的角色，但与此同时，湖北省其他地区的发展状况却并不乐观。这些地区在经济实力、产业布局、基础设施建设以及教育资源等方面与武汉相比存在较大差距，导致区域发展不平衡的现象较为明显和严重。这种不平衡不仅影响了湖北省内各地区之间的经济协同效应，也对湖北省对外开放的整体效果产生了一定程度的制约。由于区域发展不均衡，一些地区可能无法充分利用对外开放带来的机遇，进而影响到整个省份的经济活力和竞争力。

（五）创新能力不强和人才资源短缺

湖北省在对外开放的进程中，除了面临其他地区普遍存在的挑战外，还特别遭遇了创新能力不强和人才资源短缺的双重困境。尽管湖北拥有丰富的科教资源，被誉为科教大省，但遗憾的是，这些宝贵的科技成果并没有得到充分的转化和应用，这在很大程度上限制了该省的创新潜力。此外，湖北的创新体系尚需进一步完善，以更好地促进科技与经济的深度融合。与此同时，高端人才的短缺也成为制约湖北在对外开放中提升竞争力的一个重要因素。缺乏足够的高端人才，使得湖北难以在国际竞争中占据有利地位，影响了其吸引外资和推动产业升级的能力。

四 湖北打造内陆开放新高地的对策建议

随着全球化的不断深入和我国对外开放水平的不断提升，湖北省作为中部地区的经济重镇，面临着前所未有的发展机遇和挑战。以下提出湖北打造对内对外并重的内陆开放新高地的对策建议。

（一）坚持对内对外开放并重，促进更高效的国际物流和贸易

对内，湖北可致力于深化国内区域间的合作，特别是以武汉都市圈同城化发展为先锋，推动长江中游城市群的联动发展。湖北正努力加强与京津

冀、长三角、粤港澳大湾区以及成渝地区双城经济圈的深度对接，以完善公平竞争的制度框架和政策实施机制。同时，湖北也在健全统一的社会信用制度，积极探索数字经济如何赋能，全面融入全国统一大市场。对外，湖北可继续依托中欧班列（武汉）、长江黄金水道以及武汉天河机场、鄂州花湖国际机场等重要交通枢纽，巩固直达欧洲、中亚的铁路干线，确保这些重要的交通线路能够持续稳定地服务于国际贸易和人员往来。同时，进一步谋划至中亚、南亚的新通道线路布局，以拓展区域互联互通的广度和深度，促进沿线国家和地区的经济合作与发展，积极抢抓 RCEP（区域全面经济伙伴关系协定）带来的机遇，加快布局连接东盟的铁海联运通道。湖北打造对内对外并重的内陆开放新高地的目标是推动江海铁国际联运班列班轮化运行，以促进更高效的国际物流和贸易。

（二）加快制度型开放探索，深化内外贸一体化改革

进一步推进湖北自由贸易试验区武汉片区建设，加快制度型开放探索，充分利用国内国际两个市场、两种资源。加快促进内外贸规则制度衔接，加快建立和完善国际标准跟踪转化工作机制，培育一批内外贸融合展会和内外贸融合商品交易市场。优化知识产权保护、内外贸信用体系、内外贸人才支撑等制度，优化内外贸一体化发展环境。加快培育内外贸融合发展产业集群和内外贸品牌，推动商业科技创新中心建设，促进互联网、大数据、人工智能和内外贸相关产业深度融合。①

（三）深化区域合作，优化重大生产力布局

湖北省作为长江中游的重要省份，需要进一步完善和加强省际合作机制，以提升区域协同发展的整体水平，并积极推动长江中游城市群的联动发展。这包括加强与京津冀、长三角、粤港澳大湾区以及成渝地区双城经济圈的深度对接，实现与长江经济带发展、黄河流域生态保护和高质量发展的深

---

① 《加速打造"两高地"、增强"两功能"》，《长江日报》2024 年 11 月 25 日。

度融合与联动。通过这样的战略举措，促进区域间的协同发展，加强经济互补性，共同构建更加开放、协调、绿色、创新、共享的区域发展新格局。湖北省不仅要积极承接来自东部地区的产业转移，还要充分利用自身的科教资源、产业基础和创新潜力，加速培育新的生产力要素，从而辐射并带动周边地区的共同进步。此外，湖北省还应进一步深化要素市场化改革，促进各类生产力要素在区域间的合理流动和优化配置，以实现资源的高效利用和区域经济的均衡发展。

（四）创新市场化改革，全面融入全国统一大市场

必须进一步深化市场化改革探索，加强市场准入负面清单制度、公平竞争制度框架和政策实施机制、统一社会信用制度等方面的改革。在要素和资源市场方面，应加速推进土地、劳动力、资本、技术、数据、能源、生态环境市场等方面的统一化进程。商品和服务市场方面，需加快形成统一的商品质量体系、标准和计量体系、消费服务质量标准体系。[①] 在破除地方保护和区域壁垒以及市场监管规则统一、执法统一等方面，需加强创新。同时，积极探索数字经济赋能，通过整合市场内碎片化或离散化信息，在数字平台实现即时共享，消除商品、服务和信息传输的空间地理限制，全面融入全国统一大市场。

（五）加快对外通道建设，参与高质量共建"一带一路"

为了进一步实现与陆海大通道的无缝对接和深度融合，应当采取一系列措施，包括实施江海联动、铁海联运等策略。在东部地区，应依托长江这一黄金水道，积极拓展近洋直航业务，同时探索开辟远洋快线，以此来强化出海出境的主要通道。在西部地区，应依托中欧班列，巩固直达欧洲、中亚的铁路干线，并且积极谋划新的通道线路布局，以到达中亚、南亚地区。在南部地区，应抓住 RCEP 所带来的机遇，为了进一步提升物流效率，应当加快

---

① 《坚持对内对外开放并重　深化区域合作》，《人民政协报》2024 年 11 月 21 日。

布局连接东盟地区的铁海联运通道。这一举措将有助于加强与东南亚国家的贸易往来，促进区域经济一体化。在北部地区，则需要着力完善中欧班列的境外通道网络，确保这些通道的顺畅和高效。这包括与中蒙俄经济走廊进行有效对接，以实现资源和货物的快速流通。此外，还应推动江海铁国际联运（东方港）班列班轮化运行，通过标准化和定期化的运输服务，提高运输的可靠性和预测性，从而进一步提升整个物流链的效率和竞争力。此外，还应优化和完善航线网络布局，以期快速构建起一个"链接全球、覆盖广泛"的航空国际大通道。

（六）拓宽人才引进通道，完善人才服务体系

首先，继续致力于强化人才政策的引导作用，推行更为积极、开放和高效的人才政策。通过深化人才和人事体制的改革，提高人才服务的质量和效率，改善人才发展的环境，积极促进专业技术人才的队伍建设。同时，重点培养高层次的创新型人才，为湖北的对外开放提供稳固的人才支撑。其次，高度重视数字人才的培养，通过实施相关措施，集中精力和资源，专注于高端人才的引领作用，明确地支持数字领域的领军人才，帮助他们快速成长和提升。同时，针对数字技术工程师的培养启动一系列培育项目，以确保这一关键领域的人才供应。除此之外，加强对数字领域博士后的培养工作，通过提供更多的研究机会和资源，来扩大高素质数字技能人才的队伍。促进数字人才与产业的深度融合，通过人才的培养和引进，推动整个产业的创新和发展，加速产业数字化的转型和数字产业的发展。再次，努力完善人才服务体系，通过精准服务企业人才招聘，扩大人力资源服务产业园的规模，并培育发展一批专业人才中介机构，为企业招聘人才提供精准服务。同时，实施人才"一站式"服务，提升人才服务的效率，并向高层次人才发放"楚才卡"，提供全面的服务保障。最后，积极拓展人才引进的渠道。实施"我选湖北"计划，致力于大规模地吸引全日制大学生参与实习实训项目，并吸引国内外优秀的大学生来湖北就业和创业。同时，放宽人力资源服务机构的设立条件，积极引进国际以及国内知名的人力资源机构，鼓励和支持这些机

构在湖北地区建立区域性总部和分支机构，以建设人才交流合作的平台，进一步拓展聚才和用才的载体。

五　湖北打造对内对外并重的内陆开放新高地前景展望

湖北省对外开放的未来发展潜力是巨大的，其目标在于构建内陆地区的开放高地，并进一步深化国内国际双循环的发展模式。首先，湖北省依托其独特的地理位置和不断完善的交通网络，特别是花湖国际机场的崛起，为对外开放奠定了坚实的基础设施基础。该机场不仅强化了湖北省的"空中门户"优势，还显著缩短了货物运输时间，降低了物流成本，从而实现了效率的显著提升。同时，频繁的国际交流也为湖北省吸引外资、推动经济发展提供了有力支持。其次，湖北省正致力于构建现代化的产业体系和开放型经济体系，努力成为内陆地区对外开放的新高地。这包括深化内外贸一体化改革，坚持对内对外开放并重，以及深化区域合作，有序优化产业布局。湖北省还致力于改善市场营商环境，促进多种所有制经济的共同发展，为对外开放创造更加有利的条件。通过建立完善的线上线下服务体系，提升贸易便利化水平，降低贸易成本，湖北省正不断提升其对外开放的能力和水平。展望未来，湖北省将继续在全面深化改革和扩大高水平开放上积极探索，努力服务和融入新的发展格局。通过持续推动对外开放，湖北省将进一步提升其在全球经济中的地位和影响力，实现更高质量的发展。同时，湖北省也将继续加强与国际社会的交流与合作，积极参与全球治理体系的改革和建设，为推动构建人类命运共同体贡献湖北省力量。

参考文献

李雪松、龚晓倩：《打造湖北自贸区升级版建设内陆对外开放新高地》，《决策与信息》2020 年第 8 期。

王兴於：《把准支点建设功能定位　助力建设内陆开放新高地》，《湖北政协》2024 年第 5 期。

彭仁星、郭斯炜、鲁瑞芸：《打造湖北内陆开放新高地的探究》，《特区经济》2022 年第 1 期。

调 研 篇

B.17
湖北省属国有企业数字化转型调研报告

叶学平　夏梁　高慧　李非非*

摘　要：　数字化转型是国有企业实现高质量发展的必然选择。通过对湖北9家省属国有企业数字化转型情况全面深入的调研发现，湖北省属国有企业数字化转型建设取得成效，职能信息化系统建设成效显著，数据共享意识逐步增强，业务数字化已具备一定基础，组织保障得到高度重视，但是还存在一些亟待解决的突出问题。下一步可以从加强数字基础设施建设，强化数字转型基础支撑；加强协调协同能力，充分挖掘数据价值；加强组织和要素保障，提升数据价值挖掘能力等方面加强数字化转型。

* 叶学平，经济学博士，英国剑桥大学访问学者、博士后，湖北省社会科学院经济研究所所长、研究员，全面深化改革研究中心执行主任，主要研究领域为宏观经济、产业经济、房地产金融、第三方评估等；夏梁，经济学博士，湖北省社会科学院经济研究所副所长、副研究员，主要研究领域为宏观经济、经济体制改革；高慧，管理学博士，湖北省社会科学院经济研究所研究员，研究领域为高等教育管理与政策、科技创新与管理；李非非，管理学博士，湖北省社会科学院经济研究所助理研究员，主要研究领域为宏观经济政策、产业规划、工业经济。湖北省社会科学院经济研究所硕士研究生蒋俊鹏、江奥参与了报告的撰写。

关键词： 国有企业　数字化转型　湖北

一　湖北省属国有企业数字化转型的背景和意义

党的二十大报告明确指出要"加快发展数字经济，促进数字经济和实体经济深度融合"。① 党的二十届三中全会进一步强调，"健全促进实体经济和数字经济深度融合制度。""加快构建促进数字经济发展体制机制，完善促进数字产业化和产业数字化政策体系。加快新一代信息技术全方位全链条普及应用，发展工业互联网，打造具有国际竞争力的数字产业集群。"② 发展壮大数字经济，推动产业数字化转型，有利于促进新旧动能转换，打造高质量发展的新引擎。国有企业在国民经济和人民生活中发挥着重要作用。加快国有企业数字化、网络化、智能化发展，可有力增强国有企业竞争力、创新力、控制力、影响力、抗风险能力，提升产业基础能力和产业链现代化水平。③ 数字化转型已成为国有企业实现高质量发展的必然趋势。课题组于2024年4月至5月，对湖北铁路集团、湖北农发集团、湖北港口集团、湖北机场集团、湖北交投集团、长江产业集团、湖北文旅集团、湖北联投集团、中南建院等湖北9家省属国有企业数字化转型情况进行了深入调研，调研发现湖北省属国有企业数字化转型建设取得了一些成效。总体来看，9家企业职能信息化系统建设做得较好、数据共享意识有所增强、业务数字化已具备一定基础、组织保障也得到比较高的重视，但还存在一些亟待解决的突出问题。

---

① 习近平：《高举中国特色社会主义伟大旗帜　为全面建设社会主义现代化国家而团结奋斗——在中国共产党第二十次全国代表大会上的报告》，人民出版社，2022，第30页。

② 《中共中央关于进一步全面深化改革、推进中国式现代化的决定》，人民出版社，2024。

③ 《关于加快推进国有企业数字化转型工作的通知》，国务院国有资产监督管理委员会网站，http：//www.sasac.gov.cn/n2588020/n2588072/n2591148/n2591150/c15517908/content.html，2020年9月21日。

二　湖北省属国有企业数字化转型现状

（一）职能信息化系统建设成效显著

湖北省属国有企业数字化转型进程中数字基础设施建设取得显著进展，数字基建占比较高。从调研企业情况来看，在职能部门信息化建设上，省属国有企业实施时间早，基础设施建设较为完善，信息化成效明显，企业数据内部共享能力强，协同基础好。多数省属国有企业已经建立了较为完善的内部网络系统和数据中心，确保了企业内部信息的高效流通和存储。省属国有企业财务大多较早就通过 OA 办公系统、财务管理系统（ERP）实现了财务信息的共享、财务数据的集中管理，及业务处理流程的综合管理过程控制。办公协同上也基本通过引入办公系统等方式在集团内部形成统一，构建了立体化、全方位、全闭环的管理体系。

（二）数据共享意识逐步增强

调研的省属国有企业部分表示已经或正在展开跨界融合数字生态合作，同时也表示由于其企业性质、主营业务等存在差异，对数据需求程度不一，在数据协调共享方面仍然面临阻碍。内部共享上，通过共享服务平台的建立、系统优化与智能化、数据透明与任务分派等措施，实现了数据的内部高效共享。如湖北铁路集团重点打造"8+1"模式的数字化管控平台。湖北交投集团依托"骨干网+专用网+租用网"架构，完成了约 3500 公里高速公路通信干线网升级改造。外部共享上，通过跨界融合和模式重塑等方式与其他企业展开数据合作共享。中南建院与法国达索公司联合成立中南建筑设计院—达索系统赋能创新中心，牵头成立全球首个无图数字建造联盟、湖北省建筑工程全生命周期管理（PLM）产业技术创新联合体。

（三）业务数字化已具备一定基础

省属国有企业在业务数字化方面，通过引入先进的数字化技术，如大数

据、云计算、人工智能等，实现了业务流程的优化与再造。湖北交投集团建成了全省首条智慧高速——鄂州花湖机场高速公路，打造了湖北首座数字化服务区——荆州东服务区，建成湖北首个"无人值守+智慧云舱"收费站——福星收费站，打造湖北首个"智慧梁场"——孝汉应高速智慧梁场。长江产业集团聚焦生态环保产业的布局，尤其是污水管网泄漏与水环境污染的原位探测技术，重点支持广济药业药品的自主研究。

（四）组织保障得到高度重视

湖北省属国有企业在数字化人才培养方面形成了多层次的体系。企业通过校企合作、内部培训等方式，培养了一批具有数字化思维和技术能力的人才，推动了企业数字化转型的深入发展。湖北农发集团积极推动数字化人才队伍建设，加强对员工的数字化教育培训，提升相关人员获取数据、分析数据、运用数据的能力。中南建院成立数字化转型推进委员会，统筹推进公司数字化转型工作，构建了"1+N"一体化研发体系，对公司数字化产品进行研发、赋能，并完成科技研发平台体系搭建，形成多层级的研发平台体系，包括13家国家高新技术企业、1家国家级科研工作站——博士后科研工作站、6家省级研究平台、1家专家工作站、18家公司级研究中心。

（五）企业数字化转型处于不同阶段

在省属国有企业发展实践中，由于各企业在自身发展基础、战略定位、资源投入等方面的差异，数字化转型的进程和所处阶段各不相同。根据国务院国有资产监督管理委员会发布的数字化转型知识方法，数字化转型分为初始级、单元级、流程级、网络级和生态级五个发展阶段。对照发展水平和数字化应用的深度，9家省属国有企业基本集中在单元级发展阶段（4家）、流程级发展阶段（3家）、网络级发展阶段（2家），其中有1家处于单元级到流程级发展阶段之间，1家处于网络级与生态级发展阶段之间。

三　湖北省属国有企业数字化转型存在的问题

（一）数字化转型认知不统一，存在"上热中温下冷"现象

一是集团和各子公司之间对数字化转型的重要性理解不一致。集团高层领导认为，数字化转型是构建集团现代化治理体系与治理能力的"必答题"，是集团高质量发展的"新能力、新引擎"，是构建企业未来发展核心竞争力的关键，而集团中、基层人员却未能充分认识其重要性和意义，认为数字化转型仅是业务发展"加分项"，对数字化转型的热情和积极性不高。

二是对数字化转型的本质内容理解不一致。集团高层领导认为，数字化转型是一次根本性的变革，是对思维理念、管理模式、业务流程和员工能力的重塑再造；部分员工认为，数字化转型与信息化差异不大，仅是推动业务"线下照搬上线"，用于统计数据、展示报表。真正进行了管理变革、制度重塑和产业创新的不多，业务管理统一化、标准化程度不高，未能够从业务发展战略的高度进行统筹谋划，数字化与业务发展联系不紧密。

三是部分员工对数字化转型存在一定抵触。数字化转型导致有的员工面临一定的转岗压力，从而产生抵触情绪。比如在财务板块中，财务共享会涉及部分会计核算人员转岗，使员工产生一定的抵触和利益冲突。数字化转型是企业不得不面临的挑战，企业必须有相应的支持系统与之配套，营造鼓励创新、接受变革的组织支持氛围，而这对于企业来说可能是一个长期的过程。

（二）系统建设重开发、轻运维、轻迭代，呈现一定的"基建化"趋势

9家省属国有企业数字化转型进程中数字基础设施建设取得显著进展，而应用数字技术及数据服务的数字交易、数字媒体等数字化产业发展乏力。从调研企业情况来看，湖北省数字基建占比较高，省属国有企业职能部门信息化建设实施时间早，多数省属国有企业已经建立了较完善的内部网络系统

和数据中心。而在业务数字化上存在瓶颈，技术迭代慢，未能跟上技术快速发展的步伐，未能形成数字资产、打造数字化创新场景。

（三）责任分工与运行机制尚不完善

一是责任分工不明确。部分企业在数字化建设中角色定位、责任与分工仍不明确，还存在数字化职责交叉或缺位的问题。数字化建设项目在决策、管理、技术和应用四个层面的界限不清晰，数字化项目的立项、备案等流程执行不到位，制约了集团数字化转型发展。

二是统筹推进机制不健全。对多数省属国有企业来说，转型目标不甚清晰。集团层面的资源统筹力度不够，数字化转型的指导能力不强。而在这个方面做得比较好的省份如山东省，就出台了《国有企业数字化转型工作指南》、成立了数字化转型研究中心和研修中心，组织企业开展数字化诊断并精准施策，将数字化转型工作纳入企业考核，组织专家指导企业打造标杆项目；河南省也组建了数字化智能化专家委员会①，而湖北省尚无相关指导咨询专家组织，缺乏数字化转型的智库支撑和工作机制。另外，由于各省属国有企业所处行业和业务差异较大，数字化转型的阶段性建设目标、实践路径和实施步骤还不明确、不清晰，导致难以制定统一、具体的考核标准。

（四）顶层规划统筹力度不够

部分企业存在推进数字化转型工作规划不清、力度不强、进度不快的现象。一是战略层面的统筹谋划和布局力度不够，存在技术和管理"两张皮"现象。用数字领域创新带动传统领域优化的能力不足。二是部门之间信息系统不联通，业务系统难以有效整合。由于在信息化建设过程中缺乏统一规划和部署，数据资源分散在各个应用系统内。早期信息化建设工作大都存在缺乏统一顶层规划的问题，导致公司内存在许多"数据孤岛"，且在大数据背景下数据呈现多样化、多源化趋势，数据集成和融合面临重重困难。各个企

---

① 孙先波：《推动湖北省属国有企业数字化转型发展》，《党政干部论坛》2024年第4期。

业之间的数据标准也不统一，各子公司系统之间不能实现很好的兼容，集团内部不能实现数据的互联互通。部分集团各级子公司正在使用的上百套系统均为孤立系统，没有一套系统实现"纵向到底、横向到边"全覆盖，也没有一套系统对所属板块数据标准进行建设并预留数据共享的接口。三是不同供应商开发的系统数据标准不统一、技术架构不统一，造成各类系统、数据难以集约化管理。调研中发现很多企业缺少必要的战略规划和顶层设计，针对本行业特点的企业数字化转型战略规划、实施路径、实施步骤还不够清晰具体，缺乏实践经验。

（五）要素保障能力还不强

一是数字化人才队伍不足。数字化转型对人才素质的要求较高，既要懂业务又需具备数字化技能。国有企业面临招聘难、培训成本高等问题，导致既懂数字化技术又懂业务的复合型人才、专业领军人才和高精尖人才队伍不足。一方面，大部分数字化人员岗位定位为系统的建设和维护，参与业务不深，无法及时掌握企业战略规划，也没有能力理解到位。另一方面，业务人员的知识结构、组织能力、业务逻辑以企业现有的业务架构为主，普遍缺乏数字业务建设和运营能力，难以实现适应数字化转型的管理模式、业务模式和商业模式的突破。受政策、体制等制约，高精尖人才和复合型人才难以通过市场化方式获取，国有企业数字化研发人员的薪酬水平普遍低于行业、市场平均水平，收入分配机制缺乏激励性，人员上升通道、交流渠道不畅通，淘汰机制不健全，缺乏对相关人才的吸引力。

二是面临数字化转型的资金压力。数字化是"奢侈品"，传统企业数字化转型需要进行软硬件采购、技术升级、人才培训等，往往需要加大资金投入，但投资回报却不一定立竿见影。从调研的 9 家省属国有企业来看，数字化转型资金投入普遍不足。除湖北文旅集团和湖北机场集团该数据较高，其他省属国有企业远低于全国平均水平。[1] 调研中湖北机场集团提到，数字化

---

[1] 孙先波：《推动湖北省属国有企业数字化转型发展》，《党政干部论坛》2024 年第 4 期。

转型中技术在不断地迭代，需要不断去完善去更新，持续投入资金需求大，前期投入高，而政策优惠不明晰。湖北文旅集团也提到，"一部手机游湖北"项目作为湖北文旅集团主推项目，已有初步成效，如果要形成较大品牌要培养用户习惯，吸引流量，需要资金持续投入，前期规划专家评审已完成，在推进过程中缺乏后续资金支持。

（六）数字化转型考核体系不完善，数字价值难实现

一是数字化转型过程中仍存在数据产权不明确、服务市场不健全、数据市场交易机制不完善、数据安全合规问题亟须解决等关键性问题。省属国有企业在数字化转型过程中仍存在价值目标不清晰、数据利用开发水平不足、数据治理缺乏一定的标准和规范等问题。

二是转型考核体系需优化。部分国有企业已具备较为完善的内部业绩考核体系。但针对国有企业数字化转型的外部考核体系还有待完善，例如，中南建院提到，集团在数字化转型中存在人才培养的困难，原因在于湖北省的职称评定还是按最传统的方法，使得数字化人才找不到方向。湖北铁路集团提到，数字化转型是一个奢侈品，成本很高而且不断迭代，政府应出台相关考核体系，来激励企业业务层面的投入和产出，否则，企业可能找不到转型的方向。

四　促进湖北省属国有企业数字化转型对策建议

（一）加强数字基础设施建设，强化数字转型基础支撑

第一，打造统一的数字底座。构建完善的数字底座架构，整合数据平台、云平台、物联网平台、人工智能平台等关键组件，确保它们之间的相互关联和融合。第二，建立统一的数字化平台。整合各部门的信息系统，构建数字共享中心，实现数据的互通共享。建立数字化转型的技术创新和应用案例库，为各部门提供借鉴和参考。第三，推进数字标准化建设。制定并推广

统一的数字化技术标准和规范，实现跨部门、跨行业的系统平台多源异构数据的对接，鼓励使用开源技术和标准，降低数字化转型的成本和门槛。

（二）加强协调协同能力，充分挖掘数据价值

第一，提升内部协调能力。紧密围绕企业规划目标，完善企业治理引领数字化转型的工作体系。强化企业议事机构的运作，打造"一把手"工程，全面促进组织转型。第二，提升数据要素价值。以数据思维为核心，加强数据资源的质量管理，完善数据资源的标准制定机制和协调机制。塑造公司数字化文化体系，营造良好的数字化转型氛围，提升国有企业数据价值挖掘能力，提高数据资源的开放政策透明度和公信度。第三，建立协同数据生态。构建湖北省9家省属国有企业数据要素价值创造的合作共赢机制，增进数据要素价值链企业合作。建立健全利益分配机制，充分体现数据价值创造前端工序的主体贡献与投入成本。[①] 突出企业数据要素价值创造的主体地位，建立开放互补、融合发展的企业数据创新集群。加快推进建立"大企业共建，中小企业共享"的数据开发利用生态，理顺国有企业与民营企业数据流通利用机制，倡导和支持企业进行数据共享和开放。健全以政府为主导、多主体共同参与的数据监管体系。第四，加强信息安全保护。明确安全问题，责任落实到人，同时在数字化转型初期给予企业试错成本。

（三）加强组织和要素保障，提升数据价值挖掘能力

第一，加强组织领导。一是建立湖北省属国有企业数字化转型领导工作机制，加强对省属国有企业数字化转型的指导和协调。二是适当引入外部咨询专家，加强对省属国有企业数字化转型的技术指导。第二，加强数字化转型的顶层设计。对还未完成数字化转型规划的省属国有企业，根据所处行业的属性特征，尽快制定具有前瞻性的顶层设计，明确数字化转型的远景目

---

① 钱锦琳、夏义堃：《协同视角下我国企业数据要素价值创造困境与实践进路》，《信息资源管理学报》2023年第6期。

标，形成数字化转型的任务书、时间表、路线图，正确处理战略与执行、业务与技术、组织与管理的关系。第三，完善人才培养机制，培育省属国有企业员工数字素养。革新思想观念，提高对数字文化和数字化转型的重视程度。建设积极的数字文化和数字化转型体系。建立人才引进机制与人才培养机制，引入人才培训机构，立足实际发展需要培养技术人才梯队，实现数字技术能力证书与职称评定互认，为企业后续数字化转型工作提供人才储备。第四，优化资金支持。以大财政体系为抓手，以发挥数据效益为切入点，将政府、事业单位投资的各类数字公共基础设施、供应链信息平台、政务服务平台等可以实现数据价值有效转换的信息化项目交由国有企业运营并进行资产划转，同步完成公共数据资源授权使用，在做大做优国有资产的同时，进一步拉动国有企业数字化转型能力。整合国家和省级相关资金，加大国有企业数字化转型示范项目的政策扶持和资金支持力度，设立"数字化转型"专项资金，出台对数字化转型试点国有企业的税收优惠政策。鼓励社会资本参与国有企业数字化转型。第五，完善考核指标体系。明确政府对企业数字化转型的考核目标，建立科学的考核指标体系。包括数字化技术应用能力，即评估企业在信息化、大数据、人工智能等方面的技术应用能力，以及这些技术对企业运营效率和创新发展的贡献。同时，完善企业内部考核机制。建立长效化导向的数字化转型考核体系，对数字化转型项目的投资回报率考核标准进行弹性设计。

B.18
湖北加快推进城镇和产业集中
高质量发展对策研究

陈 志 屈志斌 蒋昊翔*

摘 要： 以城镇和产业"双集中"发展为切入点推动新型城镇化是践行中国式现代化湖北实践的重点工作之一。当前，湖北省"双集中"工作还面临地方一体化推进不够、部分基层干部认知不充分、主导产业发展体系难以在短期内建成、城区建设内生动力不足等问题。由此，必须实施一体化推进，提高基层干部站位和认知，鼓励资源相近的县域共建产业集群，以共同缔造理念推进城市更新，促进城乡要素自由流动。

关键词： 城乡融合发展 新型城镇化 高质量发展 湖北

当前，湖北省面临"人口回流"和"产业回迁"两大趋势，在此背景下推进城镇和产业集中高质量发展可较好地把握相关发展契机，深化推进以县城为载体的新型城镇化，统筹推动四化同步发展，为推进省委、省政府《关于加快建设全国构建新发展格局先行区的实施意见》落地落实，践行中国式现代化的湖北实践提供有力支撑。鉴于此，本课题组于2024年3月至4月，赴湖北省黄冈市、鄂州市、荆州市等地调研，基于调研情况对全省"双集中"工作成效进行总结分析，并针对当前工作推进过程中存在的问题及难点提出对策建议。

---

* 陈志，管理学博士、应用经济学博士后，湖北省社会科学院经济研究所副研究员，主要研究领域为农村发展与农业经济；屈志斌，湖北省社会科学院经济研究所；蒋昊翔，湖北省社会科学院经济研究所。

一 推进城镇和产业"双集中"工作成效

一是城市功能品质有所提升。各地积极统筹新城建设和老城改造升级，不断提升县城功能品质。以发展新城为契机，将新建教育、医疗、养老等公共服务设施主要设置在新城区，一方面可疏解新城区交通和用地压力，另一方面可较好利用后发优势实现集中集约发展。同时，各地不断完善市政设施，建设污水处理管网、垃圾中转站、生态停车场和公共充电桩等；拓宽老城区道路，畅通城市交通微循环；运用共同缔造理念，加快改造城中村和老旧小区，推进"三无"小区物业全覆盖。

二是产业集约发展效果初显。立足资源禀赋和产业基础，强化园区建设升级，明确主导产业选择和产业布局安排。根据已有产业基础和布局，推进同类同链产业在同一园区集中发展，积极开展产业链招商，推进全链产业建设。同时，推进土地精细化管理，有效提升亩均投资强度。

三是人口集聚效应逐步显现。通过完善县城及城郊公共服务配套，吸引农村人口向县城聚集。在教育方面，打通城乡、区域之间入学通道，农业转移人口、返乡人员和外来子女享受与城镇居民子女同等待遇。在就业方面，通过技能培训、劳务派遣、创业补贴等方式，帮助农业转移人口和外地返乡人员实现就业。在住房方面，针对农业转移人口、务工返乡人员、外来人口，产业工人、教师、医务人员，二孩三孩家庭等群体在县城购房给予一次性补贴。在社保待遇方面，进城农民养老保险关系实行无障碍转移接续，可以参加城乡居民养老保险或城镇企业职工基本养老保险；同时，可自主选择参加城镇职工医疗保险或城乡居民医疗保险。

二 推进城镇和产业"双集中"工作中存在的问题

一是基层"双集中"工作一体化推进还不够。针对"双集中"工作的推进，各市州成立了就地城镇化、产业集中发展等工作专班，由不同的部门领衔，分别指导相关工作，各县市区也成立不同专班。但在执行过程中，因分头指导工作协调不充分、一体化系统谋划不足、"一盘棋"整体推进不够等问题凸显，给各地"双集中"工作整体推进带来了一定不便。

二是部分基层干部对全省统筹经济发展和保障民生的有效举措认知不充分，缺乏系统性思考与具体责任落实。调研发现，一些基层干部对省委在推进"双集中"工作中推广的统筹经济发展和保障民生的有效举措没有系统性思考和理解，站位不高，落实不到位。如天门、房县等地实施的对教师、医务人员，以及多孩家庭等群体给予政策性奖补（包括住房），部分基层干部简单将其理解为"搞房地产救市、去库存"，并对资金来源等问题表现出担忧，担心承担相关压力与风险。这实则是对省委整体工作布局的理解偏差，其根源是基层干部的业务培训还没有一贯到底，导致其认知达不到省委的全局性要求。

三是县域主导产业发展体系难以在短期建成，引进和培育链主龙头企业困难较大。一些县域受限于地理区位和产业基础等因素，一方面无法吸引外地龙头企业入驻，另一方面培育本土龙头企业周期也较长，由此难以在短期内构建起主导产业发展体系。即使是临近武汉的鄂州市和黄冈市在地理区位和交通布局上优势明显，但因距离省会较近，本地的技术人才、重点企业等优质资源被"虹吸"流入武汉，也较少能吸引武汉或外省的龙头企业入驻。

四是城区建设缺乏内生动力，新城区对老城区的人口疏解作用还未显现。调研发现，各县城特别是老城区的公共服务设施、道路管网等虽进行了一些改造更新，但限于土地财政大幅减少，县城建设增量资金不充裕，加之缺乏市场化手段，城市建设内生动力不足，大规模县城改造提升工程难以实施，城市总体品质与群众需求还有一定差距。同时，各地虽积极建设新城区，但针对吸引居民聚集的切实举措还落实不到位，无法有效吸引人口集聚。

五是要素加快向城市流动的同时，不应忽视农村基本公共服务配套。当前，各地为加快推进"双集中"工作，通过教育、医疗、社保等领域的优

惠政策吸引农民进城。但医院、学校等基本公共服务资源向城市集中的目标导向不能简单机械地演变为取消偏远乡镇学校及卫生院等配套服务设施，要充分考虑农村留守人口在教育、医疗等方面的实际需求。切不可操之过急，否则会阻碍城乡融合发展，影响乡村全面振兴。

三　推进城镇和产业"双集中"工作的对策建议

一是确保各项工作一体化推进，将"双集中"工作作为市县两级"一把手"工程。各地工作专班在指导"双集中"工作过程中要形成一体化推进的工作模式，提高工作指导实效。同时，市县两级党委书记要成为"双集中"工作第一责任人，将相关工作抓在手里，上下"一盘棋"整体推进城镇和产业集中高质量发展。

二是要做好体系培训，提高基层干部特别是主管执行干部的站位和认知。各市州要做好县级干部特别是主抓"双集中"工作执行的县领导的培训工作，"一竿子插到底"抓干部培训，通过办学习班等形式让相关干部"学明白、想清楚、干到位"，展现担当作为。各地可借鉴黄冈市举办"领导干部高质量发展大讲堂"的模式，促进基层干部学懂悟透省委决策部署，确保"双集中"各项系统性工作保质保量完成。

三是以"准市民化"公共服务待遇吸引农村人口向县城聚集。要改革从户籍城镇化率角度考核就地城镇化工作的思路，各地也不应单纯追求户籍城镇化率，当前阶段仍要保留进城农民的"双重身份"并给予"双重待遇"，保证其从农业生产中解放出来，安心在县城生活。破除学区阻隔，打通城乡、区域之间入学通道，使农业转移人口、返乡人员和外来人员子女享受与城镇居民子女同等教育待遇。加大对养老和医疗等社保政策支持力度，对农业转移人口和外地返乡人员初次以个人身份缴纳城镇企业职工养老保险的，给予一次性社保补贴；以上人员到法定退休年龄时未达到缴费年限、个人继续缴费的，应允许其补缴或趸缴，并给予一定比例的社保补贴。

四是鼓励资源相近的县域协同发展，合力壮大产业集群。在培育和打造县域主导产业过程中，应跳出县域内部发展的预先，可由省"双集中"工作领导小组统筹，鼓励区位相邻、资源优势相同或相近的多个县域协同发展同一主导产业，壮大产业集群，共同服务于区域内各县经济社会发展。如黄冈市的蕲春县、罗田县和英山县可共同发展中医药大健康产业集群。由此，在工作业绩考核过程中也要用总体性思维代替以县域为区隔的独立性思维，激发协同发展产业集群的相关县域积极性。

五是以共同缔造理念推进城市更新。在规划方面，广泛征求群众意见，把群众智慧、专家意见、基层经验体现到"多规合一"工作中来；在品质方面，落实规建管一体化，以云上教育、数智医疗、智慧养老为切入点促进公共服务优质均衡；在管理层面，发动市民参与，从卫生、市政、交通、照明、休闲娱乐等方面，分街道进行专项整治和风貌控制。

六是加大要素市场化改革力度，推动城乡要素流动。湖北应加快要素市场化改革步伐，大胆破除体制机制障碍，探索建立"大财政"体系，构建以国有"三资"为基础，以有效债务为锚定的财政、金融、投资统筹联动机制。要完善城镇建设用地增加规模同吸纳农业转移人口落户数量挂钩机制，在乡村形成人才、土地、资金、信息汇聚的良性循环。同时，盘活农村"三块地"、厂房、学校等资源，允许集体经营性建设用地入市交易，推进闲置资源变资产、资金变股金、农民变股东，壮大村集体经济，增加农民财产性收入。重视农村留守人员的基本公共服务保障问题，持续稳定地为该群体提供必要的教育、医疗、养老等服务。

B.19

湖北聚力推进跨境电商高质量发展研究

成丽娜*

摘　要：　本报告通过对湖北省高质量发展跨境电商具备的优势条件入手分析，阐述了现阶段面临的困难和挑战，包括产业链不完善、监管模式需创新、专业人才培养体系薄弱等，提出强化顶层设计、引进龙头企业、强化数据整合与分析、创新监管模式、构建多层次职业化人才培养体系等对策建议。

关键词：　高质量发展　"跨境电商+产业带"　"小单快反"　湖北

作为发展速度最快、带动作用持续凸显的外贸新业态，跨境电商不仅是数字贸易的重要组成部分，也是推动传统外贸提质升级的新动能。跨境电商不仅是稳外贸的重要力量，也是推动贸易高质量发展的重要引擎。据统计，2024 年，我国跨境电商进出口 2.63 万亿元，同比增长 10.8%，[①] 继续在外贸稳规模、优结构中发挥着重要作用。得益于"一带一路"新市场和新需求的拓展，以及包括 TEMU、SHEIN、TikTok Shop 和速卖通"出海四小龙"的崛起，未来我国包括跨境电商在内的外贸一定会逐步向好，并将刺激跨境电商需求和贸易额持续增长。2024 年全国外贸工作会议指出，在复杂严峻的外贸形势下，我们必须加快培育和发展新的生产力，以促进经济的持续增长。这包括积极拓展中间品贸易和跨境电商出口，这两者都是现代贸易体系中不可或缺的部分。通过中间品贸易，可以加强产业链的国际合作，提高生

---

* 成丽娜，湖北省社会科学院经济研究所助理研究员，主要研究方向为电子商务管理与应用、宏观经济、区域经济等。

① 《2024 年我国跨境电商进出口同比增长 10.8%》，新华社，2025 年 1 月 13 日。

产效率和产品附加值。而跨境电商出口则有助于企业拓宽市场，直接接触全球消费者，从而提升国际竞争力。此外，推进贸易数字化是顺应时代潮流的必然选择，它能够简化贸易流程，提高贸易效率，降低交易成本，同时优化贸易环境，提升我国企业国际竞争力，推动贸易高质量发展。跨境电商发展建设已被写入湖北省政府工作报告，成为建设全国构建新发展格局先行区的重要组成部分，推动跨境电商发展也是湖北外贸发展稳存量、扩增量、提质量的一项重要举措。

一　湖北聚力推进跨境电商高质量发展具备的优势条件

　　跨境电商不仅是数字经济与实体经济的深度融合，还代表着科技创新与产业创新的结合，是新质生产力的体现。湖北省跨境电商的发展优势主要体现在以下几点。一是地理位置优越。湖北省位于我国中部地区，交通便利，物流成本相对较低，为跨境电商的发展提供了得天独厚的条件。二是产业基础雄厚。湖北省是我国重要的制造业基地，拥有完整的产业链和供应链，为跨境电商的发展提供了有力支撑。三是政策扶持力度大。湖北省政府高度重视跨境电商的发展，出台了一系列扶持政策，如税收优惠、土地优惠等，为跨境电商企业提供了良好的发展环境。

二　湖北推进跨境电商高质量发展面临的困难

（一）面临着缺乏行业领军企业和产业集群的严峻挑战

　　这种状况不仅限制了湖北省跨境电商的规模扩张，也对其市场影响力造成了不利影响，进而阻碍了其在国内外市场的竞争力提升。一是湖北省跨境电商领域，尚未孕育出具有显著影响力的企业巨头。这导致了行业资源整合能力的不足，难以形成规模效应和品牌效应。由于缺乏行业领军企业的引领

和推动,湖北省跨境电商在技术创新、市场拓展等方面进展缓慢,难以取得突破性进展。二是湖北省跨境电商产业集群尚未成熟,相关配套服务企业和平台不够完善。这限制了湖北省跨境电商的产业链延伸和价值链提升,影响了行业的整体发展水平和竞争力。为了解决这一系列问题,湖北省需要加强政策引导和支持,培育跨境电商领军企业和产业集群。通过优化营商环境、提供政策支持、加强产学研用合作等措施,推动湖北省跨境电商实现跨越式发展。同时,湖北省应充分挖掘武汉跨境电商综试区和湖北省自贸区的潜力,促进跨境电商与地方特色产业群的高度融合,为湖北省跨境电商的未来发展奠定坚实基础。

(二)跨境监管模式亟待创新

据了解,受税务征管、海关监管措施收紧、审计问题整改等影响,而跨境电商涉及不同国家或地区之间的贸易,海关监管成为一个重要问题。各个国家和地区对进出口商品的规定、检验标准、进口税费等存在差异,企业需要了解并遵守相关规定,增加了运营成本和复杂性。湖北省跨境电商监管模式在法规监管力度和跨境消费权益保障方面存在明显问题。首先,法规监管力度不足是湖北跨境电商面临的主要问题之一。在新型交易模式下,由于跨境电商的线上特性,交易双方难以直接了解实物产品,导致产品信息容易被不法商家篡改或伪造,从而损害消费者权益。此外,新型跨境电商交易模式在国内兴起时间有限,对应的法律法规尚未完善,难以有效追踪溯源产品质量问题,给监管工作带来极大难度。其次,跨境消费权益保障难度大。跨境电商涉及多个国家或地区,法规制度差异大,导致跨境消费权益保障难度增加。当消费者权益受到侵害时,由于法律标准不统一,消费者难以诉诸权益,交易争端解决的难度加大。同时,国内外产品的合规性问题难以界定,国内外标准不一致等问题也使得国际自由贸易受到挑战。

(三)跨境电商综合型人才培养体系支撑薄弱

湖北省在跨境电商人才培养上落后于行业需求,专业人才短缺限制了行业发展。跨境电商与电子商务专业不同，要求从业者掌握国际贸易、电子商务知识和国际沟通技能。湖北省高校培养的人才与行业需求不匹配。首先，从培养层次来看，湖北省内招收跨境电商本科层次人才的高校数量有限，这在一定程度上限制了该领域专业人才的培养规模和速度。其次，从培养过程来看，实战型教师资源严重短缺，这是一个不容忽视的问题。现有的教师队伍中，大多数教师主要侧重于理论教学，他们往往缺乏足够的实务经验，这在很大程度上影响了教学质量和学生实践能力的培养。与此同时，企业中的实战型员工虽然具备丰富的实际操作经验，但由于学历和职称等条件的限制，他们往往难以完全满足高校教师的聘用标准，这进一步加剧了实战型教师资源的短缺。最后，跨境电商人才培养的培训体系在湖北尚不完善。尽管武汉高校在人才培养方面具有独特优势，但针对跨境电商的专业课程设置、实践教学和校企合作等仍有待加强。这限制了人才培养的质量和效率，难以满足跨境电商企业的实际需求。然而，随着跨境电商行业的快速发展，行业对复合型人才的具体需求日益增长，现行课程体系未能充分满足这些需求，这需要教育部门和高校进行相应的课程改革和创新，以适应行业发展的新趋势。

三 湖北聚力推进跨境电商高质量发展的对策建议

下一步，湖北省应聚力推动跨境电商产业高质量发展和创新打造"跨境电商+产业带"模式，因地制宜探索发展新质生产力的有效路径，力争至2025年底，湖北省跨境电商在企业培育、产业发展、平台构建、服务支持及人才培养等方面实现显著进展，以期跻身中部省份领先梯队。聚力打造一个全链贯通、智能精准、自主可控、高效安全的端到端跨境供应链全周期的综合性服务平台。培育并引进一批专业服务提供商，以增加跨境电商企业的主体数量，增强跨境电商领域的创业氛围，并完善其发展的生态系统，为湖北贸易高质量发展注入新动能、增添新活力。

（一）强化顶层设计，延续和完善跨境电商扶持政策并扩大适用范围

一是加强组织领导。提升领导小组的协调功能，联合多个部门和各个领域，共同形成强大的工作合力，确保行动计划的高质量执行。领导小组的成员部门需积极提供服务，推动关键事项、重要政策和制度创新，解决湖北在推动跨境电商发展过程中遇到的关键难题，打造有利于跨境电商发展的区域环境。二是确保责任的落实。各相关部门必须肩负起相应的职责，明确具体任务和措施，以保障工作的顺利推进，并定期对跨境电商发展的成功经验进行总结，以便迅速推广。各领域需明确发展重点，细化工作目标，依据自身条件制定跨境电商发展规划和推进策略，确保跨境电商企业的吸引、培养和服务工作得到妥善处理。三是加强政策扶持。各部门应重点支持跨境电商，引导企业利用产业基金。根据发展规划，制定资金政策，高效运用外经贸资金，扩展企业政策范围。支持建立跨境电商产业基金，引导社会资本参与，增大直接融资规模。

（二）引进培育跨境电商龙头企业，打造具有竞争力的产业链集群

当前，在湖北省内具有显著影响力的跨境电商领军企业主要包括盘古集团武汉跨境电商服务中心与汉睿集团武汉跨境电商服务资源中心等。针对领军企业的培育与吸引，一是进一步加大对当前领军企业的扶持力度，通过提供政策优惠、资金支持和市场推广等多方面的帮助，来显著提升这些企业在市场中的影响力和竞争力。这不仅能够帮助这些企业巩固其市场地位，还能激励其他企业向其学习，形成良好的行业竞争氛围。二是加强对其他企业的培育工作，特别是那些有潜力成为未来领军企业的公司。通过提供培训、咨询和资金支持等措施，加速推进这些企业的数字化转型。这包括但不限于提高供应链管理的数字化水平，提升网络平台的运营效率，以及加强品牌建设的数字化手段。通过这些措施，企业能够有效降低交流与交易成本。此外，运用大数据技术对跨境电商商业模式的运营成效进行深入分析，可以帮助企业发现潜在的问题和改进空间。通过这种分析，企业能够创新现有商业模

式，开发出更加符合市场需求的新模式，从而在竞争中脱颖而出。三是吸引珠三角、长三角的跨境电商领军企业，利用网络平台优化湖北省的跨境电商环境；培育本土领军企业，发展跨境电商总部经济。建议支持设立中国（鄂州）跨境电子商务综合试验区，进一步发挥鄂州"航空+"多式联运体系优势，助推花湖机场枢纽成为"全球供应链枢纽节点"。

（三）借助全球数字平台，强化数据整合与分析

平台应构建基于数据标签技术的分析模型，引入先进的算法进行动态计算，创建营销场景，提供定制化的商品和服务，以提升消费者体验。同时，通过智能算法分析买家行为，优化商品展示和营销策略，增强线上沟通，支持交易增长。大量的国内国际跨境电商平台（如 TK、虾皮、Ozon、亚马逊等）已公布生产企业、出海目标地区法规政策、消费者偏好、龙头跨境电商企业海外仓及物流报关等大量相关数据，这对指导湖北企业出海可起到积极作用。此外，建议为湖北省外贸企业发展搭建专业的跨境电商平台，可参考借鉴 SHEIN 的成功经验。促进跨境电子商务海外仓储设施的发展，激励并引导跨境电子商务企业、传统外贸企业以及物流服务提供商等多元主体，综合运用多种投融资机制参与海外仓储设施的建设。鼓励企业于共建"一带一路"国家和地区以及 RCEP 区域的重点市场关键通道和节点上进行海外仓储设施的战略性布局，同时鼓励并引导海外仓储资源整合，提升其功能，推动其发展成为公共海外仓储设施。

（四）创新跨境电商监管模式，营造高效优质的服务环境

需结合高科技、优化通关、简化检疫及加强合作共享等措施，推动湖北省跨境电商健康快速发展。一是借助高科技手段增强监管效能。湖北省跨境电商监管可借鉴全国智慧海关建设的成功经验，采用大数据分析、智能图像识别等先进技术，以提升口岸的查验和征税效率，确保货物进出口的安全性和有序性。通过智能化监管系统的应用，实现对跨境电商货物的全程追踪与智能监管，从而提高监管的效率和精确度。二是优化通关流程并简化检验检

疫作业。深化通关模式的综合应用，例如实施"全国通关一体化""提前申报"等措施，鼓励企业自主选择适合的通关方式，以提升通关效率。同时，对跨境电商退货货物实行"随到随检"的嵌入式视频监管新模式，简化检验检疫流程，缩短退货周期。三是加强跨部门合作与信息共享。强化与市场监管、公安、海警等部门的联系与协作，实现跨部门联合抽查和信息共享，形成监管的协同效应。通过湖北国际贸易"单一窗口"等平台，及时将查验、放行等指令推送给企业，以提升监管的透明度和便利性。

（五）构建多层次的职业化人才培养体系，实现精准对接

在当今全球化的经济背景下，跨境电商作为一个新兴的领域，结合了"电子+商务+外贸"的多学科交叉特性，已经成为推动国际贸易发展的重要力量。然而，即便是在教育体系相对发达的省份，也面临着难以满足跨境电商多样化人才需求的挑战。为了应对这一挑战，必须采取针对性的策略，以适应行业对不同人才的特殊需求。针对跨境电商产业链中技术岗位的人才需求建立培养体系，这些人才将能够适应跨境电商技术岗位的复杂要求，推动行业的技术进步和创新。首先，构建全面的培训体系至关重要。湖北省应建立省、市、县三级线上线下综合服务体系，以提供包括培训咨询、报关报检、通关物流等在内的全方位外贸流程指导服务。此外，利用"楚贸通"等平台，开展远程和即时培训，以提高企业对国际贸易市场的认识水平。其次，加强校企合作与产教融合是关键。湖北省应深化校企合作，指导成立跨境电商职业教育集团，并举办跨境电商人才培养高峰论坛、创新创业大赛等系列活动。通过建立跨境电商人才培养基地，并与高校、职业院校签订战略合作协议，形成常态化合作机制，共同培养跨境电商运营人才。最后，优化人才发展环境是不可或缺的。湖北省应建立既破除旧有弊端又确立新标准、分类科学的人才评价机制，完善充分信任、授权灵活的人才使用机制。同时，通过政策扶持、资金奖励等手段，吸引和留住跨境电商运营人才，为湖北省跨境电商的持续发展提供坚实的人才支撑。

参考文献

李光斗：《唯快不破背后：希音的爆红密码》，经济观察网，http：//www. eeo. com. cn/2024/0109/625907. shtml，2024 年 1 月 9 日。

《中国品牌持续崛起　与 ChatGPT 齐名 SHEIN 成全美 2023 十大增长最快品牌之一》，新浪科技，https：//finance. sina. cn/tech/2023 – 12 – 25/detail – imzzfpww0768210. d. html，2023 年 12 月 25 日。

《行业过剩面料焕新，SHEIN 推出最新可持续服饰系列》，新华网，https：//www. news. cn/tech/20240516/65ee040410b243829cca30621333f60c/c. html，2024 年 5 月 16 日。

社会科学文献出版社

皮 书

智库成果出版与传播平台

❖ 皮书定义 ❖

皮书是对中国与世界发展状况和热点问题进行年度监测，以专业的角度、专家的视野和实证研究方法，针对某一领域或区域现状与发展态势展开分析和预测，具备前沿性、原创性、实证性、连续性、时效性等特点的公开出版物，由一系列权威研究报告组成。

❖ 皮书作者 ❖

皮书系列报告作者以国内外一流研究机构、知名高校等重点智库的研究人员为主，多为相关领域一流专家学者，他们的观点代表了当下学界对中国与世界的现实和未来最高水平的解读与分析。

❖ 皮书荣誉 ❖

皮书作为中国社会科学院基础理论研究与应用对策研究融合发展的代表性成果，不仅是哲学社会科学工作者服务中国特色社会主义现代化建设的重要成果，更是助力中国特色新型智库建设、构建中国特色哲学社会科学"三大体系"的重要平台。皮书系列先后被列入"十二五""十三五""十四五"时期国家重点出版物出版专项规划项目；自2013年起，重点皮书被列入中国社会科学院国家哲学社会科学创新工程项目。

皮书网

（网址：www.pishu.cn）

发布皮书研创资讯，传播皮书精彩内容
引领皮书出版潮流，打造皮书服务平台

栏目设置

◆关于皮书

何谓皮书、皮书分类、皮书大事记、
皮书荣誉、皮书出版第一人、皮书编辑部

◆最新资讯

通知公告、新闻动态、媒体聚焦、
网站专题、视频直播、下载专区

◆皮书研创

皮书规范、皮书出版、
皮书研究、研创团队

◆皮书评奖评价

指标体系、皮书评价、皮书评奖

所获荣誉

◆ 2008 年、2011 年、2014 年，皮书网均
在全国新闻出版业网站荣誉评选中获得
"最具商业价值网站"称号；

◆ 2012 年，获得"出版业网站百强"称号。

网库合一

2014年，皮书网与皮书数据库端口合
一，实现资源共享，搭建智库成果融合创
新平台。

皮书网

"皮书说"
微信公众号

权威报告·连续出版·独家资源

皮书数据库
ANNUAL REPORT(YEARBOOK)
DATABASE

分析解读当下中国发展变迁的高端智库平台

所获荣誉

- 2022年，入选技术赋能"新闻+"推荐案例
- 2020年，入选全国新闻出版深度融合发展创新案例
- 2019年，入选国家新闻出版署数字出版精品遴选推荐计划
- 2016年，入选"十三五"国家重点电子出版物出版规划骨干工程
- 2013年，荣获"中国出版政府奖·网络出版物奖"提名奖

皮书数据库　　　"社科数托邦"
　　　　　　　　微信公众号

成为用户

登录网址www.pishu.com.cn访问皮书数据库网站或下载皮书数据库APP，通过手机号码验证或邮箱验证即可成为皮书数据库用户。

用户福利

- 已注册用户购书后可免费获赠100元皮书数据库充值卡。刮开充值卡涂层获取充值密码，登录并进入"会员中心"—"在线充值"—"充值卡充值"，充值成功即可购买和查看数据库内容。
- 用户福利最终解释权归社会科学文献出版社所有。

社会科学文献出版社 皮书系列
SOCIAL SCIENCES ACADEMIC PRESS (CHINA)

卡号：459561994937
密码：

数据库服务热线：010-59367265
数据库服务QQ：2475522410
数据库服务邮箱：database@ssap.cn
图书销售热线：010-59367070/7028
图书服务QQ：1265056568
图书服务邮箱：duzhe@ssap.cn

S 基本子库
SUB DATABASE

中国社会发展数据库（下设 12 个专题子库）

紧扣人口、政治、外交、法律、教育、医疗卫生、资源环境等 12 个社会发展领域的前沿和热点，全面整合专业著作、智库报告、学术资讯、调研数据等类型资源，帮助用户追踪中国社会发展动态、研究社会发展战略与政策、了解社会热点问题、分析社会发展趋势。

中国经济发展数据库（下设 12 专题子库）

内容涵盖宏观经济、产业经济、工业经济、农业经济、财政金融、房地产经济、城市经济、商业贸易等 12 个重点经济领域，为把握经济运行态势、洞察经济发展规律、研判经济发展趋势、进行经济调控决策提供参考和依据。

中国行业发展数据库（下设 17 个专题子库）

以中国国民经济行业分类为依据，覆盖金融业、旅游业、交通运输业、能源矿产业、制造业等 100 多个行业，跟踪分析国民经济相关行业市场运行状况和政策导向，汇集行业发展前沿资讯，为投资、从业及各种经济决策提供理论支撑和实践指导。

中国区域发展数据库（下设 4 个专题子库）

对中国特定区域内的经济、社会、文化等领域现状与发展情况进行深度分析和预测，涉及省级行政区、城市群、城市、农村等不同维度，研究层级至县及县以下行政区，为学者研究地方经济社会宏观态势、经验模式、发展案例提供支撑，为地方政府决策提供参考。

中国文化传媒数据库（下设 18 个专题子库）

内容覆盖文化产业、新闻传播、电影娱乐、文学艺术、群众文化、图书情报等 18 个重点研究领域，聚焦文化传媒领域发展前沿、热点话题、行业实践，服务用户的教学科研、文化投资、企业规划等需要。

世界经济与国际关系数据库（下设 6 个专题子库）

整合世界经济、国际政治、世界文化与科技、全球性问题、国际组织与国际法、区域研究 6 大领域研究成果，对世界经济形势、国际形势进行连续性深度分析，对年度热点问题进行专题解读，为研判全球发展趋势提供事实和数据支持。

法律声明